미드 스크린 영어

단숨에 따라 듣기

CHRIS SUH

MENTORS

All New SMART
미드·스크린영어 단숨에 따라듣기

2024년 08월 20일 인쇄
2024년 08월 27일 개정판 포함 4쇄 발행

지 은 이   Chris Suh
발 행 인   Chris Suh
발 행 처   **MENT⊕RS**
　　　　　경기도 성남시 분당구 분당로 53번길 12 313-1
　　　　　TEL 031-604-0025 FAX 031-696-5221
　　　　　mentors.co.kr
　　　　　blog.naver.com/mentorsbook
　　　　　* Play 스토어 및 App 스토어에서 '멘토스북' 검색해 어플다운받기!
등록일자   2005년 7월 27일
등록번호   제 2022-000130호
I S B N   979-11-988743-6-8
가　　격   22,000원(MP3 무료다운로드)

미드 · 스크린영어공부 이렇게 해보자~

미드영어가 유행하기 시작한지도 오래되었다. 그동안 많은 사람들이 미드를 통해서 영어를 배우고자 작심하고 뛰어들었다. 하지만 자막없이 미드를 즐겁게 보면서 영어도 학습하고자 했던 부푼 꿈은 어느새 "우리말 독해"실력의 속도만 늘고 있는 처지에 놓인 경우가 대부분일 것이다.

미드로 영어공부를 해서 미드듣기와 영어말하기가 가능해졌다고 하는 한 미드족의 이야기를 옮겨본다. 미드 전문출판사이다보니 많은 미드족들이 연락하면서 많은 충고와 격려를 해주고 있는게 사실이다. 그는 미드 에피소드의 원음만 따로 떼서 그리고 그것도 여러번 반복해서 들을 수 있도록 녹음을 하고 이를 들으면서 외웠다고 한다. 물론 한 에피소드를 외울 정도로 듣고 따라 말하는데 드는 시간은 엄청 걸렸다고 한다. 이렇게 미드 에피소드 몇 편을 끝내고 나니 그 다음부터는 미드를 보는데 잘 들려 재미있게 볼 수 있었으며 또한 미드학습에 가속도가 붙었다고 한다. 이제는 물론 다 들리는 것은 아니지만 자막없이 미드를 충분히 이해하고 즐기고 있으며 또한 영어말하기도 가능하다고 한다. 난 그가 말하는 영어표현들 그리고 자연스럽게 나오는 영어문장들을 보고 그의 말에 확신을 가졌다.

미드로 영어를 공부하는 모든 사람이 다 이렇게 할 수는 없을 것이다. 하지만 이 미드족이 투자한 그리고 노력한 시간의 일부라도 내서 학습한 사람이 얼마나 되는지 모르겠다. 미드표현 몇 개 공부해놓고서 그리고는 미드영어 듣기가 어렵다고 투덜거리면서 오로지 한글자막만 보고 있는 것은 아닌지…. 위 미드족의 경우에서 보듯 항상 결과는 기울인 노력에 비례할 수 밖에 없는게 현실이다. 물론 경우에 따라서는 개인차에 따라서 결과가 다를 수도 있지만 그렇다고 기적처럼 노력없이 편하게 미드고수, 영어고수가 될 수 있는 길은 없는 것이다.

문장의 앞부분이 영어듣기의 관건

이책 〈미드·스크린영어 단숨에 따라 듣기〉는 미드로 영어를 공부하는 사람들을 위해 미드영어 듣기의 첫관문을 통과할 수 있도록 기획되었다. 쉽게 말하면 위 미드족의 학습방법의 일부를 이 책을 통해서 이룰 수 있도록 꾸며졌다는 이야기이다. 문장의 앞부분인 '주어+조동사,' 그리고 '의문사+조동사+주어'의 경우를 집중적으로 어떻게 들어야 하는지 친절하게 정리하였다. 물론 이 부분이 문장의 핵심은 아니다. 서로 의사소통이 가능한 문맥에서는 주어나 조동사를 빼고 얘기하는 것을 보면 결코 문장의 핵심은 아닐 것이다. 그런데 왜 이렇게 많은 지면을 통해서 문장의 앞부분 듣기에 올인을 했을까…. 문장의 앞부분을 듣자는 목표는 실은 문장의 핵심부분인 '동사+목적어~' 부분을 더 잘 듣기 위한 기능적인 목적에 있다. 갑자기 툭 튀어나오는 문장의 앞부분에 화들짝 놀라서 이게 무슨 말인가 생각하다가 결국 뒤에 나오는 문장의 핵심부분을 놓치게 되고, 자연 네이티브의 말을 듣고자 하는 열망은 완전히 망가지고 만다. 따라서 문장의 앞부분에 어느 정도 자신이 생기면 네이티브와 얘기할 때 심리적으로 안정을 찾을 수 있고 자연 다음에 나오는 문장의 핵심부분을 좀 더 차분하게 들을 수 있기 때문이다.

미드 · 스크린 영어 단숨에 따라 듣기

뭐든지 노력없이 되는 것은 없다. 그것도 제대로 먹히는 노력이어야 한다. 아무리 들어도 미드가 안들리는 것은 다 이유가 있는 것이다. 투자한 노력의 시간이 부족하거나, 노력의 방법이 잘못된 것이기 때문이다. 아무쪼록 〈미드·스크린영어 단숨에 따라 듣기〉를 통해서 답답한 미드·스크린영어 듣기라는 큰 목표의 올바른 첫삽이 되기를 그래서 미드영어를 단숨에 따라 듣게 되기를 진심으로 바란다.

특징

01. 미드 · 스크린 영어에 자주 나오는 문장의 앞부분을 집중적으로 정리하였다.

02. 문장의 앞부분에 익숙해져서 문장의 핵심인 동사+목적어 부분에 더 귀를 기울일 수 있도록 하였다.

03. know, think 등 문장을 감싸는 기본동사 패턴들을 익혀, 역시 문장의 핵심에 더 많은 투자를 하도록 꾸며져 있다.

04. 실제 미드 · 스크린에서 어떻게 쓰였는지 어떻게 들리는지 확인할 수 있도록 하였다.

05. 네이티브들이 미드 · 스크린영어의 속도에 맞게 빠르게 녹음하여 실전연습을 할 수 있도록 하였다.

구성

Before You Start - Section 1 - Section 2 - Sectin 3으로 구성되어 있다.

Before You Start
본문에 들어가기에 앞서 "미드가 안들리는 이유를 찾았다"를 통해 미드 · 스크린영어가 왜 안들리는지, 미드 · 스크린영어를 어떻게 들어야 하는지 등에 대해서 정리하여 미드 · 스크린영어듣기의 방향을 제시하였다.

Section 1
"주격대명사+조동사"의 만남에 대해 집중적으로 파헤쳤으며

Section 2
"의문사+조동사+주격대명사"가 어울리는 현장을 급습해 그 정체를 밝혔다.

Section 3
기본동사인 think, know, believe, say, want 등의 동사가 만들어내는 문장패턴을 일목요연하게 정리하였다.

Before You Start

Section 본문에 들어가기에 앞서 어떻게 미드영어를 들어야 하는지에 대한 자세한 TIP!

넘버링

Section 1은 001-117, Section 2는 001-139, 그리고 Section 3는 001-154까지 정리되었다.

넘버링 설명

넘버링이 설명하는 부분과 그에 대한 간략한 설명이 들어있다.

메인엔트리

각 넘버링에서 설명하는 부분의 대표적인 문장.

Key Point

주어+조동사 혹은 의문사+조동사+주어의 다양한 형태와 우리말 설명을 간결하게 정리하였다.

Listen carefully and Check it Out

각 형태를 잘 들을 수 있도록 엄선된 예문들과 우리말 해석. 초집중해서 키포인트에서 학습한 부분이 실제로 어떻게 발음되는지 확인한다.

미드 · 스크린에서 확인해보기

연습한 표현들이 실제 미드와 스크린에서 어떻게 사용되었는지 어떻게 들리는지 직접 확인해본다.

Before You Start

미드 · 스크린영어, 어떻게 들어야 하나?

미드가 안들리는 이유를 찾았다!

01 노력을 안했으니 안들리지~

우리가 영어를 못하는 것은 당연하다. "10년 했는데도 안되네"라는 자학을 하지만 사실 10년동안 영어만 한 것은 아니지 않은가? 10년의 세월에서 영어공부한 시간만 계산하면 1년도 안되고, 더구나 그중에서 고급문법과 고급독해를 빼고 실용영어회화에 투자한 시간만 계산하면 몇 달도 안될 것이다. 이런 상황에서는 10년 아니 20년을 영어공부했다고 해도 영어말하기와 듣기가 안되는 것은 어찌보면 당연지사이다.

네이티브의 경우를 보자. 그들은 mommy 뱃속에서부터 영어 히어링을 한다. 그들이 영어를 말하기까지 자의반타의반 투자한 시간에 비하면 우리가 '영어말하기'와 '듣기'분야만 좀 그렇지 여타 부분에서는 정말 잘하는 것이 아닐까? 다시 말하면 이제부터라도 우리는 영어듣기실력을 늘리고, 영어로 말하기 위해서 지금보다 더 많은 시간과 노력을 투자해야 한다는 것이다.

현재 우리말을 자유자재(?)로 쓰는 지금, 다시 그런 뛰어난(?) 환경 속에서 외국어인 영어를 배울 기회는 없지만 가장 유사한 환경인 미드영어에 몰입함으로써 답답한 영어 리스닝의 벽을 뛰어넘고 영어말문을 터야 된다. 영어를 그래도 어느 정도 하는 사람이 되고 싶다면 작심삼일의 강렬한 유혹을 물리치고, 잠을 자더라도 밥을 먹더라도 그리고 심지어 난이도 높은 뽀뽀(?)를 하더라도 미드를 보고 듣는 프로근성을 발휘해야 한다.

좀 더 적극적으로 해보려면 하루도 빠짐없이 매일 듣고, 미드를 볼 때마다 죽어라 죽어라 dictation을 하는 것이다. 매일 30분씩 6개월만 투자하면 장족의 발전을 한, 스스로 대견한 자신을 발견할 수 있을 것이다. 리스닝에는 받아쓰기(dictation)가 최고이지만 그렇다고 dictation을 안하면 듣기 도사가 될 수

"처음에는 거의 들리지 않기 때문에 실망하겠지만
반복연습에 당할 장사없다."

없다는 말은 아니다. 하지만 귀에만 의존하고 들었던 몽롱한
내용들을 종이에 받아 적어보면 영어 듣기의 집중력을 강화시
킬 수 있기 때문에 dictation은 영어 듣기의 필수코스가 되는
것이다.

처음에는 거의 들리지 않기 때문에 실망도 많이 하겠지만 반복
연습에 당할 장사없다고, 계속 듣다보면 들리는 단어가 점점
많아지고 그렇게 빠르던 그네들의 말이 점점 느려지기 시작할
것이다. 처음에는 빈곳 투성이라 참담한 심정을 안겨주었던 백
지가, 점점 시커멓게 먹지(?)로 변해가는 것을 보면 재미도 나
고 자신감도 생길 것이다.

02 절망하지마라
네이티브도 100% 다 안들려…

영어를 잘하려면 마치 어린이가 모국어를 배울 때처럼 매일 영어를 듣고 또 매일 dictation을 해야 한다. 하지만 이 과정에서 좌절하고 포기하게 되는 가장 큰 이유는 "안 들린다"는 것이다. 굳을 대로 굳어버린 머리로, 1~20년 이상 매일 24시간 듣기연습(?)한 Native처럼 들을 수는 없을 것이다. 다만 그네들도 어린아이였을 때는 100% 다 들리지 않았다는 사실에서 위안을 삼자. 영어 청취 능력면에서는 유아기라고 해도 지나치지 않을, 또한 듣는 절대량도 부족한 시점에서 우리가 다 안들리는 게 오히려 정상인 것이다. 안 들리는 게 자랑은 아니지만, 그렇다고 창피해 할 것도 없고 더구나 쉽게 포기해서는 안된다.

일반회화가 이럴지언정 다양한 분야의 속어와 신조어들이 쏟아져 나오는 미드영어에서의 경우에는 현지 네이티브들도 이해하지 못하는 경우가 많다. 특히 특정 조직의 언어, 젊은이들의 통통 튀는 신조어 등은 관심을 갖지 않은 사람이라면 네이티브라도 모르는게 당연하다. 우리의 경우를 되씹어보면 이해가 될 것이다. 따라서 미드영어가 100% 들리지 않는다고 실망하거나 절망할 필요는 역시 없는 것이다. 당장 창피하다는 생각을 버리고 열심히 듣다보면 귀에 들리는 단어들이 하나 둘씩 늘어날테고 일취월장하는 청취실력을 자랑스럽게 만방에 고할 날이 반드시 올 것이다.

다 듣겠다는 욕심은 버리고, 안 들려도 무조건 들어야 한다. 특히 의사소통의 중심이 되는 명사, 형용사, 동사들만 들어도 일단 의미가 통할 수 있다는 점에 힌트를 얻자. 이들은 '내용어'라 불리고, 이와는 달리 단어들을 서로 이어주게 하거나 하는 등의 기능적인 역할을 하는 관사, 전치사, 접속사, 관계사, 인칭대명사들은 내용어에 비해 약하게 발음된다. 이들을 '기능

"다 듣겠다는 욕심은 버리고,
안 들려도 무조건 들어야 한다."

어'라고 하는데 이들은 따라서 내용어보다 훨씬 안들리게 되는 것이다.

예를 들어 Could you tell me where I can find Sam Jones? 라고 원어민이 말했을 때 핵심어 tell, where, find, Sam Jones만 들려도 상대방이 무얼 말하는지 대강 파악할 수 있다는 얘기이다. 부질없는 완벽주의는 버리고 네이티브와 치명적인 갈등 혹은 분쟁(?)을 일으키지 않을 정도의 듣기 실력이라면, 또한 '바디 랭귀지'를 통해 얼추 비슷하게 말이 통한다면 다 듣지 못했다는 죄의식일랑 던져버리고 게걸스럽게 대화의 양을 늘려가는 것도 좋은 방법이다.

03 미드, 외국인을 배려한 부분은 하나도 없어...

뉴욕에서 '맨하튼'(Manhattan)이라고 세 글자 하나하나를 평등하게 발음하면 절대로 '의사'가 '소통'되지 않는다. 영어의 단어나 문장은 강세나 억양 또는 연음현상 등에 의해 보이는 것과는 다르게 발음되는 경우가 많기 때문이다. 우리가 이 책을 통해서 영어의 발음규칙들을 이해하고 습득하려는 이유도, 눈으로만 알고 있는 단어들이 실제로는 어떻게 발음되는지 학습하기 위함이다. 모든 글자를 평등하게 여겨 '맨하튼'이라고 말하는 것은, 아직도 영어를 살아있는 언어가 아니라 강의실의 한 과목으로 학습해왔다는 반증이다. 영어 뿐만 아니라 우리말도 다 살아있는 언어이기 때문에 글자로 표기하는 것과 실제 발음하는 데는 차이가 있을 수밖에 없다. 물론 이런 부분이 영어듣기 · 말하기의 난적이 되는 것은 사실이지만 눈에 보이는 것처럼 발음되지 않는다고 짜증만 낼 일이 아니라, 살아있는 언어를 배운다는 인식 하에 실제발음에 대한 거부감을 버리고 변화무쌍한 발음의 변신에 익숙해지도록 해야 한다.

하지만 그렇다고 영어의 모든 발음현상들을 모두 규칙화해서 습득할 수는 없는 노릇이다. 세상 일이라는게 대개 많을수록 좋은 것은 사실이지만, 영어의 발음규칙만큼은 소소익선(?), 즉 적을수록 좋다는 말씀이다. 언어는 학문의 대상이라기 보다 살아있는 유기체이기 때문에, 이론적으로 접근하여 많은 양의 규칙을 만드는 것보다는 "현재 영어"를 듣고 말하는 데 꼭 필요한 최소한의 법칙들만 몸에 익히는 게 최선이다. 파열음이니 유성음화니, 설측음 등과 같은 어려운 용어와 공식의 늪에 빠져 들어본들 실제 듣기능력의 향상에는 그리 큰 성과가 없을 거라는 얘기이다. 그런 용어와 공식들 속에서 허우적거릴 시간이 있다면 그 시간에 외국인과 직접 한마디라도 더 나눠보는 것이 낫다. 얼마나 많이 듣고 말해봤느냐에 따라 청취 능력이

"눈으로는 잘 알고 있는 단어도 귀로 듣고 입으로 말할
때 이해하지 못한다면 그건 아는 단어라고 할 수 없다."

판가름나기 때문이다. 결론적으로 말하자면 엑기스가 되는 발
음규칙만을 뽑아 이를 바탕으로 원어민과의 실전연습을 다다
익선으로 하는 게 최고의 미덕이라는 것이다.

/t/가 모음사이에서 /d/나 /r/로 들리거나 interview에서처럼
/t/가 /n/음에 동화되거나 혹은 absolutely처럼 −tely가 /틀
리/가 아니라 /을리/로 들린다는 점 등은 기본적으로 알고 있
어야 한다. 또한 get you, think about 등을 연음해서 발음한
다는 사실, p, t, d, k 등으로 끝나는 단어는 그 자음이 거의
들리지 않게 발음한다는 점 그리고 abuse, accuse, essential처
럼 단어 첫머리에 오는 약모음 역시 거의 들리지 않는다는 것
정도는 적어도 알고 가자.

이렇게 해서 배운 발음규칙을 기반으로 해서 실제 회화에서 많
이 쓰이는 단어나 숙어 그리고 종종 문장 전체가 어떻게 발음
되는지 귀로 그리고 입으로 익혀야 한다. 눈으로는 잘 알고 있
는 단어도 귀로 듣고 입으로 말할 때 이해하지 못한다면 그건
아는 단어라고 할 수 없다. 회화는 눈이 아니라 입과 귀로 하
는 것이기 때문이다. 다시 말해 시험 시간에 통하는 어휘력이
아니라 실전에서 통하는 '리스닝 어휘'가 약하다는 말씀. 예를
들어 some of the를 /섬오브더/라고 읽고 말하는 사람은 연음
현상을 적용해 발음되는 /서버더/를 이해하지 못할 수도 있다.
"어휘의 리스닝화"에 소홀히 했던 결과이다. 이를 탈피하기 위
해서는 영한 사전 속 발음기호만 맹신하지 말고 듣고 말하기
에도 통할 수 있도록 "어휘의 리스닝화"에 시간 투자를 아끼지
않아야 한다. 자신이 알고 있는 영단어들을 원어민들의 실제발
음을 통해 「무채색의 사전(辭典)」으로부터 「유채색의 생동감있
는 현실」로 끌어내야만 한다.

04 이 발음들 왜 이래?

특히 미드영어에서는 일반적으로 발음속도가 네이티브도 빠르다고 느낄 정도로 말을 하기 때문에 미드에서만 느낄 수 있는 발음의 특징들을 어느 정도는 정리해서 학습을 해야 한다.

예를 들어 going to나 want to를 발음나는대로 표기하는 gonna나 wanna가 어느 정도 자리잡은 것처럼, 바쁜 세상 그냥 발음나는대로 적으려는 경향, 즉 축약되고 변형되는 발음들이 표기에까지 영향을 미치는 현상이 더욱 가속화되고 있다.

❶ 발음이 약하게 나면 팍팍 줄여 말해

~ing → ~in'	you → ya
them → 'em	her → 'er
because → 'cause	about → 'bout

Well, hey, how's it goin'?
저기, 자갸, 어때?

Really? 'Cause it sounds to me like you're criticizing me.
정말? 날 비난하는 것처럼 들려서.

How 'bout you come back here on your day off?
쉬는 날 이리로 오는게 어때?

❷ 두 단어를 한 단어처럼 섞어

Come on → C'on	you know → y'now
Don't you? → Doncha ~ ?	
don't know → d'now / dunno	
am not (or is not) → ain't	give me → gimme
have to → hafta	Let me → Lemme
got to → gotta	going to → gonna
want to → wanna	must have → musta
could have → coulda	sort of → sorta
kind of → kinda	out of → outta

"과속으로 발음하는 미드영어의 발음현상들을 정리해서 알아둬야~"

You should, please, just gimme another chance.
제발 내게 한 번 더 기회를 줘야 돼.

I dunno what it is, but it's big.
그게 뭔지 모르겠지만 엄청 커.

We gotta go out there.
우리 그리로 가야 되겠어.

You wanna know how she knew him?
걔가 그를 어떻게 아는지 알고 싶어?

❸ 세 단어도 붙여

What do you~? 혹은 What are you~? → Whaddaya~?

Whaddaya mean, you didn't take it?
무슨 말야. 네가 거절했다고?

❹ 이상한 발음들

미드에선 교과서에서 배운 것과는 달리 either를 /아이더/,
neither는 /나이더/, 그리고 often은 /오프튼/으로 발음하는
경우도 있다. 또한 sword를 /서드/가 아니라 /스워드/, singer
를 /싱거/로 발음하는 경우도 있는데 이는 다양한 민족과 출신
의 사람들이 모여있기 때문에 생겨난 현상으로 생각하면 된다.

05 수시로 감탄사나 의성어를 내뱉어

어려운 미드영어를 들으려면 숱하게 반복적으로 나오는 단어들, 예를 들면 말꺼낼 때 하는 허사, 호칭, 그리고 감탄사 등은 확실히 알아두는게 도움이 많이 된다.

❶ 말꺼내기

우리도 어색함을 피하거나 상대방의 주의를 끌 목적으로, 본론을 말하기 전에 「저」, 「저기」, 「음」 등 별 의미없는 말로 시작을 하듯, 영어에서도 그런 표현들을 찾아볼 수 있다. 대부분 별 의미없이 하는 말이니 굳이 해석을 안해도 되는 경우도 있다.

Look, ~ 이것봐   Say, ~ 저기요, 있잖아
So, ~ 자, 그러니까 [화제를 바꿀 때 외에도 본래의 의미대로 앞 얘기를 받아 「그래서」, 「따라서」라는 의미로도 쓰인다]
I mean, ~ 그러니까, 내 말은 [부연설명을 하고자 할 때 쓰이는 표현]
See, ~ (또는 ~, see) 이것봐, 자 보라구 [확인을 요구하는 표현]

Look, I'm not asking you to adopt her.   이봐, 난 걔를 입양하라고 한게 아니잖아.
Look, I don't cry! It's not a big deal!   이봐, 난 울지 않아! 별일도 아닌데!
I mean, most women, they just can't handle it.   내말은, 대개의 여성들은 그걸 감당못해.

❷ 호칭

이름이나 닉네임 외에도 친근감을 나타내는, 혹은 사랑을 담뿍 담은 호칭을 간간이 사용해주면 사람과 사람 사이의 거리가 부쩍 가까워지는 법. 미드에서 확인해 볼 수 있는 친구들 사이의 혹은 연인들간의 호칭으로는 어떤 것들이 제일 많이 귀에 들어오는지 살펴보자.

babe   (my) dear   dude   buddy   bro   pal
man   guy 여자들끼리는 girl을 사용
boy 얘야 – 나이어린 손아랫사람에게 (you) guys 얘들아 – 남녀 구분없이 사용하며, 손윗사람들을 향한 표현은 아님
folks   everyone   sweetheart   sweetie   honey

Okay, hon, let's go meet those reporters.   좋아, 자기야. 가서 기자들 만나자.
Just calm down, sweetheart.   자기야, 좀 침착해봐.
Of course, baby. Hurry back.   물론, 자기야. 서둘러 돌아가.
I'll be back in an hour, babe.   애기야, 한 시간 후에 돌아올게.

"미드영어는 생동감 넘치는 또 하나의 현실이기 때문에
감정을 들어내는 감탄사나 의성어 등이 많이 나온다."

❸ 감탄사

문장 중간중간 나오는 다양한 감탄사와 의성어를 알아본다.

(Oh, my) Gosh! 세상에!, 맙소사!

Oh, my God! 세상에!, 하나님 맙소사!

(Oh,) My 이런

(Oh) Man! 젠장!, 저런!

(Oh,) Boy 우와, 이런 맙소사 [두려움, 나쁜 상황]

Shoot! 이런!, 저런!, 아이쿠!

For God's sake 제발!, 지독하네!, 너무하는구만!

Darn (it)! 에잇!, 이런!

(God) Damn it! 젠장할! [상당히 무례한 표현]

(Oh,) Crap 이런!

For crying out loud 아이쿠, 이런

(Oh) My goodness 어머나, 맙소사

Geez (혹은 Jeez), Gee whiz 세상에

Holy shit [crap]!, My heavens! 어머나, 세상에

God forbid! 그런 일이 일어나지 말기를 [비슷한 표현: Heaven forbid!]

God bless you! 감사하기도 하지! [누군가 재채기를 했을 때에도]

What the hell[heck]...? 도대체 뭐야? [몹시 못마땅하거나 수긍이 가지 않을 때 사용]

Whoops! / Oops! 앗 이런!, 아이쿠   Uh-oh 어머 이를 어째 [앞 음절을 높게]

Wow! 이야!, 우와!

Huh 허, 흥 [의문, 놀람, 경멸, 무관심 등을 나타냄]

blah blah blah 어쩌구저쩌구, 기타 등등

Er 저…, 어… [곤란한 얘기를 꺼내거나 망설일 때]

Hmm 흠…   Ugh 어휴

Whoa![wou] 상대방에게 진정하라는 의미로 하는 말

Oh, my god. You guys are cops. 맙소사. 너희들 경찰이구나.

Oh, man. It feels so good to say that. 이런. 그렇게 말하니 너무 좋다.

Oh, for crying out loud, this is ridiculous. 어, 아이쿠, 이건 말도 안돼.

갑자기 튀어나오는 앞부분때문에
뒷부분까지 놓치게 되고…

네이티브와 대화를 할 때는 긴장을 할 수밖에 없다. 상대방의 말도 들어야 되고 또 내가 할 말도 머리속으로 영작을 해야 되고…. 손에 땀이 나지 않을 수가 없다. 이런 초긴장 상태로 네이티브의 얼굴과 입술을 보고 있을 때 네이티브가 갑자기 입술을 열면서 말을 시작할 때, 아, 우린 원망하지 않을 수가 없다. 왜 네이티브의 얼굴에는 "다시듣기" 버튼이 없을까라고 탄식하면서 말이다. 갑자기 툭 튀어나오는 문장의 앞부분, 그리고 그 앞부분이 무슨 단어들일까 생각하느라고 뒤에 나오는 중요한 명사, 동사, 형용사를 듣지 못하게 되니 말이다.

영어를 조금 한다고 하는 사람들, 네이티브와 얘기를 나누어본 사람들이라면 다들 공통적으로 느끼는 점일게다. 문장의 앞부분은 대부분 인칭대명사+조동사로 사실 의사소통의 절대적인 요소는 아니다. 대화하다보면 대강 눈치로 때려잡을 수 있는 부분, 즉 기능어들이기 때문이다.

하지만 우리가 이런 기능어 부분을 들으려고 이렇게 악착같이 정리하고 연습해야 하는 이유는 뭘까? 사실 인칭대명사+조동사를 명확히 듣고자 하는게 진짜 목적은 아니다. 문장의 앞부분을 들으려다가 뒷부분까지 놓치기 때문에 문장의 핵심이자 본 내용인 그 뒷부분을 듣기 위해 역설적으로 먼저 문장의 앞부분이 들려야 한다는 것이다. 말하자면 문장의 앞부분을 대강이라도 들어서 심리적 안정을 취하게 되면 나머지 문장을 더 잘 들을 수 있다는 말이다. 완벽하게 문장의 모든 단어를 다 들으려고 하는 욕심은 아니니 오해없기 바란다.

예를 들어 Are you gonna just blame this on her?라는 문장을 네이티브가 말한다고 보자. 이때 Are you gonna/아유고너/가 어느 정도 들린다고 하면, 마음의 안정(?)을 찾고 다음

> "문장의 앞부분을 대강이라도 들어서 심리적 안정을 취하게 되면 나머지 문장을 더 잘 들을 수 있다."

에 나오는 문장의 핵심인 'blame this on her'를 더 잘 들을 가능성이 크다는 말이다.

문장의 앞부분에서 신경써서 봐야 될 부분은 isn't, wouldn't, didn't, won't, Does she 등이 있으며 또한 can, can't를 구분해서 들어야 하고 마지막으로는 무조건 달달 암기 해두어야 되는 I'm gonna, Are you gonna~ 등이 있다.

또한 '주어+조동사' 세트는 축약되는 경우가 많은데 ~n't 는 not의 축어로 조동사 뒤에 붙어 don't, won't, ain't 등을 만든다. 또한 주어+'d의 형태도 많은데 이는 had, would, did가 축약된 것이다. 예로 had been은 'd been, would do는 'd do 로, 그리고 where did는 where'd로 각각 축약될 수 있다. 따라서 'd의 정체는 다음에 동사원형이 오느냐 여부에 따라 밝혀진다.

의문문과 기본동사패턴 등도 역시 달달 외워야

앞의 '인칭대명사+조동사'를 도치한 '조동사+인칭대명사' 앞에 의문사가 하나 더 붙어서 만드는 문장들, 즉 의문문 역시 참 듣기가 쉽지 않다. 네이티브에게 왜 그렇게 빨리 약하게 말하냐고 따질 수도 없고….

의문문은 모르는 것을 물어보는 것이지만 그밖에 억울하다고 토로하거나, 이해할 수 없다고 분통해하는 등 다양한 의미를 전달하는 기능을 갖고 있다. 의문문이야 당연히 숱하게 나오기 때문에 한번 잘 익혀두면 미드를 듣는데 큰 도움이 될 것이다. 다시 말해서 what, where, when, who, why, how 그리고 which나 whose 등 다양한 의문사들이 앞장서서 만드는 문장의 앞부분 또한 후다닥 지나는 부분이어서 이 부분에 대한 공략은 필수적이라는 말씀. 특히 what, why, how의 쓰임이 아주 많으며 where의 경우에는 물리적인 위치 뿐만 아니라 추상적인 위치까지 말할 때 쓰이기 때문에 잘 세심하게 알아두어야 한다.

다시 말하지만 "의문사+조동사+주격대명사"를 역시 한 덩어리로 생각하고 외워두면 미드영어를 듣기가 훨 수월해진다는 말이다. What are you~, What did you~, How could you~, Why would I~ 등등을 한 단어처럼 연음해서 외워두는 것이다. 네이티브들이 어찌나 빨리 하던지 What are you~와 What do you~는 과속으로 발음한 나머지 드물지만 표기까지 Whaddaya~?로 하는 경우도 있다.

또한 기본동사 think, know, say, tell, need, want, have, get 등이 만들어내는 패턴들이 있다. 말을 하다보면 이 단어를 사용하지 않을 수 없을 정도로 빈번하게 쓰이는 동사로 I wanna~, I don't know~, I don't think, I'm thinking

"〈의문사+조동사+주격대명사〉를 역시 한 덩어리로
생각하고 외워두면 미드영어 듣기가 훨 수월해진다."

of~, I can't believe~, I just wanted to say~ 등의 표현들을
달달달 외워두면 역시 미드영어가 훨 잘 들리게 될 것이다.

어차피 우린 영어의 네이티브가 아니다. 이런 상황에서 우리
가 후천적으로 영어를 배울 때는 어쩔 수 없이 논리적, 구조적
접근이 필요하다. 네이티브들이 자연적으로 영어를 습득한 것
과는 다르게 말이다. 결국 이런 패턴화된 표현들을 많이 알고
있어야 미드영어도 잘 들리고, 영어로 10분이상 말할 수도 있
게 되는 것이다. 그냥 읽고 지나가면 결코 영어를 잘 할 수가
없다. 무조건 필요한 부분은 입시 때처럼 외워야 된다. 그래야
발전이 있게 될 것이다.

패턴과 필수표현은
꼭 알아두어야

오로지 영단어실력을 기반으로 단어들을 하나하나 조립해서 문장을 듣고 만드는 것은 거의 불가능해보인다. 우리가 네이티브 본토에서 살지 않는 한 말이다.

지금까지 말한 패턴이 필요한 이유가 바로 거기에 있는 것이다. 외국어로 영어를 배우는 사람에게 패턴의 중요성은 이루 다 말할 수가 없다. 후발주자로서 네이티브를 조금이라도 더 따라잡으려면 그들이 영어를 습득한 속도보다 더 빨리 영어에 익숙해져야 한다. 이 목적에 가장 부합하는 것이 패턴이다. 쉽게 말하면 자주 들리는 표현세트는 아예 통째로 익혀두어야 한다는 것이다.

이 책에서 정리한 "주어+조동사" 및 "의문사+조동사+주어"의 세트 뿐만아니라 그 이상의 자주 나오는 패턴들을 공식처럼 달달달 한 덩어리로 생각하면서 외워야지만 미드를 들을 때 뿐만아니라 말할 때 커다란 도움이 되는 것이다.

쉬운 예를 들어보자. 회화에서는 특정 단어들이 몰려다니면서 함께 쓰이는 경우가 많기 때문에, 늘 붙어다니는 단어들의 구(句)나 문장들을 통째로 암기해두어야 한다.

예를 들어 right만 달랑 외우는 것보다는 Is it all right to ~? 를, like만 외우기보다는 I'd like to~?, Would you like to ~? 등 "빈출 회화구문"을 통째로 듣고 말하는 연습을 해야 한다는 것이다.

이런 식으로 I'd appreciate it if ~, I know[understand] what it's like to~, I got to the point where~, All we have to do is~ 등 다소 길게 느껴질 수도 있으나 이런 패턴들을 달달 외워서 머리 속에 저장해두어야 하며 또한 turn oneself in, put sb up to sth, freak sb out, work out for, get involved

"자주 들리는 표현세트는
아예 통째로 익혀두어야 한다."

in 등의 빈출표현들까지 외워둔다면 미드영어에서 안들릴게
없을 정도로 자신감이 팽배해질 것이다.

09 또다른 영어의 세계, 미드영어

우리도 우리끼리 우리말을 할 때 비문법적이고도 불완전한 문장을 엄청 쓴다. 한 시간이라도 스마트폰으로 자신이 말하는게 얼마나 캐주얼한지, 비문법적인지 느껴보는 것도 그리 나쁘지 않을 것이다. 그리고 이런 자리에 한국어를 배우는 외국인 있다고 생각해보자. 아, 얼마나 괴로울까. 책에서 배운 것과 너무 다른 현실에 황당해 하면서 "한국말 나빠요~"라고 할 지도 모른다.

외국인을 전혀 배려하지 않는 미드영어에서 우리 역시 그런 점을 발견할 수 있다. 각종 속어, 욕 뿐만이 아니라 우리가 배운 문법으로는 도저히 용납할 수 없는 문장들을 마구 쓰고 있기 때문이다. 즉, 우리가 알고 있는 문법지식은 좀 잠시 접어두고 그네들의 말하는 습관을 몇가지 알아둬야 한다.

❶ 품사에 대한 고정관념 탈피

품사에 대한 고정관념에서 벗어나 유연한 사고방식이 필요한 부분. 실생활영어에서는 각 단어별 품사 전이가 상당히 빈번한데 명사, 형용사, 부사로만 알고 있는 단어가 동사로 쓰이거나, 접속사나 동사가 명사로 쓰이는 경우도 종종 있다.

특히 명사의 경우 거의 모두 동사로 쓴다고 할 정도로 거리낌없이 명사를 동사를 쓴다. truck은 '트럭으로 운반하다,' party는 '파티하다,' '신나게 놀다,' text는 '문자를 보내다' 등 뿐만 아니라 심지어는 약어를 동사를 쓰는 경우도 있다. ID는 '신원을 확인하다,' DMV는 '교통국DB에 돌려보다' 등 가히 상상을 초월한다. 자 이제 몇가지 경우를 살펴보자.

solid 완전히, 가득히	party (파티에서) 신나게 놀다
walk …를 산책시키다, 걸어서 바래다 주다	brave …에 용감하게 맞서다
pale before … 앞에 무색해지다, …보다 못해 보이다	egg 부추기다
down …을 쭉 들이키다, 마시다	ifs and buts 변명, 구실
Not so many buts, please 그러나라고 말하지 말게	
the hows and the whys 방법과 이유	

❷ 아는 것이 병이 되는 단어

"우리가 배운 문법으로는
도저히 용납할 수 없는 문장들도 쓰고 있다."

기본단어로 의미를 다 안다고 생각했던 단어들이 현실세계에서는 전혀 예상못한 의미로도 쓰여 우리의 뒤통수를 치기도 한다. check이 '수표'로, board가 '탑승하다'라는 의미로 쓰인다는 것은 애교에 불과하다. company가 '일행,' contract가 '감염되다,' high가 '약에 취한,' land는 '손에 넣다' 등 부지기수이다. 꺼진불도 다시보자는 마인드로 알고 있는 단어의 이중생활에 대한 철저한 대비가 필요하다.

company 회사, 일행	**contract** 계약, 살인 청부 계약, 감염되다
advance 가불, 선불, 구애, 유혹	**delivery** 배달, 출산
credit 자랑거리, 공로	**high** (술이나 마약 등에) 취한
land 손에 넣다, 얻다	**party** 일행, 공범(자), 한패
draw 무승부, 관심을 끄는 것, 인기 있는 것	**revealing** 야한
literature 광고 책자, 안내 책자	**milk** 정보를 캐내다, 착취하다
warm 정답에 가까워진, 맞출 것 같은	**decent** 버젓한, 고상한, 남 앞에 나설 정도로 옷을 다 입은
item 인물	**shy** 부족한, 모자란

❸ 이상한 문장

미드에서는 다양한 캐릭터들이 등장한다. 작가는 캐릭터의 성격을 행동과 복장 그리고 언어를 통해서 한다. She don't love me와 같은 문장을 보게 되는데 이는 의도적으로 그 캐릭터의 교육수준이나 레벨을 보여주는 것이다. 또한 보어는 명사상당어구가 와야 하는데 What I'd like to say is go~라는 문장을 보고 go 앞에 to가 왜 안들어가냐고 불안해하는 사람들, could use를 '사용할 수 있다'고 번역하는 사람들, "On it," "Want some more?" 을 듣고 왜 문장에 주어나 동사가 빠졌냐면서 싫어하는 사람들, 이 모두가 영어를 너무 책상 위에서만 배웠기 때문이다.

지금까지 말한 내용 중에는 꼭 알아두어야 하는 부분도 있고 혹은 아직 따라할 필요가 없는 부분도 있다. 외국어로 영어를 배우는 우리는 미국가서 갱이 될게 아니라면 정확하고 올바른 영어를 쓰려고 노력해야 한다. 영어교재로 또한 재미있는 드라마로 즐기면서 영어를 보고 익히고 영어와 친해지고 영어듣기 말하기가 시작된다면 혹 불필요한 부분이 있다하더라도 그 정도는 정보차원에서 알아두는데 만족을 하면 될 것이다.

10 미드 에피소드 하나를 외우려고 해본 적이 있나…

지금까지 반복적으로 말한 결론은 하나밖에 없다. 지속적으로 미드와 미드학습에 시간을 투자하는 것이다. 멍하니 정신줄 놓고 한글자막과 야한 장면만을 기대하면서 보는 것은 결코 투자가 아니다. 자막없이 들으려고 노력하거나 원음만 따서 수없이 반복해서 들릴 때까지 들으려는 노력이 필요한 것이다.

요즘 동영상들은 자막을 선택할 수도 또한 가릴 수도 있는 기능이 있을 뿐만 아니라 아주 쉽게 구간반복을 통해 원하는 장면을 반복적으로 들을 수도 있다. 무엇을 망설이는가? 이처럼 공부하기에 좋은 환경이 구축된 적이 있는가 말이다.

미드를 자막없이 즐기면서 보는 미드족들은 그냥 그렇게 되게 아니다. 미드 한편을 외우다시피하는 노력을 통해 미드실력을 늘려온 결과이다. 그 정도의 노력도 하지 않고서, 한글실력과 시력확인만 왕창해놓고서 영어는 정말 어렵다고 머리를 설레설레 흔드는 사람이 결코 되어서는 안된다.

자막을 이용해 다독을 하고, 자막없이 히어링을, 구간반복을 통해 귀에 경기가 날 정도로 들어보고 큰소리로 따라 읽어보는 노력을 해야 한다. 크게 소리내어 읽어보는 것이 최고의 영어학습법이라는 점은 아무도 부정할 수 없기 때문이다. 이렇게 큰소리로 말을 해봐야 듣기도 편해진다. 다 들릴 때까지 말하는 것을 자제하고 있으면 잘못하면 영원히 묵언수행을 해야 될지도 모를 일이다. 발음에 자신이 없는 사람이라면 스스로 녹음해서 다시 들어보면서 자가수정을 해보는 것도 아주 좋은 방법이다.

마지막 조언하나. 스마트폰 사용을 조금만 줄이고 걸어다니면서 혹은 전철에서도 영어발음을 해보거나 문장을 만들어보거나 해야 한다. 항상 공부 못하는 사람이 책 타령, 학원 타령 그

"구간반복을 통해 귀에 경기가 날 정도로 들어보고
큰소리로 따라 읽어보는 노력을 해야 한다."

리고 환경 타령이다. 알아야겠다는 '호기심'과 배워야겠다는 '의지'만 있으면 다른 건 다 변명을 위한 변명에 지나지 않는다. 영어에서도 마찬가지이다. 더구나 이론적인 학문이 아니라 실생활에 필요한 살아있는 영어를 익히려면 교실 책상에서 하는 여타 공부와 더더욱 차별화하여야 한다. 다시 말해 '사람들과 말하고 듣기 위한 도구'라는 언어의 특성상 영어는 언제 어디서든 항상 몸에 붙이고 다니면서 기동성있게 훈련해야 한다는 것이다. 가장 활용하기 좋은 장소 중의 하나가 바로 '거리'와 '전철'이다. 영양가 하나 없이 멍하니 시간 죽이지 말고 한 발한발 디딜 때마다 영어 단어와 문장 등을 원어민처럼 흉내내며 그 리듬에 익숙해지도록 한다. 물론 장소가 장소인 만큼 너무 큰소리로 연습했다가는 공공의 적(?)으로 몰릴 가능성도 있으니 여건에 따라 수시로 볼륨 조절은 기본이다. 이제 "공부할 시간이 없어서…," "공부할 여건이 안되다보니…"라는 구차한 변명은 언제나 그렇듯 loser의 몫이 될 뿐이다.

SECTION 1
문장의 앞부분 잘 들어보기

be 동사

I'm~다음에
a[an]~이
이어지는 경우

I'm a very bad person
난 매우 나쁜 사람이야

 Key Point

I'm a~ I'm	암어	
I'm not a~	암나러	/t/음가 잃고 연음
I'm an~	암언	
I'm not an~	암나런	

Listen carefully and Check it Out!

- I mean, I'm a very bad person.

- Do you want me to teach you? I'm a great teacher.
  두자음이 약소될 때 하나는 생략

- I'm not a prostitute.

- My wife is not a reverend and I'm not a doctor.

- Everybody in New York thinks I'm an asshole.

- I'm not an idiot.
  /나런/으로 변걸때음돼

- I'm not an alcoholic!

내 말은 말야. 난 매우 나쁜 사람이야.

내가 가르쳐줄까? 나 훌륭한 선생님이야.

난 매춘부가 아냐.

내 아내는 목사가 아니고 나도 의사가 아냐.

모든 뉴욕사람은 날 멍청이로 생각해.

난 바보가 아냐.

난 알콜중독자가 아냐.

미드·스크린에서 확인해보기   Friends

Phoebe: Do you want me to teach you? I'm a great teacher.
내가 가르쳐줄까? 난 훌륭한 선생이야.

Joey: Really? Who-who have you taught? 정말? 누굴 가르쳤는데?

002

be 동사

I was~다음에
a[an]~이
이어지는 경우

He knew I wasn't a virgin

걘 내가 처녀가 아니라는 걸 알고 있었어

Key Point

I was a~	아워저	
I was not a~	아워ㅈ나러	
I wasn't a~	아워즈너	/t/음가 잃음
I was an~	아워전	
I was not an~	아워ㅈ나런	
I wasn't not an~	아워즌나런	

Listen carefully and Check it Out!

- Not a farmer. I was a hunter.

  농부가 아냐. 난 사냥군이었어.

- I never said I was a lesbian.

  내가 레즈비언이라고 말한 적이 전혀 없어.

- Randy knew I wasn't a virgin.

  wasn't의 경우 /t/보다는 /n/으로 무정임을 알아채야

  랜디는 내가 처녀가 아니라는 걸 알고 있었어.

- How dare she say that I wasn't a good wife?!

  어떻게 걔가 내가 훌륭한 아내가 아니었다고 말할 수 있어?!

- I was an artist in a previous life.

  난 전생에 예술가였어.

- I was an international fashion model.

  /t/가 n과 모음 사이에 낀 경우에는 /ㄴ/소리도

  난 세계적인 패션모델이었어.

- Jerry thinks I was an idiot.

  제리는 내가 바보였다고 생각하고 있어.

미드·스크린에서 확인해보기

Notebook

Allie: That was fun. I haven't seen a movie in ages. 재밌었어. 오랫동안 영화를 못봤어.

Noah: Really? 정말?

Allie: Huh-uh. Not since I was a little kid. 어. 어렸을 때 이후로 못봤어.

I'm not the **enemy**

난 적이 아냐

Key Point

I'm the~	암더	the는 핵심어가 아니어서 약하게 발음
I'm not the~	암낫더	
I was the~	아워즈더	
I wasn't the~	아워즌더	

Listen carefully and Check it Out!

- I'm the **product** of my mother's rape.

  난 엄마가 강간당해서 낳은 사람야.

- I'm the **attorney** for the defense.

  피고측 변호인입니다.

  앞의 a받음을 거의 되지 않는다

- I'm not the **enemy**.

  난 적이 아냐.

- I'm not the **girl** in the bar anymore.

  난 더 이상 바에 있는 여자가 아냐.

- I'm the **best** you've ever had.

  네가 만났던 사람 중에서 내가 최고야.

- Welcome aboard, Bob. I'm the **office** manager.

  환영해요, 밥. 난 실장예요.

 미드·스크린에서 확인해보기

Desperate Housewives

Nora:　　I'm not the **type** of person that can keep things bottled up inside.

　　　　　난 마음 속에 담아두는 그런 종류의 사람은 아네요.

Lynette:　Really? 그래?

004
be 동사

I'm the~ 다음에
one이나 only one이
오는 경우

I'm the one who kept my promise
약속을 지킨 사람은 바로 나야

 Key Point

I'm the one who~	암디원후	
I'm not the one who~	암낫더원후	
I'm the only one who~	암디온리원후	
I'm not the only one who~	암낫디온리원후	
I was the only one who~	아워즈더온리원후	
I wasn't the only one who~	아워즌디원후	

Listen carefully and Check it Out!

- I'm the one who **brought** him here.
  bring의 과거형 brought은 ㅗ/ㅂㅗㅜㅌ/가ㅏ니ㅏㄹㄱㅏ/ㅂㅘㅌ/에가가워
  개를 여기로 데려온 것은 바로 나야.

- I'm the one who **kept my promise**.
  약속을 지킨 사람은 바로 나야.

- I'm not the one who**'s sleeping with a teenager.**
  난 10대와 자는 사람은 아냐.

- I'm the only one who **can protect him now.**
  지금 개를 보호할 수 있는 사람은 나 뿐이야.

- I'm the only one who **thinks you're wrong.**
  /r/을 //파닥히붜꼴이잇첫장에닥지잇개붜을구부지고성대뜸웈뎌밥음붜
  네가 틀렸다고 생각하는 사람은 나 뿐이야.

- I was the one who **pushed the study.**
  무성음 /sh/ 뒤에서 -ed 받음은 /t/
  그 연구를 밀어붙인 건 나였어.

- I wasn't the only one who **was haunted.**
  /t/나 /d/로 끝나는 경우 -ed는 /id/
  겁에 질린 사람은 나만 그런 게 아니었어.

Beverley: Excuse me, Leonard, I am the one who's getting a divorce, Mitzy is the one who is dead. Why are you the one making a fuss?
잠깐만, 레너드야. 이혼하는 사람은 나이고, 그리고 죽은 강아지는 미치인데, 왜 네가 그렇게 호들갑이야?

Leonard: You're right. I'm-I'm-I'm-I'm sorry, I'm way out of line!
엄마 말이 맞아요. 미안해요. 내가 지나쳤어요!

I'm the guy who saved your life

내가 네 생명을 구해준 사람이야

Key Point

I'm the guy who~	암더가이후	
I'm not the guy who~	암낫더가이후	
I was the guy who~	아워즈더가이후	
I wasn't the guy who~	아워즌더가이후	

Listen carefully and Check it Out!

- I'm the guy who **saved your life.**

  내가 네 생명을 구해준 사람이야.

- I'm the guy who **was having car trouble.**

  차량이 고장났던 사람은 바로 나야.

- I'm the bitch who**'s gonna tell everyone what you did.**

  /잘 뉴/로 명음된다.

  네가 무슨 짓을 했는지 만천하에 고할 년은 바로 나야.

- I'm not the only guy in this house that uses that hamper.

  이 집에서 그 바구니를 쓰는 사람은 나만 있는 건 아냐.

- I'm the guy who **arranged everything.**

  내가 다 준비했어요.

- I'm not the guy who **shot him.**

  그에게 총을 쏜 사람은 내가 아네요.

Desperate Housewives

Rex: Bree, look at me. It's not mine. 브리, 이봐. 그건 내꺼 아냐.

Bree: Well, then, whose is it? It didn't just magically appear in my laundry basket.

그럼 누구거야? 내 빨래통에 갑자기 나타나지 않았을거야.

Rex: Well, I'm not the only guy in this house that uses that hamper.

이 집에서 그 바구니를 쓰는 사람은 나만 있는 건 아냐.

006

be 동사

I'm~ 다음에
다양한 형용사가
오는 경우

I'm happy **to have you back**

네가 돌아와서 아주 기뻐

Key Point

I'm happy[glad]~	암해피	a는 거의 들리지 않는다.
I'm afraid[worried]~	암어후레이드	
I'm sure[certain]~	암슈어	
I'm angry[mad]~	암앵그리	
I'm comfortable[uncomfortable]~	암컴퍼터블	

Listen carefully and Check it Out!

- I'm sure you are really nice people. / 난 너희들이 정말 착한 사람들이라고 생각해.

- I'm not sure I should go to the party. / 내가 파티에 가야 할 지 모르겠어.
  go to는 과정하며 / 고우/뉘링~

- I'm afraid I have some bad news for you. / 네게 좀 안 좋은 소식이 있어.

- I'm worried it's gonna be a big mistake. / 그게 큰 실수가 될까봐 걱정이야.
  gonna be~는 돌해요 안붜야

- I'm glad you're having so much fun here. / 네가 여기서 아주 즐겁게 지내서 좋아.

- I'm angry because you're lying to me. / 네가 나한테 거짓말을 해서 화가 나.

- I'm uncomfortable working with Chris. / 난 크리스와 일하는게 불편해.

 미드·스크린에서 확인해보기

No Strings Attached

Emma: I'm glad you stayed. 남아줘서 고마워.

Adam: Me too. So, I'll call you, or something... 나도 기뻐. 내가 전화하거나, 아니면

Emma: Adam, you're wonderful. If you're lucky, you're never gonna see me again. 아담. 넌 멋진 애야. 날 다시 안만나는게 좋을거야.

I'm not going to **do that**

난 그렇게 하지 않을거야

Key Point

I'm going to+명사	암고인투
I'm not going to+명사	암낫고인투
I'm going to+동사 = I'm gonna+동사	암고인투 =>암거너
I'm not going to+동사 =I'm not gonna~	암낫고인투 =>암낫거너
I was going to+동사 = I was gonna~	아워즈고인투 => 아워즈거너
I wasn't going to+동사 = I wasn't gonna~	아워즌고인투 => 아워즌거너

Listen carefully and Check it Out!

- I'm going to a costume party, okay?

  난 가장파티에 갈거야, 알았어?

- I'm going to the garage to meet Wilma.

  garage의 발음은 /거라쥐/

  월마를 만나러 카센터에 가는 중야.

- Well, I'm going home for dinner.

  저녁먹으러 집에 가는중야.

- I'm not going to the supermarket. I'm going to the lingerie store.

  난 수퍼마켓에 가는게 아니라 여성속옷가게 에 가는거야.

- I'm going to take a nap for a while.

  난 잠시 낮잠을 자야겠어.

- I'm going to the beach in Miami with my family.

  가족과 함께 마이아미 해변에 갈거야.

- I was going to wear this for my audition.

  오디션 때 이걸 입으려고 그랬어.

미드·스크린에서 확인해보기

CSI

Catherine: I'm going to guess stripper. She's got a locker room key. We'll trace it back to the club. 스트리퍼인 것 같군요. 라커룸 열쇠를 가지고 있는 걸 보니. 클럽에 가서 조사해볼게요.

Vartan: Quite a party last night. 지난밤에 끝내주는 파티였나봐요.

Catherine: You can say that again. 그러게나 말예요.

I'm getting **out of here**

나 간다

Key Point

I'm getting~	암게링	tt는 /d/나 /r/로 발음된다.
I'm not getting~	암낫게링	
I was getting~	아워즈게링	

Listen carefully and Check it Out!

- I'm getting **out of here.**
  out of는 연음돼 /아우러/로 받음되고 outta로 표기하기도
- I'm getting **rid of all of it.**
- I'm getting **married again.**
- I'm getting **a little tired of this, okay?**
- I'm not getting **anywhere with him.**
- I'm not getting **a boob job.**
- What's the harm? I'm not getting **fat.**

나 간다.

난 그걸 모두 제거하고 있어.

나 다시 결혼해.

나 이거에 좀 지겨워져, 알았어?

난 걔랑 어디도 가지 않을거야.

난 유방확대수술을 받지 않을거야.

밑질 것 없어. 살도 안쪄.

미드·스크린에서 확인해보기

Desperate Housewives

Bree:　　I don't have time for this. I'm getting **married now.** 나 이런 시간없어. 이제 결혼한단말야.

Susan:　This is your day. You can push the ceremony back an hour.
　　　　　네가 주인공인 날이잖아. 한시간 뒤로 늦춰봐.

I'm trying to **help you**
난 널 도와주려고 하는거야

Key Point

I'm trying to~	암츄라인투	/tr/는 /츄/에 근접한 소리
I'm not trying to~	암낫츄라인투	
I was trying to~	아워즈츄라인투	
I wasn't trying to~	아워즌츄라인투	

Listen carefully and Check it Out!

- I'm trying to give you my professional opinion.

  네게 내 직업적인 의견을 주려고 하는거야.

- I'm trying to cooperate, agent Smith.

  앤젠트는 두번째 'g에'~

  난 협조하려고 하고 있어요, 스미스 요원.

- I'm not trying to irritate you.

  난 너를 열받게 하려고 하는 게 아냐.

- I'm not trying to prove anything.

  난 뭔가를 입증하려느게 아냐.

- I'm trying to find my missing contact lens.

  잃어버린 콘택즈 렌즈 찾고 있어.

- I was trying to spare your feelings.

  네 감정을 상하지 않게 하려고 했어.

- I was trying to show you something important to me.

  내게 중요한 것을 네게 보여주려고 했어.

미드·스크린에서 확인해보기

Friends

Chandler: Why are you in here if Joshua is all the way over there?
조슈아는 저쪽에 있는데 왜 여기에 있는거야?

Rachel: Uhh, because I'm trying to play hard to get. Oh, quick! He's looking over here, say something funny.
지금 팅기는 중이야. 어 빨리! 여기 쳐다본다. 뭔가 웃기는 얘기해봐.

010
be 동사

I'm~ 다음에
~ing가 오는 경우 :
I'm talking[saying]~

I'm talking about you and me
난 너와 나 얘기를 하는거야

Key Point

I'm talking about~	암터킨어바웃	talking /터킨/
I'm not talking about~	암낫터킨어바웃	
I was talking about~	아워즈터킨어바웃	
I'm saying~	암세인	
I'm not saying~	암낫세인	
I wasn't saying~	아워즌세인	

Listen carefully and Check it Out!

• I'm talking about **you and me.**
  난 너와 나 얘기를 하는거야.

• I'm talking about **protecting my son.**
  내 아들을 보호하는 얘기를 하고 있는거야.

• I'm not talking about **your mother.** I'm talking about **you.**
  네 엄마가 아니라 너에 대한 얘기를 하고 있는거야.

• I'm saying **it's bad luck.**
  내말은 운이 안좋았다는거지.

• I'm saying **he's not cooperating.**
  내말은 걔가 협조를 하지 않는다거야.

• I'm not saying **I wouldn't go.**
  wouldn't에서 /t/는 약화되어 /ㅍ돈/으로 들려
  내가 가지 않을거라고 말하는 건 아냐.

• I'm not saying **that I wanna move in with you.**
  너와 동거하고 싶다고 말하는 게 아냐.

 미드 스크린에서 확인해보기

La La Land

Sebastian: And this is what I thought you wanted me to do! What am I supposed to do? Go back to playing "Jingle Bells"? 내 생각에는 이게 당신이 내가 하기를 바랬던 것으로 생각했는데, 나더러 어쩌라고, 다시 돌아가서 "징글벨"이나 치라고?

Mia: I'm not saying **that. I'm saying why don't you take what you've made and start the club?** 내 말은 그 말이 아냐. 내 말은 모든 돈을 가지고 클럽을 여는게 어떻겠냐는거지.

011

be 동사

We're~의 경우

We're still working on that

우리는 아직 그 일을 하고 있어

Key Point

We're~	위어	
We were~	위워	
We aren't~	위안ㅌ	강조하려면 We're not~ /워어낫/
We weren't~	위워른ㅌ	강조하려면 We were not~ /워워낫/

Listen carefully and Check it Out!

- Well, we're still working on that.

  저기, 우리는 아직 그 일을 하고 있어.

- I mean, we're all adults here.

  내말은, 우린 모두 성인이라는 거지.

- We were friends, but competitive.

  모음사이의 /t/는 음이 변경돼

  우린 친구지만 서로 경쟁을 해.

- We're not strangers anymore, remember?

  우린 더이상 낯선 사람들이 아냐. 기억해?

- We aren't working together.

  우리는 함께 일을 하지 않아.

- We weren't planning on killing anyone.

  우리는 누구라도 살인할 생각이 없었어.

- Look, we were roommates. We weren't really friends.

  이봐, 우리는 룸메이트였어. 친구는 아니었지.

미드·스크린에서 확인해보기   Sex and the City

Trey: Ever since you left, I can't stop thinking about you.

           당신이 떠난 이후로 당신 생각을 떨쳐버릴 수가 없어.

Charlotte: Honey, we're separated.   자기야, 우리는 지금 별거중이야.

Trey: I know. 알아.

012

be 동사

Are we~ ?의 경우

Are we still talking about sex?

우리 아직 섹스얘기하는 중야?

Key Point

Are we~ ?	아위	Are는 약화연음된다.
Aren't we~?	안ㅌ위	강조하려면 Are we not~?
Were we~?	워위	Weren't we~?난 Were we not~? 은 별로 쓰이지 않는다. I ain't~ You ain't~ He ain't~, It ain't~는 바람직한 표현법은 아니다. ain't는 am not, are not, is not 을 줄인 슬랭표현이다.

Listen carefully and Check it Out!

* Are we done here?

* Are we still talking about sex?

* Aren't we taking advantage of her?
  /t/는 앞의 /n/받음에 영향받아 /n/처럼 들려

* Were we that loud?
  지시형용사로약음되지 않아

* Were we supposed to have dinner tonight?

* Well, I ain't gonna say no to that.

* You ain't gonna use that.

이제 끝난거지?

우리 아직 섹스에 대해 얘기
하고 있는거야?

우리는 걔를 이용하지 않는거
야?

우리가 그렇게 시끄러웠어?

오늘밤에 저녁먹기로 하지 않
았어?

저기, 그거에 반대하지 않을거
야.

넌 그걸 이용하지 않을거야.

 미드·스크린에서 확인등버보기

CSI

Sara: If you help me, I can help you. We already know who you're talking
about. All we need to know is where to find her.
우리를 도와주면 우리도 당신을 도울 수 있어요. 우린 당신이 얘기하는 사람이 누군지 알고 있어요. 우리가 알아야 하는 것은
그녀가 어디에 있냐는 거예요.

Brass: Are we boring you? 우리 얘기가 지루한가?

013

be 동사

You're~, 가장 많이
쓰이는 You와 are가
결합하는 경우들

You're **such an asshole**

넌 정말 한심한 놈이야

Key Point

You're~	유어	
You aren't~	유안트	
You're not~	유어낫	You aren't~의 강조형
You were~	유워	
You weren't~	유워런트	/t/는 약하게 발음된다.
You were not~	유워낫	You weren't~의 강조형

Listen carefully and Check it Out!

- You're such an asshole.

  넌 정말 한심한 놈이야.

- You're making me all confused.

  너 때문에 모든게 혼란스러워.

- You were a little weird yesterday.
  /t/가 양모음사이에서 /d/나 /r/처럼 들려

  너 어제 좀 이상했어.

- You're not supposed to be in the kitchen.

  넌 부엌에 있으면 안되는거잖아.

- You aren't buying this amnesia thing, are you?

  넌 이 기억상실이란 얘기 믿지 않는거지, 그지?

- You were not meant to see me before the wedding. It's bad luck.
  동어들이 연속될 경우는
  하나주 발음하지 않아

  넌 결혼식전에 날 보면 안되는 거였어. 나쁜 운이 온다.

- You were not invited.

  넌 초대받지 못했어.

미드·스크린에서 확인해보기

Sex and the City

Samantha:	Oh, is that right Jamie. Jerry?	그래, 제이미, 제리?
Smith:	You're right. Yeah. I'm an actor.	맞아. 난 배우야.
Samantha:	Oh god. There goes my hard-on.	이런. 흥분이 가시네.

Are you pregnant?

너 임신했어?

Key Point

Are you~ ?	아ㄹ유	
Aren't you~?	안츄	Aren't you a~? /안춰/
Are you not~?	아ㄹ유낫	Aren't you~?의 강조형
Were you~?	워ㄹ유	

Listen carefully and Check it Out!

- Are you in love with my wife?

  넌 내 아내와 사랑에 빠진거야?

- Holy crap. Are you pregnant?

  이런 세상에. 너 임신했어?

- I'm sorry. Were you asleep?

  미안. 자고 있었어?

- Aren't you a little cute to be a teacher?

  선생님하기에는 좀 귀엽지 않아?

- Aren't you a little overdressed?

  너 좀 옷을 과하게 입은거 아나?

- Aren't you a little young for that kind of talk?

  넌 그런 종류의 이야기를 하기에는 좀 어리지 않냐?

  kind 어가 '약간'이란 뜻이 때는 kinda로

- Are you not happy that we're coming with you?

  우리가 너와 함께 가서 행복하지 않아?

Friends

미드·스크린에서 확인해보기

Ross: Are you gay? 게이예요?

Rachel: Ross! 로스!

Sandy: It's okay. I get that a lot doing what I do. But I am straight. I-I'm engaged actually. 괜찮아요. 내가 하는 일로 그런 얘기 많이 들어요. 하지만 게이 아니구요 실제로 약혼한 상태예요.

015

be 동사

Are you~ 다음에
~ing가 이어지는 경우

Are you hitting **on me?**

날 유혹하는거야?

Key Point

Are you~ ing?	아르유	
Are you saying~?	아르유세잉	걍 You(re) saying~?라고도 함.
Are you talking~?	아르유토킹	You(re) talking~ ?라고도 함.
Are you having~?	아르유해빙	
Are you trying to~?	아르유츄라잉	
Were you ~ing?	워르유	

Listen carefully and Check it Out!

- Are you hitting on me? In a hospital?
  /히링/이 아니라 /히링/

  날 유혹하는거야? 병원에서?

- Are you sleeping with my husband?

  너 내 남편하고 자는거야?

- Are you saying there's a problem?

  문제가 있다는 말이야?

- Are you getting some help?
  약모음사이에서 /t/는 /d/나 /r/로 소리나

  도움 좀 받고 있는거야?

- Are you getting nervous?

  더 초조해져?

- Really? Were you having sex?

  정말? 너 섹스하고 있었어?

- Were you seeing someone the other night?

  요전날 밤에 너 다른 사람 만나고 있었어?

 미드·스크린에서 확인해보기

Me Before You

Will: I can't be the kind of man, who just accepts this.

난 그냥 이걸 받아들이는 그런 종류의 남자가 아니예요.

Lou: Yes, but you're not giving it a chance. You're not giving ME a chance. I, have become a whole new person these last six months, because of you.

알아요, 하지만 기회를 주지 않잖아요. 내게 기회를 주지 않잖아요. 난 당신 때문에 지난 6개월동안 전혀 새로운 사람이 되었어요.

016

be 동사

He is~ 처럼 주어가
제 3자인 He~ 가
오는 경우

He's not so smart
갠 그렇게 똑똑하지 않아

Key Point

He's~	히이즈	his /히즈/
He's not~	히이즈낫	He isn't~ /히이즌ㅌ/
He was~	히워즈	
He was not~	히워즈낫	He wasn't~ /히워즌ㅌ/
Is he~?	이지이	Isn't he~ ? /이즈니/
Was he~?	워지이	Wasn't he~? /워즈니/

Listen carefully and Check it Out!

• He was here just a moment ago.

• He was fine in bed. Great in fact.

• He's not so smart.

• He isn't aware that she's there.

• He was not responsible for his actions.

• He wasn't feeling well.
/t/발음은 거의 나지 않아

• God, he was great. Wasn't he great?

개는 조금 전에 여기 있었어.

개는 침대에서 괜찮아. 사실
아주 잘해.

갠 그렇게 똑똑하지 않아.

그는 개가 거기에 있다는 것
을 몰랐어.

개는 자기 행동들에 대해 책
임을 지지 않았어.

개는 몸이 좋지 않았어.

와, 개 대단했어. 정말 끝내주
지 않았어?

미드·스크린에서 확인해보기

Desperate Housewives

Susan: Julie, there you are. I think I found a way to get through to Mike.
줄리, 거기 오는구나. 마이크와 의사소통하는 방법을 찾은 것 같아.

Julie: Let it go! He's not into you! 잊어버려! 엄마를 좋아하지도 않잖아!

She's not even here yet

걔는 아직 도착도 안했어

Key Point

She's~	쉬이즈	/이/는 문장을 말할 때는 거의 안들려
She's not~	쉬이즈낫	She isn't~ /쉬이즌ㅌ/
She was~	쉬워즈	
She was not~	쉬워즈낫	She wasn't~ /쉬워즌ㅌ/
Is she~?	이쉬	Isn't she~ ? /이즌쉬/
Was she~?	워쉬이	Wasn't she~? /워즌쉬/

Listen carefully and Check it Out!

- She's not even here yet.

  걔는 아직 도착도 안했어.

- She isn't traveling. She isn't writing a book.

  걔는 여행하고 있지 않고 책도 쓰고 있지 않아.

- She was not afraid to try new things.

  걔는 새로운 일을 시도하는데 두려워하지 않아.

- Is she the first that you've been with?

  걔가 네가 사귄 첫 여자야?

- Was she happy you gave her the job?

  네가 그 일을 줘서 걔가 좋아했어?

- I just needed to see her again. Isn't she brilliant?

  걔를 다시 만나봐야 됐어. 걔 정말 뛰어나지 않아?

- Wasn't she supposed to meet us here?

  걔는 여기서 우리를 만나기로 되어있지 않았어?

 미드·스크린에서 확인해보기

Notebook

Frank: You can call me Frank. Here, come in and have a seat.

그냥 프랭크라고 불러라. 자, 어서 와 자리에 앉아라.

Allie: Okay. 네.

Frank: So, Allie. Well, yeah, she is pretty, son. She's a lot prettier than you let on.

그럼, 앨리. 저기, 무척 예쁘구나, 아들아. 네가 귀뜸해준 것보다 훨씬 예쁘다.

018

be 동사

They're~ 처럼
주어가 제 3자 복수인
They~가 오는 경우

They are not all coming

개네들은 모두 오지 않아

Key Point

They're~	데어	their나 there과 발음이 비슷
They're not~	데어낫	They aren't~ /데어안트/
They were~	데이워	
They were not~	데이워낫	They weren't~ /데이워른트/
Are they~ ?	아데이	Aren't they~? /안트데이/
Were they~?	워데이	Weren't they~? /워른트/

Listen carefully and Check it Out!

- They are **completely** different?
  /롱기/가 아니라 /콤리/

- They were **parked a block away.**

- They aren't **together all the time.**

- They were not **impressed.**

- Are they **at the hospital?**
  모음 /ɑ/가 자음뒤 주눅들어 받침이 안돼

- Aren't they **gorgeous?**

- Weren't they **waiting for the DNA?**

그것들은 완전히 다른거야?

개네들은 한 블럭 떨어진 곳에 주차했어.

개네들은 항상 함께 있지 않아.

개네들은 감동을 받지 못했어.

개네들은 병원에 있는거야?

개네들 멋지지 않아?

개네들은 DNA를 기다리고 있지 않았어?

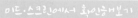 미드·스크린에서 확인해보기

Desperate Housewives

Lynette: They're **with the new nanny.** 아이들은 새로운 보모와 있어.

Edie: Wow! Your own personal nanny? Smell you. 와. 개인 보모야? 이제 알겠네.

Lynette: Well, trust me, it's not all it's cracked up to be. 내 말 믿어. 그게 생각보다 그리 좋지 않아.

I don't know what you're talking about

네가 무슨 말을 하는지 모르겠어

 Key Point

I do[did]+V	아이두, 아이디드	강조동사로 원래대로 발음한다.
I do[did]+동사 이외의 단어들	아이두, 아이디드	do는 본동사로 원래대로 발음한다.
I do not~	아이두낫	
I don't~	아이돈트	/t/가 거의 들리지 않는다.

Listen carefully and Check it Out!

- I do have a question for Mr. Yamamoto.

  야마모토 씨에게 질문이 하나 있어요.

- I do want to thank you, though.

  그래도 네게 고맙다고 말하고 싶어.

- I did the best I could.

  난 내가 할 수 있는 최선을 다 했어.

- I did find this in her pocket.

  난 걔 지갑에서 이걸 찾았어.

- I do not know how my fingerprint got there.

  내 지문이 거기에 몇 개나 있는지 몰라.

- Because I do not believe what this woman says.

  /세이즈/가 아니라 /세즈/

  이 여자가 말하는 것을 난 믿지 않기 때문이야.

- I don't know what you're talking about.

  네가 무슨 말을 하는지 모르겠어.

미드·스크린에서 확인해보기

Sex and the City

Charlotte : I do have another fantasy. 난 다른 판타지도 있어.

Man : What's that? 그게 뭔데?

Charlotte : Doing it upstairs at a party. 파티 때 이층에서 섹스하는거.

020

do 동사

과거 및 의문문을
만들 경우

I did not lie to you

네게 거짓말을 하지 않았어

Key Point

I did not~	아이디드낫	
I didn't~	아이디든트	/t/는 잘 들리지 않는다.
Do I~ ?	드아이	Do~의 경우 /드/로 약하게 발음된다.
Don't I~ ?	돈아이	
Did I~?	디라이	
Did I not~ ?	디드아이낫	Didn't I~ ? /디든아이/

Listen carefully and Check it Out!

- No, I did not lie to you!

  아니, 난 네게 거짓말을 하지 않았어.

- I didn't see anything! Dude, I did not see anything!

  아무것도 안봤어. 이자야, 아무것도 보지 못했다니깐!

- Do I have to <u>spell it out</u> for you?

  spell it out는 '분명히 말하다'

  내가 네게 설명을 분명히 해야 돼?

- Do I look as bad as you?

  내가 너처럼 안좋게 보여?

- Did I do something to piss you off?

  내가 너 열받게 할 무슨 짓을 했어?

- So? Did I take your <u>breath</u> away?

  /브레스/ 동사는 /브리드/

  그래? 내가 널 감동시켰어?

- Didn't I tell you it was great?

  그게 대단했다고 너한테 말하지 않았어?

미드·스크린에서 확인해보기   **Desperate Housewives**

Katherine: Sorry, I'm late. Did I miss anything? 미안, 늦었네. 무슨 일 있었어?

Mike: What the hell? What are you doing here? 이게 무슨? 여기서 뭐하는거야?

Katherine: Susan knows. 수잔이 알고 있어.

You didn't **have any fun?**

재미 하나도 없었어?

Key Point

You do[did]+V	유두, 유디드	강조동사로 원래대로 발음한다.
You do[did]+동사 외의 단어들	유두, 유디드	do는 본동사로 원래대로 발음한다.
You do not~	유두낫	
You don't~	유돈트	/t/가 거의 들리지 않는다.
You did not~	유디드낫	
You didn't~	유디든트	

Listen carefully and Check it Out!

- You do owe me so much.

- You do the math.

- You did that on purpose.

- You do not have the authority to speak to me in that way.
  모음 사이의 /t/는 /d/나 /r/로 변경돼

- You don't think I'm good enough for him.

- You did not see the look on her face when I tried to kiss her.
  연음해서 /키어r/로

- You didn't have any fun?

넌 내게 신세진게 아주 많아.

네가 생각해봐.

넌 그걸 일부러 했어.

넌 내게 그런 식으로 말할 권한이 없어.

넌 내가 걔한테 전혀 어울리지 않다고 생각하지.

내가 걔한테 키스하려고 했을 때 넌 걔 얼굴표정을 못봤지.

재미 하나도 없었어?

미드·스크린에서 확인해보기

Friends

Rachel: Phoebe, I mean, you do know he's married? 피비, 내 말은 유부남인거 알고 있냐고?

Phoebe: No! What am I supposed to do? Ask every guy I make out with if he's married? 아니! 내가 어떻게 해야 되는데? 내가 키스하는 남자마다 다 결혼했냐고 물어봐야 돼?

022

do 동사

주어 You~와 결합하는
의문문의 경우

Don't you care about me?

넌 날 좋아하지 않아?

Key Point

Do you~?	두유 ⇒ 드야	Do 빼고 걍 평서문으로 물어보기도 한다.
Don't you~?	돈츄	
Did you~ ?	디쥬	
Did you not~ ?	디쥬낫	
Didn't you~ ?	디든ㅌ츄	

Listen carefully and Check it Out!

- Do you think she **actually** killed him?
  걔가 정말 그를 죽였다고 생각해?
  걔씨가 얫얄에 있다

- I really care about you. Don't you **care about me?**
  난 정말 좋아해. 넌 날 좋아하지 않아?
  얙을앗되고 /ㅅ/를 거의 받음하지 않아

- Don't you **ever step up to me like that again!**
  앞으로 절대로 그런 식으로 내게 다가오지 말라고!

- Did you **have any prior contact with him?**
  넌 어떤 형식이든 걔랑 사전 접촉을 했어?

- Didn't you **file a police report?**
  경찰에 신고하지 않았어?

- Did you not **get my e-mail?**
  내가 보낸 이메일을 받지 못했어?

- Don't you **dare leave this house!**
  이 집을 나갈 생각은 꿈도 꾸지마!

 미드·스크린에서 확인해보기

 Notebook

Noah: Why are you laughing? 왜 웃는거야?

Allie: Oh, that was fun. 너무 재미있었어.

Noah: Do you **want to dance with me?** 나와 춤출래?

Allie: Sure. 물론.

do 동사

주어 He~와
합쳐지는 경우

He doesn't like her

걔는 그녀를 좋아하지 않아

Key Point

He does not~	히더즈낫	He doesn't~ /히더즌/
He did not~	히디드낫	He didn't~ /히디른/
Does he~?	더지이	
Doesn't he~?	더즈니	
Did he~?	디드히	
Did he not~?	디드히낫	Didn't he~? /디든히/

Listen carefully and Check it Out!

- He does not seem desperate to me.
  ~rate의 발음은 /릿/

- He doesn't like her. Can you believe it?

- He did not want to go to prison.

- He didn't mean it. I know he didn't mean it.

- Does he own any other properties?
  property의 복수형으로 '사유지'

- Doesn't he look like a Dean?

- Did he party like this a lot?
  대개의 명사는 동사로도 쓰여

걘 내게 절박해보이지 않아.

개는 그녀를 좋아하지 않아.
너 그게 믿어져?

개는 감옥에 가는걸 원치 않
았어.

걘 그럴려고 그렇게 아냐. 진
심이 아니라는걸 내가 알아.

개는 다른 부동산을 갖고 있
어?

개는 딘처럼 보이지 않아?

개는 이런 식으로 파티를 많
이 해?

미드·스크린에서 확인해보기

CSI

Ellie Brass: Does he ever talk about me? That's a no. 아버지가 내 얘기를 한 적이 있어요? 없다는 얘
기군요.

Warrick: Look, what do you want me to say, hmm? 이봐요, 나더러 무슨 말을 하라는거예요, 예?

She does not care what we think

걘 우리가 뭘 생각하든 신경안써

Key Point

She does not~	쉬더즈낫	She doesn't~ /쉬더즌/
She did not~	쉬디드낫	She didn't~ /쉬디든/
Does she~?	더쉬	
Doesn't she~?	더즌쉬	
Did she~?	디드쉬	
Did she not~?	디드쉬낫	(거의 안쓰임) Didn't she~? /디든쉬/

Listen carefully and Check it Out!

- She does not care what we think.

  걘 우리가 뭘 생각하든 신경
  안써.

- She did not want to fall in love with Brian.

  걘 브라이언과 사랑을 하고
  싶지 않았어.

- She didn't mention it was serious.

  걘 그게 심각하다고 말하지
  않았어.

- Does she remind you of someone?

  걔를 보면 누가 생각나?

- Doesn't she look cute?

  걔는 귀여워보이지 않아?

- Did she go out with him?

  걔는 그와 데이트를 나갔어?

- Didn't she mention we dated?

  우리가 데이트했다고 걔가 말
  하지 않았어?

미드·스크린에서 확인해보기   Friends

Ross: No. No, no. She doesn't want to see you right now.
            아냐. 그녀는 지금 너를 보고 싶어하지 않아.

Chandler: Why not? 왜 싫대?

025

do 동사

They do not~처럼
주어가 제 3자 복수인
They가 오는 경우

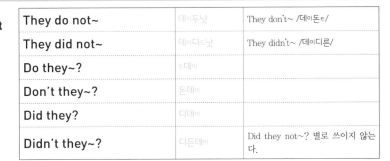

They don't **know** **what's going on**

걔네들은 무슨 일이 일어나고 있는지 몰라

Key Point

They do not~	데이두낫	They don't~ /데이돈ㅌ/
They did not~	데이디드낫	They didn't~ /데이디른/
Do they~?	ㄷ데이	
Don't they~?	돈데이	
Did they?	디데이	
Didn't they~?	디든데이	Did they not~? 별로 쓰이지 않는 다.

Listen carefully and Check it Out!

- They don't **know what's going on.**

  걔네들은 무슨 일이 일어나고 있는지 몰라.

- They did not **want him talking to us.**

  걔네들은 그가 우리에게 말하는걸 원치 않았어.

- They don't **let you swim naked.**

  let you는 연음되어 /레츄/

  걔네들은 네가 다벗고 수영하도록 놔두지 않아.

- They did not **humiliate her.**

  -ate가 /it/이 아니라 /eit/로 발음될 경우는 동사

  걔네들은 그녀를 모욕하지 않았어.

- Do they **need any volunteers?**

  걔네들이 혹 자원봉사자를 필요로 해?

- Don't they **know who you are?**

  걔네들은 네가 누군지 모르는 거야?

- Didn't they **pay the bill?**

  걔네들은 돈을 지불하지 않았어?

미드·스크린에서 확인해보기

Desperate Housewives

Dr. Barr: What's your relationship with them like? 아이들과의 관계는 어떻죠?

Bree: What do you mean? 그게 무슨 말씀이시죠?

Dr. Barr: Are you close? Do they share things with you?

친한가요? 아이들이 당신과 일들을 공유하나요?

026

be going to

'I'와 am going to+V의
만남

I'm not going to hurt you

널 해치지 않을거야

Key Point

I'm going to+V	암고인투	
I'm gonna+V	암거너	
I'm not going to+V	암낫고인투	
I'm not gonna+V	암낫거너	

Listen carefully and Check it Out!

- I'm going to **make you really happy.**
  make you는 연음돼 /메이큐/로

- I'm going to **have to ask you to leave.**

- I'm going to **have to break up with you.**

- I'm gonna **need a heavy, blunt object.**

- Calm down, Mike, I'm not going to **hurt you.**

- I'm not going to **lie to you.**

- I'm not going to **make the noise again.**

난 너를 정말 행복하게 해줄
거야.

네게 그만 가달라고 해야 되
겠어.

너와 그만 헤어져야겠어.

난 묵직하고 뭉툭한게 필요할
거야.

마이크, 그만 진정해. 널 해치
지 않을거야.

네게 거짓말하지 않을거야.

다시는 그 소음을 내지 않을게.

 미드 스크린에서 확인해보기

 Notebook

Allie: You know what? I'm gonna do it. It's over. Okay? It's over!
저 말이야, 내가 할거야. 이젠 끝났어. 알았어? 끝났다고.

Noah: Come here. 이리와.

Allie: Don't touch me! 내 몸에 손대지마!

I was gonna fire you anyway

어쨌든 난 너를 해고할거야

Key Point

I was going to+V	아워즈 고인투	
I was gonna+V	아워즈거너	
I wasn't going to+V	아워즌 고인투	
I wasn't gonna+V	아워즌거너	
Am I going to+V?	앰아 고인투	
Am I gonna+V?	앰아거너	뒤에 have to가 종종 온다.

Listen carefully and Check it Out!

- I was going to bring her home for Christmas.

  난 성탄절에 걔를 집에 데려 올거야.

- Oh that's cool, I was gonna fire you anyway.

  어 좋아, 어쨌든 난 너를 해고 할거야.

- Well, I was gonna say the same thing.

  저기, 난 똑같은 말을 할거야.

- I wasn't going to take off my pants.

  난 바지를 벗을 생각은 없었어.

- I wasn't going to say it was your fault.
  /잇워즈/로 발음

  그게 네 잘못이라고 말하려고 하지 않았어.

- I wasn't gonna allow that to happen.

  나는 그 일이 일어나도록 가만두지 않을거야.

- Am I going to have to testify?

  내가 증언을 해야 되는거야?

미드·스크린에서 확인해보기

Friends

Emily: I was going to call him, but… 로스에게 전화를 걸려고 했지만…

Monica: Oh, you came to tell him you love him! I knew it!

아, 로스를 사랑한다고 말하려고 온거죠? 내 이럴 줄 알았어!

028

be going to

'We'와 are[was] going
to+V의 만남

We're gonna leave without you

우리는 너없이 갈거야

Key Point

We're going to+V	위어고인투	빠르게 발음하면 We're gonna+V
We're not going to+V	위어낫고인투	빠르게 발음하면 We're not gonna+V /위낫거너/
We were going to+V	위워고인투	빠르게 발음하면 We were gonna+V /위거너/
We weren't going to+V	위워론트고인투	/t/발음은 거의 들리지 않는다.
Are we going to+V?	아위고인투	빠르게 발음하면 Are we gonna+V? /아위거너/

Listen carefully and Check it Out!

- We're going to **have so much fun!**

  우리는 매우 즐겁게 시간을 보낼거야.

- We're gonna **leave without you.**

  우리는 너없이 갈거야.

- We're not going to **talk about that.**

  우리는 그것에 대해 얘기를 하지 않을거야.

- We were gonna **make an arrest tonight.**

  역시 연음돼 /메이컨/

  우리는 오늘밤에 체포를 할거였어.

- We weren't going to **ask you that, Stan.**

  스탠, 우리는 네게 그걸 부탁할 생각이 아니었어.

- Did you think we weren't going to **find out she was**

  find는 뭔가 찾는거, find out은 뭔가 알아내는 것

  pregnant?

  걔가 임신한걸 알아채지 모를 거라 넌 생각했어?

- Are we gonna **get any famous models?**

  우리말화된 단어로 읽음대로 발음해야, /마들 → 마들/

  우리에게 유명한 모델이 혹생길까?

미드·스크린에서 확인해보기

Notebook

Allie: So, what? 그래서 어쨌다고?

Noah: So it's not gonna be easy. It's gonna be really hard. And we're gonna have to work at this every day, but I want to do that, because I want you.

그러니, 쉽지 않을거야. 정말 어려울거야. 우리는 매일 노력해야 될거야. 하지만 난 그렇게 하고 싶어. 널 원하니까.

029

be going to

가장 많이 쓰이는
You+be going to+V의
결합으로 먼저 긍정과
부정을 살펴본다

You're not going to believe this!

넌 이걸 믿지 못할거야!

Key Point

You're going to+V	유어고인투	You're gonna~ /유거너/. *You're~ 는 빨리 발음하면 /유/로만 들린다.
You're not going to+V	유낫고인투	You're not gonna~ /유낫거너/
You were going to+V	유워고인투	You were gonna+V /유워거너/. You were의 경우 현재와 구분 위해 were 발음을 해준다.
You weren't going to+V	위워른E고인투	You weren't gonna~ /유워른E거너/. 단독으로보다는 문장 속에서 쓰인다.

Listen carefully and Check it Out!

- You're going to like living so close to your family.

  모음이 자음에 주는둘어 /패율러/로 둘린다.

  가족과 가까이 사는걸 좋아할 거야.

- You're gonna miss your plane.

  넌 비행기를 놓칠거야.

- You're not going to believe this!

  넌 이걸 믿지 못할거야!

- You're not gonna believe what happened.

  넌 무슨 일이 있었는지 믿지 못할거야.

- I don't care! You're not gonna do this!

  상관없어! 난 이걸 하지 않을 거야!

- You were going to see him one last time.

  넌 마지막으로 한번 걔를 볼 생각이었어.

- You were gonna go to jail for him.

  넌 걔를 대신해서 감방에 가 려고 했어.

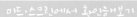 미드·스크린에서 확인해보기

 Desperate Housewives

Ed: I promised her I would fire the person who did it.

아내에게 그짓을 한 사람을 자르기로 약속했어요.

Lynette: You're gonna fire me? 나를 해고할거예요?

Ed: No, of course not. You're too important here. I'm gonna fire Tom.

아뇨, 물론 아니죠. 당신은 너무 중요한 사람이니 톰을 해고할거예요.

Are you going to take this job?

너 이 일을 할거야?

 Key Point

Are you going to+V?	아유고인투	빠르게 발음하면 Are you gonna~?/아유거너/가 된다.
You gonna+V?	유거너	비문법적이지만 실제 미드에서 'Are'를 생략하고 쓰이기도 한다.
You're not going to+V?	유낫고인투	빠르게 하면 You're not gonna~?로 부정문을 끝만 올려 부정의문문으로 만든 경우
Aren't you going to+V?	안츄고인투	부정의문문으로 …하지 안할거야?라는 의미
Aren't you gonna+V?	안츄거너	

Listen carefully and Check it Out!

- Are you going to take this job?

  너 이 일을 할거야?

- Are you gonna be my lawyer?

  내 변호사가 되어줄거야?

- You gonna just blame this on her?

  넌 이걸로 걔를 비난할거야?

- Okay, wait. Aren't you going to kiss the bride?

  좋아. 잠깐. 신부에게 키스 안할거야?

- Aren't you gonna ask me about my job interview?

  내 면접에 대해 물어보지 않을거야?

  /w/ 뒤의 /t/는 /w/으로 받음돼, /이너뷰/

- You're not gonna need my help?

  내 도움이 필요없을거라고?

- You're not gonna eat?

  먹지 않을거야?

Breaking Bad

Marie: If you're not gonna say it, I will. Skyler, you have to forgive yourself for
Ted. 얘기를 하지 않으려면 내가 할게. 스카일러, 테드 일은 스스로를 용서해야 해.

Skyler: What? 뭐라고?

Marie: You can't keep beating yourself up over some stupid little affair.
바보 같이 바람 좀 폈다고 계속 자책하지마.

He's gonna be home any minute!

걔가 곧 집에 올거라고!

Key Point

He's going to+V	히이즈고인투	He's gonna+V /히즈거너/
He's not going to+V	히즈낫고인투	He's not gonna+V /히즈낫거너/ He isn't going to~는 별로 쓰이지 않는다.
He was going to+V	히워즈고인투	He was gonna+V /히워즈거너/
He wasn't going to+V	히워즌고인투	별로 쓰이지 않는다. 빠르게 발음하면 He wasn't gonna+V /히워즌거너/
Is he going to+V?	이지고인투	Isn't he going to+V? /이즈니고인투/ 는 별로 쓰이지 않는다.

Listen carefully and Check it Out!

- He's going to **be transferred after all.**
  과거형만드 때 /r/이 하나 더 추가돼
  걘 결국 전근가게 될거야.

- He's gonna **be home any minute! He's gonna kill me!**
  걔가 곧 집에 올거야! 날 죽일 거라구!

- He's not going to **leave me for you.**
  걘 날 떠나 네게로 가지 않을 거야.

- He was going to **call when he got a motel room.**
  "받잡아라!"는 "Get a room!"
  걔 모텔을 잡고 나서 전화할 생각이었어.

- He was gonna **get back together with me.**
  걔는 나와 재결합을 할 생각이었어.

- He wasn't going to **hurt me.**
  걘 내게 상처를 줄 생각이 아니었어.

- Is he going to **walk me down the aisle?**
  잘못발음하면개망신.. /ai/, /s/는 묵음
  걔가 나와 결혼할까?

미드·스크린에서 확인해보기　　　　　　　　　　　**Desperate Housewives**

Susan:　　I think we should show Paul the note.　폴에게 그 쪽지를 보여줘야 될 것 같아.
Lynette:　Are you sure? He's gonna freak.　그렇게 생각해? 엄청 놀랄텐데.

032
be going to

제 3자인
She와 be going to+V의
만남

Is she going to be okay?

개가 괜찮아질까?

Key Point

She's going to+V	쉬이즈고인투	She's gonna+V /쉬즈거너/ She's는 빨리 /쉬즈/로 하면 된다.
She's not going to+V	쉬이즈낫고인투	She's not gonna+V /쉬즈낫거너/
She was going to+V	쉬워즈고인투	She was gonna+V /쉬워즈거너/
She wasn't going to+V	쉬워즌고인투	별로 쓰이지 않는다. 빠르게 발음하면 She wasn't gonna+V /쉬워즈거너/
Is she going to+V?	이쉬고인투	Isn't she going to+V? /이쉬고인투/는 별로 쓰이지 않는다.

Listen carefully and Check it Out!

- She's going to **ask where you are.**

  개는 네가 어디 있는지 물어볼거야.

- She's not going to **make it, is she?**
  역음해서 /메이킷/

  개는 살아날 수 없겠죠, 그죠?

- She's not gonna <u>give it up.</u>
  역음해서 /기비럽/

  개는 포기하지 않을거야.

- She was going to **see through your lie eventually.**
  딘어첫머리의 야모음은 거의 박듬하지 않아

  갠 결국 네 거짓말을 뚫어볼 거였어.

- She wasn't going to **be of any help.**

  개는 전혀 도움이 되지 않을거였어.

- She wasn't gonna **leave you, Mark.**

  마크야, 갠 너를 떠나지 않을 생각이었어.

- Is she going to **be okay?**

  개는 괜찮아질까?

미드·스크린에서 확인해보기   **Desperate Housewives**

Lynette: Hi. What are you doing out here?   여기 밖에서 뭐해?

Bree: Oh, I'm just waiting for, uh, Rex's mother. She's gonna be here any
second.   렉스의 어머니를 기다리고 있어. 곧 오실거야.

They were gonna get married

개네들은 결혼할 생각이었어

Key Point

They're going to+V	데어고인투	빠르게 발음하면 They're gonna+V /데어거너/
They're not going to+V	데어낫고인투	빠르게 발음하면 They're not gonna+V /데어낫거너/ They aren't going to~는 별로 안쓰임.
They were going to+V	데이워고인투	빠르게 발음하면 They were gonna+V /데워거너/ They weren't going to~는 별로 안쓰임.
Are they going to+V?	아데이고인투	빠르게 발음하는 Are they gonna+V? /아데이거너/는 많이 쓰이지 않는다.

Listen carefully and Check it Out!

- They're going to **adore** you as much as I do.
  역시 단어 첫자리에 오는 약모음우 거의 안들녀

- They are going to **be judging you.**

- They're gonna **hold him here for a couple of hours.**
  연음되어 /퍼거/

- They're not going to **give you a straight answer.**
  /t/는 거의 발음되지 않고 바로 다음 단어로 넘어가

- They're not gonna **choose Grace over me.**

- They were gonna **get married.**

- Are they going to **sue us?**

개네들은 나만큼 너를 존경할 거야.

개네들은 너를 비난하게 될거야.

개네들은 몇시간 동안 걔를 여기에 잡아둘거야.

개네들은 네게 명확한 대답을 주지 않을거야.

개네들은 나대신 그레이스를 선택하지 않을거야.

개네들은 결혼할 생각이었어.

개네들이 우리들을 고소할까?

미드·스크린에서 확인해보기　　　　　　　　　Desperate Housewives

Gabrielle: I don't care. I can't have these girls thinking I'm pregnant.
상관없어. 이 여자애들이 나 임신한걸 모르게 할거야.

Bree: Do you actually think they're gonna make fun of you?
정말 개네들이 너를 놀릴거라고 생각해?

034

will

T와 미래조동사 will의
만남

I won't say a word

난 한마디도 하지 않을거야

Key Point

I will~	아윌	여기서 /l/발음은 dark /l/이라고 하여 혀끝을 윗니 뒤 잇몸에 붙인채 발음한다. /윌/보다는 /위어ㄹ/에 가깝다.
I will not~	아윌낫	
I won't~	아오운트	I will not~의 축약형으로 won't의 발음은 [wount]이다. want처럼 발음하지 않는다.
I will never~	아윌네버	부정을 강조하기 위해 not 대신에 never를 쓴 경우이다.
Will I~?	위라이	Will I ever~?는 내가 앞으로 언젠가 …하게 될지를 물어보는 표현

Listen carefully and Check it Out!

- I will do your laundry for one month.
  /ou/가 /어/에 가까운 발음

- I will not have my wife return jewelry.

- I won't tolerate it.

- I won't say a word. I swear.

- I will never forgive you.

- I will never tell anyone what they did to me.

- Will I ever see you again?

한달동안 네 세탁물을 해줄게.

아내에게 보석류를 반품하도록 하게 하지 않을거야.

난 그걸 참지 못할거야.

한마디도 하지 않을게. 정말이야.

난 절대로 널 용서하지 않을거야.

난 걔네들이 내게 한 짓을 아무한테도 말하지 않을거야.

내가 널 다시 보게 될까?

미드·스크린에서 확인해보기

Breaking Bad

Walter: Skyler, I'll make this easy. I'll give myself up. If you promise me one thing. You keep the money. Never speak of it. Never give it up. You pass it on to our children. Give them everything. Will you do that? Please? Please don't let me have done all this for nothing.

스카일러, 내가 일을 쉽게 해줄게. 내가 자수할게. 내게 한가지 약속해주면. 돈을 가져. 절대 알려서도 안되고 절대 포기해서도 안돼. 우리 아이에게 넘겨줘. 다 넘겨줘. 그래줄래? 제발? 지금까지 한 일을 의미없게 만들지 말아줘.

035

will

'We'와 미래조동사 will의
만남

We will get through this

우리는 이것을 극복할거야

Key Point

We will~	위윌	
We will not~	위윌낫	
We won't~	위오운트	
We will never~	위윌네버	부정을 강조하기 위해 not 대신에 never를 쓴 경우이다.
Will we ~?	윌위	

Listen carefully and Check it Out!

- We will get through this, whatever it takes.

  무슨 일이 있어도 우리는 이걸 극복할거야.

- We will continue our investigation and solve this case.

  우리는 조사를 계속해서 이 사건을 해결할거야.

- We will not rest until the killer is found.

  살인범이 발견될 때까지 우리는 쉬지 않을거야.

- We will not release the name of the restaurant.

  우리말과 달리 약하게나마 /t/받음을 해줘야

  우리는 식당의 이름을 공개하지 않을거야.

- We won't do anything without you, I promise.

  우리는 너없이는 아무런 일도 하지 않을거야. 정말야.

- We'll never get out of here.

  out of~는 빨리 받음써서 /아거브/로

  우리는 절대로 여기서 나가지 않을거야.

- Will we recognize him?

  우리가 걔를 알아볼까?

미드·스크린에서 확인해보기

Notebook

Noah: We'll finish out the summer and we'll see what happens.

이번 여름이 가면 어떻게 되는지 보자고.

Allie: You saying you want to break it off? 그만 헤어지고 싶다는 말이야?

036

will

'You'와
미래조동사 will의 만남
−긍정과 부정의 경우

You won't be disappointed

넌 실망하지 않을거야

Key Point

You will~	유윌	줄여서 You'll~이라고 하며 앞으로 …될거야라는 단순의미 혹은 상대에게 …하도록 해라라는 명령조문장
You will not~	유윌낫	역시 단순한 사실뿐만 아니라 부정명령, 금지의 문장이 되기도 한다.
You won't~	유오운트	
You will never~	유윌네버	더 강조하려면 You will never ever~라고 한다.

Listen carefully and Check it Out!

- You will **be found guilty.**

  guilt에서 /u/는 흔히 잡고 있는 묵음

- You will **tell the truth, or** you will **go to jail.**

- You'll **go home and get some sleep.**

- You will not **believe what just happened.**

- You won't **be disappointed.**

- You will never **know the pain of divorce.**

- You will never **have him. He's gay, you're** straight.

  역시 /gh/는 묵음: caught, daughter도 같은 경우

너 유죄로 판명될거야.

진실을 말하라고, 그렇지 않으면 감방에 가게 될거야.

넌 집에 가서 잠 좀 자라.

방금 일어난 일을 넌 믿지 못할거야.

넌 실망하지 않을거야.

넌 절대로 이혼의 고통을 모를거야.

넌 걔와 안돼. 걘 게이고 넌 정상이잖아.

미드·스크린에서 확인해보기

Desperate Housewives

Danielle: Well, then, here's what's going to happen. I'm going to start dating Robert again, and if you try to break us up or get him fired, then I'm going to leave, and you will never see me again.

그럼, 앞으로 이렇게 해요. 난 다시 로버트와 데이트를 시작할거예요. 우리를 갈라놓으려고 하거나 걔를 해고하면, 난 떠나고 엄마는 날 다시는 보지 못할거예요.

Will you marry me?

나와 결혼할래?

Key Point

Will you~ ?	윌유 ⇒ 윌여	상대에게 부탁하는 표현법
Will you ~ !(?)	윌유 ⇒ 윌여	상황에 따라 강한 부탁, 금지, 명령의 문장이 되기도 한다.
Won't you~ ?	오운츄	특히 Why won't you~?라는 문장이 많이 쓰인다.

Listen carefully and Check it Out!

- Will you marry me?

  나와 결혼할래?

- Will you ever have dinner with me?

  너 나와 저녁식사를 할래?

- Will you testify against him?

  너 걔한테 불리한 증언을 할 거야?

- Will you shut up!

  입 좀 다물어라!

- Well, won't you be hanging out with Allan?

  저기, 앨런하고 사귀지 않을거야?

- Why won't you sign the divorce papers?

  /g/는 묵음이다.

  왜 이혼서류에 서명을 하지 않을거야?

- Why me! Why won't you do it yourself?

  왜 나야! 너 스스로는 그것을 하지 않을거야?

미드 스크린에서 확인해보기

Notebook

Noah: Now, will you go out with me? 자. 나와 데이트할거야?

Allie: What? 뭐라고?

038
will
'He'와
미래조동사 will의 만남

He won't take my calls
걔는 내 전화를 받지 않을거야

Key Point

He will~	히윌	
He will not~	히윌낫	
He won't~	히오운트	He will not~의 축약형으로 won't 는 [wount]로 발음한다.
He will never~	히윌네버	He will not~의 강조형
Will he~ ?	윌이	
Won't he~ ?	오운티	특히 앞에 Why를 붙인 Why won't he~?의 형태가 많이 쓰인다.

Listen carefully and Check it Out!

- He will **propose to you.** 걔는 네게 프로포즈할거야.

- He will **be working for me.** 걔는 내 밑에서 일하게 될거야.
  /워르킹/보타 /워르킹/으로

- He won't **take my calls.** 걔는 내 전화를 받지 않을거야.

- He will never, **ever hurt you again.** 걔는 절대로 너를 다시 해치지 않을거야.
  연음하여 /허르츄/

- He will never **force himself on a woman again.** 걔는 절대로 다시는 여자를 강간하지 않을거야.

- Will he **do it again?** 걔가 다시 그렇게 할까?

- Will he **be okay?** 걔는 괜찮을까?

미드·스크린에서 확인해보기

Desperate Housewives

Sister Mary: To deal with your adultery, he resorted to assault. As long as he's with you, he will never find what he's looking for.
당신 간통문제를 해결하려고 폭력을 구사했어요. 당신과 있는 한 카를로스는 절대로 자신이 찾는 것을 찾을 수 없을거예요.

Gabrielle: Well, I guess he should have thought of that before he married me.
그건 카를로스가 나와 결혼하기 전에 생각을 했었어야죠.

She will have the surgery

걔는 수술받을거야

 Key Point

She will~	쉬윌	
She will not~	쉬윌낫	
She won't~	쉬오운트	He will not~의 축약형으로 won't 는 [wount]로 발음한다.
She will never~	쉬윌네버	He will not~의 강조형
Will she~ ?	윌쉬	
Won't she~ ?	오운트쉬	특히 앞에 Why를 붙인 Why won't she~?의 형태가 많이 쓰인다.

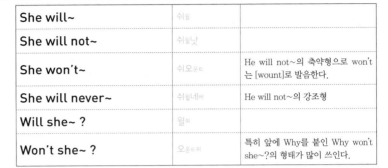

Listen carefully and Check it Out!

- She will **call you when she wakes up.**
  걔는 일어나면 네게 전화할거야.

- She will not **hesitate to kill again.**
  걔는 다시는 살해하는데 머뭇거리지 않을거야.

- She won't **be back until after dinner.**
  걔는 저녁먹고서야 돌아올거야.

- She will never **share a bed with any man again.**
  걔는 다시는 어떤 남자하고도 침대를 공유하지 않을거야.

- She will never **discuss sex ever again.**
  discuss는 타동사로 바로 목적어가 이어져~
  걔는 절대로 다시는 섹스에 대해 토론하지 않을거야.

- Will she **talk to us?**
  걔는 우리에게 얘기를 할까?

- Won't she **be joining us?**
  걔는 우리와 조인을 하지 않을건가?

미드·스크린에서 확인해보기   **Desperate Housewives**

Parker: **What if the crazy lady comes back?** 그 미친 여자가 다시 오면 어떡해요?

Tom: She won't. 다시 오지 않을거야.

Parker: **How do you know?** 어떻게 알아요?

040
will

'They'와
미래조동사 will의 만남

They will always be there for me

개네들은 항상 내 옆에서 나를 도와줄거야

Key Point

They will~	데이윌	
They will not ~	데이윌낫	강조하려면 They will never~라고 하면 된다.
They won't~	데이오운트	They will not~의 축약형
Will they~?	윌데이	부정의문형 Won't they~?는 잘 쓰이지 않는다.

Listen carefully and Check it Out!

- They will **always be there for me.**

  개네들은 항상 내 옆에서 나를 도와줄거야.

- They'll **email me as soon as they're done.**

  개네들은 끝나자 마자 내게 이메일을 보낼거야.

- They won't **trust each other, and they won't trust you.**

  개네들은 서로를 믿지 않을거고, 너도 믿지 않을거야.

- They will never **know that you're drunk.**

  개네들은 네가 취했다는 것을 절대로 모를거야.

- Will they **charge her with murder?**

  개네들이 그녀를 살인죄로 기소할까?

- Will they **be raising the threat level?**

  개네들이 협박수위를 높일까?

  모음(e)이 자음에 잇대서 받음이 안나

- Won't they **think I'm nuts?**

  개네들은 내가 미쳤다고 생각하지 않을까?

미드·스크린에서 확인해보기

Desperate Housewives

Paul: If Susan goes to the police, it's over. They'll take me away. They'll take you away. Don't you get that? 수잔이 경찰서에 가면, 다 끝이야. 날 연행할거고 너도 데려갈거다. 모르겠니?

Zach: If Julie doesn't love me anymore, then it doesn't matter. None of it matters.
줄리가 절 더 이상 사랑하지 않는다면, 상관없어요. 아무 것도 문제되지 않아요.

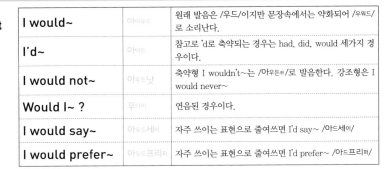

I'd never do that to you again

다시는 네가 그렇게 절대로 하지 않을게

Key Point

I would~	아이우드	원래 발음은 /우드/이지만 문장속에서는 약화되어 /우워드/로 소리난다.
I'd~	아이드	참고로 'd로 축약되는 경우는 had, did, would 세가지 경우이다.
I would not~	아우드낫	축약형 I wouldn't~는 /아우든트/로 발음한다. 강조형은 I would never~
Would I~ ?	우다이	연음된 경우이다.
I would say~	아우드세이	자주 쓰이는 표현으로 줄여쓰면 I'd say~ /아드세이/
I would prefer~	아우드프리퍼	자주 쓰이는 표현으로 줄여쓰면 I'd prefer~ /아드프리퍼/

Listen carefully and Check it Out!

• I would not let anything happen to her.

개한테 아무런 일도 일어나지 않도록 할거야.

• I wouldn't want you to take my word for it.

네가 내말을 곧이 곧대로 듣지 않기를 바랬어.

• I would never do that to you again.

절대로 다시는 네게 그렇게 하지 않을거야.

• Would I be completely out of line to ask you to shoot her?

모음+n하는 /동의/가 아니라 /을러/

그녀를 총으로 쏴달라고 부탁하면 도가 너무 지나친걸까?

• I would want you to tell me.

난 네가 내게 말해주기를 원할거야.

• I'd say it's definitely our guy.

그건 분명 우리가 찾는 사람이라고 말할 수 있겠지.

• I'd rather walk myself to my car.

난 차라리 내 차로 걸어가는 게 나을거야.

미드·스크린에서 확인해보기

Friends

Monica: I know what you mean. You're like a sister to me too.
무슨 말인지 알아. 넌 내게 역시 자매같아.

Rachel: I wouldn't know what I'm gonna do without you...
너 없이는 내가 뭘 해야 할지 알 수 없을거야.

Monica: You're the best friend I ever had. 넌 최고의 절친이야.

042
would

'We'와
조동사 would의 만남

We wouldn't take a taxi

우리는 택시를 타지 않을거야

Key Point

We would~	위우드	원래 발음은 /우드/이지만 문장속에서는 약화되어 /(우)워드/로 소리난다.
We'd~	위드	참고로 'd로 축약되는 경우는 had, did, would 세가지 경우이다.
We wouldn't~	위우돈ㅌ	강조형은 We would never~, 그리고 We would not~은 별로 쓰이지 않는다.
Would we~ ?	우ㄷ위	별로 쓰이지 않는다.

Listen carefully and Check it Out!

* We would take Scott to pre-op immediately.

* We wouldn't let you go without a party, sweetheart!

* We wouldn't miss our little girl's graduation.
  우선음화되어 /t/받음 먹언~

* We would never do anything to hurt Dan.

* We would never sell a child.

* Would we lie to you?

* Would we treat him any differently?

우리는 바로 스캇의 수술을 준비할거야.

자기야, 파티도 없이 널 가게 하지는 않을거야!

우리 딸의 졸업식을 놓칠 수가 없지.

댄에게 상처줄 어떤 일도 난 하지 않을거야.

우리는 절대로 아이를 팔지는 않을거야.

우리가 너한테 거짓말할까?

우리가 걔를 좀 다르게 대할까?

미드·스크린에서 확인해보기

Friends

Rachel: Phoebe. We would like to talk to you for a second.
피비. 우리 잠깐 너와 얘기하고 싶은데.

Phoebe: Okay. 그래.

043
would
'You'와
조동사 would의 만남
—긍정과 부정의 경우

You would **do that for me?**
날 위해서 그렇게 해주겠어?

Key Point

You would~	유우드	
You'd~	유드	
You would not~	유드낫	
You wouldn't~	유우든트	강조형은 You would never~라고 한다.
You wouldn't believe~	유우든빌리브	You wouldn't+V의 대표적인 패턴이다.

Listen carefully and Check it Out!

- You'd **do that for us?**

  넌 우리를 위해 그렇게 해주겠어?

- You would **hold me against my will, Michael?**

  마이클, 내 의지와 반대로 날 잡아둘거야?

- You would **do anything to get Chris to love you.**

  크리스가 널 사랑하게끔 하기 위해서라면 넌 뭐든 할거야.

- You would not **look at me twice if I asked you out.**

  내가 데이트신청을 했다면 날 더 이상 보려고 하지 않았을거야.

- You wouldn't **be safe as long as he was alive.**

  걔가 살아있는 한 넌 안전하지 못할거야.

- You wouldn't **get a divorce.**

  넌 이혼을 하지 못할거야.

- You would not believe **the day I had.**

  내가 오늘 어땠는지 너 믿지 못할거야.

미드·스크린에서 확인해보기

NCIS

Derrick: You're not going to use that in front of your daughter.
딸 앞에서 그것을 사용하지 않겠죠.

Agent Fornell: I don't need a gun to take you down. 널 잡는데 총은 필요없어.

Derrick: You wouldn't hurt an innocent man. 무고한 사람을 해치지는 않을텐데요.

Would you stop doing that!

너 그만 좀 해라!

Key Point

Would you~?	우쥬	Will you~?보다 좀더 친절한 부탁의 표현이다.
Would you~![?]	우쥬	Will you~ !의 경우에는 문맥상 명령이나 금지를 나타낸다.
Wouldn't you~?	우든쥬	상대방에게 …하지 않을래라고 물어보는 패턴이다.
Would you say~?	우쥬세이	Would you~?의문패턴에서 가장 많이 쓰이는 경우이다.

Listen carefully and Check it Out!

• Would you **turn yourself in?**   자수할테야?

• Would you **excuse me for a second?**   잠깐 실례할게.
  줄여서 sec이라고도 한다.

• Would you **guys stop doing that!**   너희들 그만 좀 해라!

• Wouldn't you **wait until they were in it?**   걔네들이 참여할 때까지 기다리지 않을래?

• Would you say **yes if I asked you to marry me?**   내가 결혼하자고 하면 승낙할거야?

• Would you say **I looked nice?**   내가 괜찮아 보이는 것 같아?

• Would you say **he'd be ready for the prom?**   걔는 프롬파티에 준비가 되어있는 것 같아?

미드·스크린에서 확인해보기   Sex and the City

Samantha: I just got my nails done. Would you mind opening my package? Ooh,
thank you. Now, maybe I can help you with your package.
방금 손톱 손질을 해서 그러는데 내 소포를 뜯어줄래요? 고마워요. 이제 내가 당신의 물건을 열어봐도 될 것 같은 데요.

He would never **hit a woman**

걔 여자를 절대로 때리지 않을거야

Key Point

He would~	히우드	
He'd~	히에드	
He would not~	히우드낫	주로 문장속에서 쓰인다. 강조하려면 He would never~
He wouldn't~	히우든트	/t/ 발음은 파열되지 않아 거의 소리가 들리지 않는다.
Would he~?	우드히	
Wouldn't he~?	우든트히	Why~와 어울려 잘 쓰이는데 이때의 would는 놀람으로 '…하다니'라는 의미

Listen carefully and Check it Out!

- He would <u>probably</u> come here with me if I had an appointment. possibly와 더불어 자주나오는 부사. /프라버블리/

  내가 약속이 있었다면 걔는 나와 함께 여기에 왔을거야.

- Are you crazy? He would kill us both.

  너 미쳤어? 걔는 우리 둘 다 죽일거야.

- He wouldn't stop crying.

  걔 울음을 그치지 않을거야.

- He would never hit a woman. 역음하여 /히러/

  걔 절대로 여자를 때리지 않을거야.

- Would he send something that could hurt me?

  걔가 나를 해칠 수 있는 뭔가를 보낼까?

- Wouldn't he want to prove this theory?

  걘 이 이론을 증명하려고 안 했겠어?

- Wouldn't he be too possessive to share his partner?

  걘 파트너와 함께 하기에는 너무 소유욕이 강하지 않겠어?

미드·스크린에서 확인해보기

Friends with Benefits

Dylan: He'd tell me to go with my gut and that he'd be proud of me no matter what I did. 그는 내 직감대로 하라고 말씀하셨을거고 내가 어떤 결정을 했던지 자랑스러워 하실거라고 말씀하셨겠죠.

Jamie: Sounds like a really great man. 정말 좋으신 분 같네요.

046

would

'She'와
조동사 would의 만남

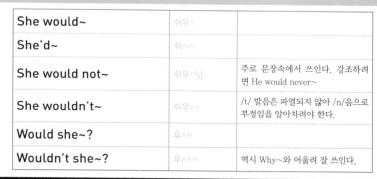

She would never **do** **that**

걘 절대로 그렇게 하지 않을거야

Key Point

She would~	쉬우드	
She'd~	쉬(이)드	
She would not~	쉬우드낫	주로 문장속에서 쓰인다. 강조하려면 He would never~
She wouldn't~	쉬우든트	/t/ 발음은 파열되지 않아 /n/음으로 부정임을 알아차려야 한다.
Would she~?	우드쉬	
Wouldn't she~?	우든트쉬	역시 Why~와 어울려 잘 쓰인다.

Listen carefully and Check it Out!

- She would be fine without me.

  걘 내가 없으면 괜찮아질거야.

- She wouldn't even open her door.

  개는 문을 열어놓지도 않을거야.

- She wouldn't go anywhere without Jack.

  걘 잭이 없으면 어디도 가려고 하지 않을거야.

- You're lying. She would never do that.

  거짓말. 걘 절대로 그렇게 하지 않을거야.

- Would she open the door to a complete stranger?

  개가 전혀 모르는 사람에게 문을 열어줄까?

  동사도 쓰인다.

- Would she understand the difference?

  개가 차이점을 이해하게 될까?

- Why wouldn't she tell me?

  왜 말을 안했겠어?

미드·스크린에서 확인해보기

Desperate Housewives

Paul: Well, the truth is, Mary Alice was not a well person. She was very
          troubled.   저기, 사실은 메리 앨리스는 건강한 사람이 아녔어요. 정신적으로 불안했어요.

Lynette: Troubled?   정신적으로 불안했다고?

Paul: At first, it was harmless. She would leave herself notes.
          처음에는, 해를 끼치지는 않았어요. 스스로 그 메모장을 남겼을거예요.

047

can
'I'와 조동사 can의 만남

Can I ask you something?
뭐 좀 물어봐도 돼?

Key Point

I can~	아캔 ⇨ 아큰	can이 긍정으로 쓰일 때는 /큰/으로 아주 작게 들린다.
I can't~	아캔ㅌ	didn't의 경우처럼 /t/발음이 들리지 않지만, can't는 /캔/으로 분명하게 말한다.
I cannot~	아캐낫	I can't~ 다음으로 많이 쓰인다. 다음으로는 I can not~
Can I~?	캔나이	허락이나 부탁을 할 때
Can't I~?	캔ㅌ나이	Can I not~은 주로 How와 어울려 How can I not~? 의 형태로 자주 쓰인다.

Listen carefully and Check it Out!

- I can't **have sex anymore.**

- I can't **tell you that.**

- I cannot **stop thinking about you!**

- I can not **believe you didn't tell me!**

- Can I **get my money back?**

- Can I **ask you something?**

- Can't I **just talk to you for a minute?**

난 더 이상 섹스를 할 수 없어.

네게 그걸 말할 수 없어.

네 생각을 하지 않을 수 없어!

네가 나한테 말하지 않았다니 믿을 수가 없어.

돈을 돌려받을 수 있어요?

뭐 좀 물어봐도 돼?

잠깐 얘기하면 안될까?

미드•스크린에서 확인해보기

Sex and the City

Mr. Big: I can't **make your party tomorrow.** 내일 네 파티에 못갈 것 같아.

Carrie: Oh no. I wanted to introduce you to my friends.
이런. 내 친구들에게 자기 소개시켜주고 싶었는데.

Mr. Big: Well, I'll be home later if you miss me. 보고 싶으면 저녁에 집으로 와.

048

can

'We'와
조동사 can의 만남

We can't do this anymore

우리는 더 이상 이렇게 할 수 없어

Key Point

We can~	위캔 => 위크	역시 can이 긍정으로 쓰일 때는 /큰/으로
We can't~	위캔ㅌ	역시 can't은 /t/음이 파열되지 않아 /캔/으로 분명하게 말한다.
We cannot~	위캐낫	We can't~ 다음으로 많이 쓰인다. 다음으로는 We can not~
Can we~?	캔위	허락이나 부탁을 할 때
Can't we~?	캔ㅌ위	Can we not~은 주로 How와 어울려 How can we not~?의 형태로 자주 쓰인다.

Listen carefully and Check it Out!

- We can **still go out and party ourselves!**

  우리는 아직 나가서 즐겁게 놀 수 있어!

- We can't **do this anymore.**

  우리는 더이상 이렇게 할 수 없어.

- We cannot **just abandon her! We have an obligation!**

  걔를 그냥 내버려두면 안돼! 의무란게 있잖아!

- Can we **please forget about Jason for a minute?**

  우리 잠시동안 제이슨은 잊어버리자고.

- Can't we **just keep it a secret?**

  그걸 비밀로 하면 안될까?

  연음해서 /킾이러/

- Can we not **talk about my sister's sexuality?**

  내 누이의 성생활에 대해서는 말 안하면 안될까?

- Can we not **talk about this now?**

  지금 이 얘기는 하지 말래?

미드·스크린에서 확인해보기   **Sex and the City**

Big: Can't we **just enjoy the party?** 그냥 파티를 즐기면 안될까?

Carrie: I don't know. 모르겠어.

Big: Come on, I mean, what do you want from me? 그러지말고, 내 말은 나더러 어쩌라고?

049

can

'You'와
조동사 can의 만남

You can't leave me here alone

나를 여기에 홀로 놔두면 안돼

Key Point

You can~	유캔 ⇒ 유큰	상대방에게 허락을 할 때
You can't~	유캔트	상대방에게 금지, 부정명령 등의 의미로
You cannot~	유캐낫	You can't~ 다음으로 많이 쓰인다. 다음으로는 You can not~
Can you~?	캔유	허락이나 부탁을 할 때
Can't you~?	캔츄	Can you not~은 주로 How와 어울려 How can you not~?의 형태로 자주 쓰인다.

Listen carefully and Check it Out!

- You can throw any kind of party you want.
  네가 원하면 어떤 종류의 파티를 열어도 돼.

- You can blame whoever you want, just not me.
  나는 빼고 네가 원하는 누구에게라도 비난해도 돼.

- You can't just go inside. You need a guide.
  연음해 /니더/
  그냥 안으로 들어가면 안돼. 가이드가 있어야 돼.

- You cannot give up, you understand me?
  넌 포기하지마. 내 말 이해했어?

- You cannot ever see him again!
  넌 절대로 다시는 걔를 보면 안돼.

- You can come back in the morning.
  넌 아침에 다시 와라.

- You can't leave me here alone.
  넌 나를 여기에 홀로 놔두면 안돼.

미드·스크린에서 확인해보기

Modern Family

Gloria: Jay, what are you wearing? You can't go to church like that.
제이, 뭘 입고 있는거야? 그렇게 입고 교회에 갈 수 없잖아.

Jay: Well, that settles it, then. I'm going golfing. 그럼 해결됐네. 난 골프치러갈게.

050

can

제 3자인
He, She, They와
조동사 can의 만남

She can't **do this to us**

걔가 우리에게 이럴 수는 없어

Key Point

He can~	히캔 ⇒ 히큰	부정은 He can't~, He cannot~ 등이 쓰인다.
She can~	쉬캔 ⇒ 쉬큰	부정은 She can't~ She cannot~등으로 쓴다.
Can he~?	캔히	Can't he~는 의문사 Why와 어울려 Why can't he~? 형태로 쓰인다.
Can she~?	캔쉬	부정은 Can't she~?
They can~	데이캔	부정은 They can't~ 혹은 They cannot~으로 쓴다.

Listen carefully and Check it Out!

* He can <u>get you</u> anything you want.
  연음되며 받음이 변정돼, /겟츄/

* He can't even remember her name.

* She can't do this to us. We're leaving.

* She cannot wait another year.

* Can he make love to you all night long?

* Can she cook? Is she a good cook?
  cook+er= cooker는 요리사가 아니라 냄비

* They can fire me if they want.

개는 네가 원하는 뭐든 가져다 줄 수 있어.

갠 그녀의 이름을 기억조차 할 수 없어.

걔가 우리에게 이럴 수는 없지. 우리 간다.

갠 일년을 더 기다릴 수가 없어.

걔는 밤새 너와 섹스를 할 수 있어?

걔 요리할 수 있어? 요리 잘해?

걔네들은 원한다면 나를 해고할 수 있어.

The Walking Dead

Laurie: Why do we want Carl to live in this world? To have this life? So he can see more people torn apart in front of him? So that he can be hungry and scared for however long he has before he…

우리는 왜 칼을 이런 세상에 살게 하는거야? 이런 삶을 살려고? 그럼 칼은 눈앞에서 사람들이 찢겨져 나가는 모습을 더 볼 수 있게 될거야. 그리고 앞으로 얼마나 더 오래될지 모르는 동안 굶주리고 두려움에 떨어야 될거야.

051
could

'I'와
조동사 could의 만남

I could come every week
난 매주 올 수 있어

Key Point

I could~	아쿠드	can의 과거형이지만 가능성, 추측 혹은 가정법 동사로도 쓰인다.
I couldn't~	아쿠든ㅌ	
I could not~	아쿠드낫	강조하려면 I could never~라고 한다.
Could I~?	쿠다이	제안이나 부탁하는 표현으로 "내가 …할 수 있을까?"라는 의미
Couldn't I~?	쿠든ㅌ아이	/t/ 발음은 파열되지 않는다.

Listen carefully and Check it Out!

- I could tell that she needed help.
  /d/로 끝나는 경우는 /d/로 발음
  걔가 도움이 필요로 한다는 걸 알 수 있었어.

- I couldn't save my own brother.
  난 내 친형을 살릴 수가 없었어.

- I'm sorry I could not find your other shoe.
  미안하지만 네 구두 다른 짝을 찾을 수가 없었어.

- I could never do that to the guy, y'know?
  난 절대로 그 사람에게 그렇게 할 수가 없을거야, 알아?

- Could I talk to you in private for a moment please?
  형용사 및 명사로도 쓰이는 단어
  잠깐 개인적으로 얘기할 수 있을까?

- Could I get some painkillers over here, please?
  여기 진통제 좀 줄래요?

- Couldn't I just sleep with the producer?
  have sex with의 점잖은 표현
  내가 프로듀서랑 그냥 자면 안될까?

미드·스크린에서 확인해보기

Friends with Benefits

Jamie: I mean, no offense to your little blog on the Internet.
내 말은, 당신의 소규모 인터넷 블로그를 비난하는 건 아녜요.

Dylan: Which got six million hits last month. 지난달에 방문자수가 6백만이었어요.

Jamie: I could put up a video of me mixing cake batter with my boobs and it will get eight million hits. 내가 가슴으로 케익반죽하는 비디오를 올린다면 조회수가 8백만은 될거예요.

052

could

'We'와
조동사 could의 만남

We could stay together

우리는 함께 남을 수 있는데

Key Point

We could~	위쿠드	
We couldn't~	위쿠든트	
We could not~	위쿠드낫	강조하려면 We could never~라고 한다.
Could we~?	쿠드위	제안이나 부탁하는 표현으로 "우리가 …할 수 있을까?"라는 의미
Couldn't we~?	쿠든트위	혹은 Could we not~?이라고 쓸 수 있지만 별로 많이 나오지 않는다.

Listen carefully and Check it Out!

- We could drive to the coast.

- We couldn't find Peter's cell phone either.
  보통 /이더/라고 발음하나 /아이더/라고 발음하기도

- We couldn't go through that again.

- We could never afford this.

- We could get on a plane tonight.

- Could we talk about this tomorrow?

- We couldn't pay the bills for the apartment.

우리는 해변가로 드라이브갈 수 있어.

피터의 핸드폰도 역시 찾을 수가 없었어.

그걸 다시 겪을 수 없었어.

절대로 이걸 살 여유가 없을 거야.

우린 오늘 밤에 비행기를 탈 수 있는데.

우리 이거 내일 얘기할 수 있을까?

우리는 아파트 임대료를 낼 수가 없었어.

 미드·스크린에서 확인해보기

Me Before You

Lou: Or perhaps we could get to know each other a bit. you know, because then you could tell me what you do like to do. Maybe.
아니면 서로를 좀 더 알아갈 수도 있어요. 그럼 뭘 하고 싶은지 내게 말할 수 있으니까요. 어쩌면…

Will: Here's what I know about you, Miss Clark. My mother says that you're chatty. 클라크 양, 내가 당신에 대해 알고 있는 건 이거예요. 어머니 말씀이 당신이 수다스럽다고 하던군요.

053
could

'You'와
조동사 could의 만남

Could you drive me to the airport?
공항까지 차로 데려다줄래?

Key Point

You could~	유쿠드	
You couldn't~	유쿠드ㄴ	
You could not~	유쿠드낫	강조하려면 You could never~라고 한다.
Could you~?	쿠쥬	제안이나 부탁하는 표현으로 "우리가 …할 수 있을까?"라는 의미
Couldn't you~?	쿠드ㄴ츄	
Could you not~?	쿠쥬낫	부정의문문에서도 좀 강조하는 패턴이다.

Listen carefully and Check it Out!

- You couldn't keep your hands off him, could you?!
  넌 걔에서 손을 뗄 수가 없구나. 그렇지?

- You could not say no to him..
  넌 걔한테 거절한다고 할 수 없어.

- Could you bring some extra napkins?
  내프킨 좀 더 갖다 줄래요?

- I'm sorry. Could you repeat that?
  미안하지만, 다시 한번 말해줄래요?

- Could you drive me to the airport?
  공항까지 차로 데려다줄래?

- Could you get some backup, please?
  지원 좀 해줄래요?
  동사구 back up이 뭉쳐서 backup하면 명사가 돼

- Couldn't you just ask her yourself, Grandpa?
  할아버지, 직접 걔한테 부탁하시면 안될까요?

미드·스크린에서 확인해보기   Notebook

Noah: You could try it, if you wanted to. 해보고 싶으면 한번 해봐.

Allie: No. 싫어.

Noah: Why not? 왜 싫어?

054

could

제 3자인
'He, She, They'와
조동사 could의 만남

He could change your life

갠 네 삶을 변화시킬 수 있어

Key Point

He could~	히쿠드	부정형은 He couldn't~ 혹은 He could not~이라고 한다.
She could~	쉬쿠드	부정형은 She couldn't~ 혹은 She could not~이라고 한다.
They could~	데이쿠드	부정형은 They couldn't~ 혹은 They could not~이라고 한다.
Could he~?	쿠드히	Couldn't he~?는 별로 나오지 않는다.
Could she~?	쿠드쉬	Couldn't she~?는 별로 나오지 않는다.
Could they~?	쿠데이	Could의 뒷자음 /d/는 불성실하게 발음된다.

Listen carefully and Check it Out!

- He could **change your life.**

  갠 네 삶을 변화시킬 수 있어.

- She couldn't **get any more dates.**

  date는 데이트, 데이트 상대, 그리고 데이트하다라는 뜻

  갠 이제 더 데이트를 하지 못할 수도 있어.

- She could never **hurt anybody.**

  갠 절대로 누구든 다른 사람을 해치지 않을거야.

- They couldn't **get him to talk.**

  개네들은 개의 입을 열 수가 없을거야.

- Could he **die from that?**

  죽은 원인은 from이나 of 다음에

  개가 그 때문에 죽을 수 있을까?

- Could he **be a potential boyfriend?**

  개가 남친이 될 가능성이 있는거야?

- Could she **be on drugs?**

  개가 약을 하고 있을까?

미드 스크린에서 확인해보기

Desperate Housewives

Mike: Look, if we make a big deal out of this, he could end up going to prison.

저기, 이 일을 크게 만들면, 갠 감옥에 갈 수도 있어.

Susan: He held a gun to my face, so I'm thinking, good.

개가 내 얼굴에 총을 겨눴는데, 그래서 난 그게 맞다고 생각하는데.

I should break up with her

난 걔와 헤어져야겠어

Key Point

I should~	아이슈드	should는 독립하여 하나의 조동사로 활약한다. 약한 의무의 조동사
I shouldn't~	아이슈든트	
I should not~	아이슈드낫	좀 더 강조하려면 I should never~라 한다.
Should I~?	슈다이	"내가 …해야 되나?"라는 의미
Shouldn't I~ ?	슈든트아이	Should I not~?도 가끔 쓰인다.

Listen carefully and Check it Out!

- I should break up with Donna.

  난 도나와 헤어져야 되겠어.

- I shouldn't say this to someone wearing a ring.

  결혼한 사람에게 이런 말을 하면 안돼.

- I should not speak of such things.

  난 그런 일들에 대해 말하면 안돼.

- I should never shop for lingerie when I'm horny.

  난 흥분했을 때 속옷을 쇼핑하면 절대로 안돼.

  우리말로 익숙해 영어받음이 낯설다. /란저레이/로 뒤에 강세를

- Should you get home?

  너 집에 올거야?

- Should you be standing here all alone?

  혼자서 여기에 서있을거야?

- Shouldn't I be crying? I feel like I should be crying.

  내가 울어야 되지 않아? 울어야 될 것 같아.

No Strings Attached

 미드·스크린에서 확인해보기

Emma: I should probably get ready now. I don't want to be late.

이제 준비해야 돼. 늦으면 안되거든.

Adam: Yeah, it's... You don't want to be late. 그래, 늦으면 안되지.

056

should

'We'와
조동사 should의 만남

We shouldn't be doing this

우리는 이렇게 하면 안돼

Key Point

We should~	위슈드	
We shouldn't~	위슈든트	
We should not~	위슈드낫	좀 더 강조하고 싶으면 We should never~라 한다.
Should we~?	슈드위	"우리가 …해야 되나?"라는 의미
Shouldn't we~?	슈든트위	Should we not~?도 가끔 쓰인다.

Listen carefully and Check it Out!

- We should **do something about it.**

  우리는 그거에 대해 뭔가 조치를 해야 돼.

- We shouldn't **look at him anymore.**

  우리는 더 이상을 걔를 쳐다보면 안돼.

- We shouldn't **be doing this.**

  우리는 이것을 하면 안돼.

- We should not **be there.**

  우리는 거기에 가면 안돼.

- We should never **give up.**

  우리는 절대로 포기하면 안돼.

- We shouldn't **stay here at night.**
  /나이트/가 아니라 /나잇/

  우리는 밤에 여기에 남아있으면 안돼.

- Should we **go back and rescue him?**
  받음조심!/레스큐/

  우리가 돌아가서 걔를 구해줘야 할까?

미드·스크린에서 확인해보기   **No Strings Attached**

Emma: OK. Well, we should **head out, so...** 그래, 저기 우리 가야 되거든, 그럼…

Adam: Yeah, we should, **too. You know... But** we should **hang out.**
        그래, 우리도 가야 돼. 저기, 하지만 우리 한번 만나자.

You should get some sleep

너 잠 좀 자라

Key Point

You should~	유슈드	상대방에게 …해야 한다고 충고나 조언할 때
You shouldn't~	유슈든트	역시 상대방에게 …하지 말라고 충고나 조언할 때
You should not~	위슈드낫	좀 더 강조하려면 You should never~라 한다.
Should you~?	슈슈	
Shouldn't you~ ?	슈든트유	

Listen carefully and Check it Out!

- You should do it more often.
  액션토가 펜앞에 있어
  넌 더 자주 그렇게 해야 돼.

- You should give it some thought.
  넌 그거에 대해 좀 생각해봐야 돼.

- You shouldn't blame yourself for this.
  넌 이 때문에 너를 자책해서는 안돼.

- You should not be snooping around.
  넌 기웃거리며 염탐하면 안돼.

- You should be ashamed of yourself.
  /~드오므/가 아니라 /어/
  부끄러운 줄 알아야지.

- You shouldn't say things like that
  그렇게 말하면 안되지.

- You should not treat me like this way.
  날 이런 식으로 대하면 안돼.

 미드·스크린에서 확인해보기

No Strings Attached

Emma: Don't just disappear like that on me. 그렇게 나에게서 사라지지마.

Adam: You told me to. 네가 그러라고 했잖아.

Emma: You shouldn't listen to me. 내 말은 귀담아 듣지마.

She should not quit her job

걔는 일을 그만두면 안돼

Key Point

He should~	히슈드	상대방에게 …해야 한다고 충고나 조언할 때
He shouldn't~	히슈든트	역시 상대방에게 …하지 말라고 충고나 조언할 때
She should~	쉬슈드	좀 더 강조하려면 You should never~라 한다.
She shouldn't~	쉬슈든트	
They should~	데이슈드	
They shouldn't~	데이슈든트	

Listen carefully and Check it Out!

- She should be here by now!

  걔는 지금쯤이면 여기에 올거야.

- She's in the hospital, but she should be all right.

  걔는 병원에 있는데 괜찮을거야.

- He should be driving a truck or SUV.

  걔는 트럭아니면 SUV를 몰고 있을거야.

- He should go back to Lily's.

  걔는 릴리의 집으로 돌아갈거야.

  -'s는 …의 집을 뜻해 cf. MacDonald's

- She shouldn't be living here.

  걔는 여기에 살고 있지 않을 거야.

- He should be back in about 15 minutes.

  15분쯤 후엔 돌아올거야.

- He shouldn't get married this year.

  걘 금년에 결혼하면 안돼.

미드•스크린에서 확인해보기

Friends

Ross: We used a condom. 우리 콘돔을 썼잖아.

Rachel: I know. I know, but y'know condoms only work like 97% of the time.

알아, 하지만 콘돔이 97%의 효력만 있대.

Ross: What? What? What?!! Well they should put that on the box!!!

뭐라고? 그럼 그걸 박스에 표시해야지!!!

059

may

'I, We'와
조동사 may의 만남

I may be an idot

내가 바보일지도 몰라

Key Point

I may~	아이메이	may는 불확실한 추측, 가능성 혹은 허가 등을 의미한다.
I may not~	아이메이낫	
May I~?	메이아이	상대방에게 부탁할 때
We may~	위메이	
We may not~	위메이낫	
May we~ ?	메이위	역시 상대방에게 부탁을 할 때

Listen carefully and Check it Out!

- You may be right. I may be an idiot.

  네가 맞을지도 몰라. 내가 바보일 수 있어.

- I may not do it your way but it gets done.

  네 방식대로는 아니더라도 어쨌든 했어.

- I may not be much, but I never lied to you.

  내가 별거는 아닐지도 모르지만 네게 거짓말을 절대로 하지 않았어.

- May I have your attention, please?

  주목 좀 해주실래요?

- We may have the murder weapon.

  우리가 살인에 사용된 무기를 갖고 있지도 몰라.

- We may be able to track her.

  우리는 걔를 추적할 수 있을지 몰라.

- We may not need an ID.
  Identification Card의 약어

  우리는 신분증이 필요없을 수도 있어.

미드·스크린에서 확인해보기

The Good Wife

Peter: I want to thank the people of Chicago. It has been an honor to serve you. And I pray that one day, I may serve you again.

시카고 시민 여러분께 감사드리며, 여러분을 위해 봉사할 수 있어 영광이었습니다. 그리고 언젠가 다시 여러분을 위해 봉사할 수 있는 날이 오기를 기도합니다.

060

may

'You, He, She, They와
조동사 may의 만남'

You may **kiss the bride**

신부에게 키스하세요

Key Point

You may~	유메이	…일 수도 있다, …할지도 모르겠다, 혹은 …해도 된다라는 의미
You may not~	유메이낫	반대로 금지의 표현
He may~	히메이	부정은 He may not~
She may~	쉬메이	부정은 She may not~
They may~	데이메이	부정은 They may not~

Listen carefully and Check it Out!

- You may kiss the bride.

- You may be able to help us with that.

- You may not have a choice.

- She may need a few stitches.
  의료라면 미드에서 꼭 나오는 단어

- He may be in love with me.

- She may not be quite stable enough.

- They may be able to tell us more.

신부에게 키스하세요.

넌 우리가 그걸 하는거 도와
줄 수도 있어.

너에게는 선택권이 없을지도
몰라.

걔는 몇바늘 꿰매야 될지 몰
라.

걘 나를 사랑하고 있을지 몰
라.

걔는 충분히 안정이 되지 않
을 수도 있어.

걔네들은 우리에게 더 말해줄
수 있을지 몰라.

 미드·스크린에서 확인해보기

Game of Thrones

Catelyn: You think I'd keep secrets from my son? 내가 아들에게 비밀로 할거라 생각해요?

Baelish: Robb has surprised them all with his skills in battle, but he's not a
mother. Consider it, Cat. You may not get another chance.
롭은 전쟁터에서 전투솜씨로 다들 놀라게 했지만, 롭은 어머니가 아니잖아요, 캐틀린. 다른 기회는 없을지도 몰라요.

061
might

'I, We'와
조동사 might의 만남

I might change my mind

내가 마음을 바꿀 수도 있어

Key Point

I might~	아이마잇	might는 may보다 상대적으로 가능성이 작을 때
I might not~	아이마잇낫	
We might~	위마잇	might as well+V는 "당연히 …하는 편이 낫겠어"라는 말
We might not~	위마잇낫	

Listen carefully and Check it Out!

- I might like him.

- I think I might be pregnant.
  앞어 액센트

- I might change my mind.

- They might be right. I might not be any good.

- We might as well start dinner.

- We might not have any other evidence, but we have a theory.

내가 걔를 좋아할 수도 있어.

내가 임신일 수도 있을 것 같아.

내가 마음을 바꿀 수도 있어.

걔네들이 맞을 수도 있어. 난 전혀 도움이 되지 않을지도 몰라.

우리는 저녁을 먹기 시작하는 게 나을거야.

더 이상의 증거가 없을지 모르지만 우리에겐 이론이 있어.

미드·스크린에서 확인해보기

Sex and the City

Carrie: I thought you were spending the next six months in Brazil?
앞으로 6개월 동안은 브라질에 있는 걸로 알고 있는데요.

Gilles: You can join me there first. 먼저 거기서 만나면 돼요.

Carrie: Don't tempt me. I'm so broke, I might take you up on that just to save in rent. 유혹하지마요. 돈이 요즘 없어서 집세 아끼려고 당신 말을 들을지 모르니까요.

062
might

'You, He, She, They와
조동사 might의 만남

She might need some help

개는 도움이 좀 필요할지도 몰라

Key Point

You might~	유마잇	might 역시 과거형이지만 would, could, should가 그렇듯 의미상 현재로 쓰이는 경우가 많다.
You might not~	유마잇낫	
He might~	히마잇	
He might not~	히마잇낫	
She might~	쉬마잇	
She might not~	쉬마잇낫	

Listen carefully and Check it Out!

- You might want to wait a minute.

  기다리는게 좋을거야.

- You might want to take this seriously.

  진지하게 이걸 생각해보는게 좋을거야.

- You might not agree with his politics.
  복수로 정치적 견해들 뜻해

  넌 개의 정치적 견해에 동의 하지 않을 수도 있어.

- You might not want to sit exactly there.

  그냥 거기에 앉아있는 것을 원하지 않을거야.

- She might need some help.

  개는 도움이 좀 필요할지도 몰라.

- She might not even know him.

  개는 그를 알지 못할 수도 있어.

- He might not be able to get better.

  갠 더 좋아지지 않을 수도 있어.

 미드·스크린에서 확인해보기

Big Bang Theory

Raj: Well, uh, as your friend, you might like to know that, um, we didn't have sex in the conventional sense.

친구로서 말하는데, 네가 우리는 전통적인 방식으로 섹스를 하지 않았다는 것을 알고 싶어 할 것 같아서.

Penny: Oh, God. Did you pull some weird Indian crap on me?

맙소사. 인도식의 기이한 체위로 섹스를 했어?

063

must

'I,' 'We'와
조동사 must의 만남

I must be off

나 가야 돼

Key Point

I must~	아이머슷ㅌ	have to와 더불어 강성 의무조동사. 뒷자음 /t/는 잘 안들린다.
I must be~	아이머슷ㅌ비	must는 추측의 조동사로도 많이 쓰인다.
I must not~	아이머슷ㅌ낫	Must I~?와 더불어 별로 쓰이지 않는다.
We must~	위머슷ㅌ	
We must not~	위머슷ㅌ낫	역시 Must we~?와 더불어 그리 많이 쓰이지 않는다.

Listen carefully and Check it Out!

- I must be in big trouble now.
  /트/가 아니라 /슷/에 가까운 소리를 내

  난 이제 큰 어려움에 처하겠어.

- I must not be a very good assistant.
  -n't로 끝나면 형용사 및 명사도도 쓰여

  나는 유능한 조수가 아닌가봐.

- Must I keep looking at these?

  내가 이것을 계속 보고 있어야 돼?

- We must go someplace fabulous.

  우리는 어디 멋진 곳으로 가야 돼.

- We must move quickly.

  우리는 빨리 이동해야 돼.

- We mustn't judge Nina. She was desperate.

  우리는 니나를 비난해서는 안 돼. 절박했잖아.

- Must we do this every single time?

  우리는 매번 이렇게 해야 돼?

미드·스크린에서 확인해보기   **Sex and the City**

Carrie: Why do I keep doing this to myself? I must be a masochist or something.
          왜 자꾸 내가 이런 짓을 반복하는걸까? 피학대증이나 뭐 그런게 있나봐.

064

must

'You, (S)He, They'와 조동사 must의 만남

You must be a genius

넌 정말 천재인가봐

Key Point

You must~	유머슷ㅌ	강제의무인 You must (not)~는 아주 많이 쓰인다.
You must not~	유머슷ㅌ낫	Must you~?는 /머슷유/가 된다.
He must~	히머슷ㅌ	뒤에 be가 이어지는 경우가 많다.
She must~	쉬머슷ㅌ	3인칭의 부정이나 의문문은 잘 쓰이지 않는다.
They must~	데이머슷ㅌ	

Listen carefully and Check it Out!

- You must shoot me, or I will shoot you. — 넌 날 쏴야 돼, 그렇지 않으면 내가 쏠거야.
- You must promise to visit while I'm here. — 내가 여기 있는 동안 방문한다고 약속해.
- She must love me more than I love her! — 걔는 내가 걜 사랑하는 것보다 나를 더 사랑하나봐.
- She must be a complete wreck. — 걔는 정말이지 완전히 망가졌음에 틀림없어.
  (wreck: 난파선 혹은 그처럼 망가진 사람)
- He must be smarter than both of us. — 걔는 우리 둘 보다 더 똑똑한 게 틀림없어.
  (both of: 연음해서 /보서브/)
- He must be very skilled at coitus. — 걔는 성교하는데 매우 능숙한 게 틀림없어.
- They're doctors. They must know what they're doing. — 걔네들은 의사야. 어떻게 해야 할지 잘 알고 있을거야.

미드·스크린에서 확인해보기

Desperate Housewives

Rex: You must get tired of hearing me complain. 내 불평소리 듣는데 지쳤겠구만.

Bree: No, no not at all. I think we should talk about it.
아냐, 전혀 안그래. 우리는 그 얘기를 해야 된다고 생각해.

065

have to

'I'와 조동사처럼
쓰이는
have to~의 만남

I have to **go now**

나 이제 가야 돼

Key Point

I have to~	아이해브투	must와 함께 강성의무를 뜻하지만 구어체에서 must보다 많이 쓰인다.
I don't have to~	아이돈해브투	I have to~의 부정으로 "…할 필요가 없다"라는 의미
I had to~	아이해드투	I have to~의 과거형
I didn't have to~	아이디든해브투	"…할 필요가 없었다"라는 의미
Do I have to~?	두아이해브투	

Listen carefully and Check it Out!

- I have to **be honest with you.**

  너한테 솔직히 말할게.

- I have to **talk to you about something.**

  네게 뭔가 얘기해야겠어.

- I had to **figure out how to live.**

  어떻게 살아가야 할지 방법을 찾아야 했어.

- Do I have to **tell you this?**

  내가 이걸 네게 말해야 되나?

- I don't have to **worry about putting you in jail.**

  /t/가 제이 버정연화이 강하다. /푸럼/

  난 널 감방에 처넣는데 걱정할 필요가 없어.

- I don't have to **ask you that question.**

  난 네게 그 질문을 할 필요가 없어.

미드·스크린에서 확인해보기

Me Before You

Will: I have to **tell you something.** 당신에게 할 말이 있어요.

Lou: I know. I know about Switzerland. I have known, for months. Listen, I know that this is not how you would have chosen it. But I I can make you happy!
알아요. 스위스에 대한 거 알고 있어요. 몇 달동안 알고 있었어요. 이게 당신이 선택했을 것 같지는 않다는 것을 알지만, 난 당신을 행복하게 해줄 수 있어요!

066
have to

'We'와 조동사처럼
쓰이는
have to~의 만남

We had to go back there
우리는 그곳으로 돌아가야 했어

Key Point	We have to~	위해브투	have to는 많이 쓰이기 때문에 We~와 결합되는 경우를 따로 살펴본다.
	We don't have to~	위도해브투	We have to~의 부정
	We had to~	위해드투	We have to~의 과거형
	Do we have to~?	드위해브투	

Listen carefully and Check it Out!

- We have to **wear these** <u>dresses</u>.
  /드레시즈/

  우리는 이 옷들을 입어야 해.

- Do we have to **call her parents?**

  우리는 걔 부모님께 전화를 해야할까?

- We have to **get her** to a hospital.
  역음되어 /게러/

  걔 병원에 입원시켜야 돼.

- We have to **leave for China in an hour.**

  한 시간 후에 중국으로 출발해야 돼.

- We don't have to **decide this right now.**

  우리는 지금 당장 이걸 결정할 필요가 없어.

- Do we have to **know about that?**

  그것에 대해 우리가 알고 있어야 돼?

- Do we have to **talk about your problems?**

  우리가 네 문제에 대해서 얘기해야 돼?

미드·스크린에서 확인해보기

Breaking Bad

Walter: You've got to be more imaginative, you know? Just think outside the box here. We have to **move our product in bulk, wholesale, now.** How do we do that?

넌 머리를 더 굴려봐야 돼. 창의적으로 생각을 해보라고. 우리는 대량으로 생산해서 도매로 팔아야 돼. 그러면 어떻게 해야 돼?

have to

'You'와
조동사처럼 쓰이는
have to~의 만남

You don't have to
come back

넌 돌아올 필요가 없어

Key Point

You have to~	유해브투	have to가 제일 좋아하는 주어는 You~이다.
You don't have to~	유돈해브투	"…할 필요가 없다"라는 말로 You don't need to~와 같은 의미
You had to~	유해드투	You have to~의 과거형
You didn't have to~	유디든해브투	과거에 …할 필요가 없었다라는 의미
Do you have to~?	두유해브투	빨리 발음하면 you가 약화되어 거의 /야/로 들리는 점에 주의한다.

Listen carefully and Check it Out!

- You have to **come here so we can work this out.**

  우리 이걸 해결하기 위해 네가 이리로 와야 돼.

- You have to **learn how to ride a bike!**

  넌 어떻게 자전거를 타야 되는지를 배워야 돼!

- You had to **protect your secret.**

  넌 네 비밀을 보호해야만 했어.

- You had to **dismiss the rape case.**

  넌 강간사건을 기각해야 했어.

- Do you have to **be skinny to be a model?**

  모델이 되기 위해 날씬해야 돼?

- Do you have to **stare at her boobs, too?**

  너도 역시 걔 가슴을 쳐다봐야 돼?

  여성의 가슴. boob job이면 확대성형수술

- You don't have to **come back.**

  넌 돌아올 필요가 없어.

미드·스크린에서 확인해보기

Desperate Housewives

Rex: He's sixteen. It's not unheard of. 걔 16살이야. 드문 일도 아니잖아.

Bree: Honey, you have to **talk to him.** 여보, 걔하고 얘기해봐.

Rex: And tell him what? 뭐라고 얘기해?

Bree: Tell him that we found his condom and that he is forbidden from - y'know.
네 콘돔을 발견했는데 그런 건 하면 안된다고 걔한테 말해.

068

have to

'(S)He, They'와
조동사처럼 쓰이는
have to~의 만남

Does he have to be here?

개는 여기에 있어야 돼?

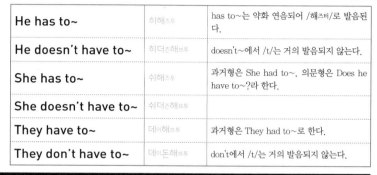

 Key Point

He has to~	히해즈투	has to~는 약화 연음되어 /해즈터/로 발음된다.
He doesn't have to~	히더즌해브투	doesn't~에서 /t/는 거의 발음되지 않는다.
She has to~	쉬해즈투	과거형은 She had to~, 의문형은 Does he have to~?라 한다.
She doesn't have to~	쉬더즌해브투	
They have to~	데이해브투	과거형은 They had to~로 한다.
They don't have to~	데이돈해브투	don't에서 /t/는 거의 발음되지 않는다.

Listen carefully and Check it Out!

- She has to **move over there.**

- He doesn't have to **hide his scars.**

- She doesn't have to **say a word.**

- Does he **have to be here?**

- She has to **try harder**

  /츄라이/정도로 발음~

- He has to **know how I feel**

- She has to **leave tomorrow morning.**

개는 거기로 이사가야 돼.

갠 자기 흉터를 숨길 필요가 없어.

개는 아무 말도 할 필요가 없어.

개는 여기에 있어야 돼?

갠 좀 더 열심히 노력해야 돼.

갠 내가 어떤 기분인지 알아야 돼.

갠 내일 아침 떠나야 돼.

미드•스크린에서 확인해보기

The Walking Dead

Laurie: I realized she didn't have to see any of it. The highway, the herds, Sophia, Carl getting shot, she didn't. She doesn't have to be afraid anymore.
난 그녀가 아무 것도 볼 필요가 없었다는 걸 깨달았어. 고속도로, 좀비떼, 소피아, 총에 맞은 칼, 그녀는 그럴 필요가 없었어. 그녀는 더 이상 두려워하지 않아도 돼.

I'd better go talk to him

가서 걔한테 얘기해야겠어

 Key Point

I had better+V	아이해드벳러	had better는 …하는 것이 낫다라는 의미의 충고, 혹은 경고로 쓰이는 표현이다.
I had better	아이해드벳러	better는 /tt/는 음가상실하여 /ㄹ/화 된다.
I'd better~	아이드벳러	I had better~는 I'd better~, I better~ 심지어는 Better+V의 형태로 쓰이기도 한다.
I'd better not~	아이드벳러낫	I had better~ 부정형은 I had better not+V
I think I'd better~	아이씽크아이드벳러	I think[guess]~를 앞에 붙이는 경우가 많다.
I guess I'd better~	아이게스아이드벳러	

Listen carefully and Check it Out!

- I'd better call my attorney.
  단어 첫가의 약음음을 거의 듣지지 않아

- I'd better go before I change my mind.

- I think I better discuss it with you in person.

- I guess I better be going.

- I'd better take a few days to think about it.

- I think I'd better be getting to work.

- I'd better get a move on it

난 변호사를 불러야겠어.

내가 맘을 바꾸기 전에 가야겠어.

널 직접 만나서 의논해야 될 것 같아.

나 가야 될 것 같아.

그거 생각하는데 며칠 필요하겠어.

일하기 시작해야 될 것 같아.

빨리 서둘러야겠어.

미드·스크린에서 확인해보기   Friends

Phoebe: All right, I'd better go too. I have to go talk to my dad.
그래, 나도 가는게 낫겠어. 아버지에게 가서 얘기해야겠어.

Rachel: Ooh, Pheebs, what are you gonna say? Are you gonna tell him who you are? 아, 피비, 뭐라고 말하려고? 네가 누구인지 말할거야?

070

had better

'We'와
had better~의 만남

We'd better be going
우리 가야겠어

Key Point

We had better~	위해드벳러	우리는 …을 해야 한다라는 의미
We'd better~	위드벳러	We had better~는 We'd better~, We better~ 심지어는 Better+V의 형태로 쓰이기도 한다.
We'd better not~	위드벳러낫	We had better~ 부정형은 We had better not+V라고 하면 된다.
I think we'd better~	아이씽크위드벳러	We'd better를 말하기 앞서 I think~ 혹은 I guess를 붙이는 경우가 많다.
I guess we'd better~	아이게스위드벳러	

Listen carefully and Check it Out!

- We'd better **call the fire department!** 소방소에 전화해야돼!

- We'd better **go if we wanna catch that movie.** 그 영화를 보려면 가야 돼.

- Well, we'd better **be going. Take care.** 저기, 우리 가야겠어. 잘 지내.

- I guess we better **go talk to the husband.** 우리가 가서 남편과 얘기를 하는게 나을 것 같아.
  go and[to] talk~

- We'd better **find a place to rest.** 쉴 장소를 찾아봐야겠어.

- We'd better not **spend all of our money.** 우리 돈을 다 쓰지 않는게 좋을거야.

- We'd better not **stay out after midnight.** 자정 전에는 집에 들어와야지.

미드·스크린에서 확인해보기   **Desperate Housewives**

Bree:　　Hey. We'd better **hurry. The movie starts in twenty minutes.**
　　　　안녕. 우리 서둘러야 돼. 영화가 20분 후에 시작해요.

George:　**There's been a slight change in plans.** 계획에 자그마한 변화가 있어요.

071

had better

'You'와
had better~의 만남

You'd better decide right now

지금 당장 결정해

Key Point

You had better~	유해드벳러	의무와 강제를 뜻하는 should, must, have to가 그렇듯 had better 역시 You와 궁합이 맞다.
You had better~	유해드벳러	
You'd better	유드벳러	You had better~는 You'd better~, You better~ 심지어는 Better+V의 형태로 쓰이기도 한다.
You'd better not~	유드벳러낫	You had better~ 부정형은 You had better not+V라고 하면 된다.
ought to~	어투	약한 의무의 조동사로 앞의 /t/는 무력화, 뒤의 /t/는 약음화된다.

Listen carefully and Check it Out!

- You'd better **think about what you're saying.**

  네가 하는 말에 대해 생각해 보라고.

- You'd better **decide right now.**

  지금 당장 결정해.

- I guess you better **make sure he tells the truth.**

  걔가 진실을 확실히 말하도록 하는게 좋을 것 같아.

- Better **figure out a way not to get** caught.

  /gh/는 둘다 갖고 있는 묵음

  잡히지 않는 방법을 찾아보는 게 낫겠어.

- You had better not **be doing it.**

  넌 그거 하지 마라.

- Better not **jump to conclusions.**

  속단하지 마라.

- You better not **be lying to me.**

  내게 거짓말하지마.

미드·스크린에서 확인해보기

Friends

Phoebe: **You tired Chandler?** 피곤해, 챈들러?

Monica: You better **believe he's tired, after the day we had! If you know what I mean.** 걔 정말 피곤할거야. 오늘 우리가 보낸 하루를 보면. 네가 무슨 말인지 안다면 말야.

072

It+be

'It'이
be 동사와 만나는 경우
– 긍정과 부정 I

It's not your fault

그건 네 잘못이 아냐

Key Point

It's~	잇스	다음에 'a'가 붙어 It's a~가 되면 /잇서/로 들린다.
It's not~	잇스낫	It's~의 부정형으로 가장 많이 쓰인다.
It isn't~	잇이즌트	It is not~보다도 덜 쓰인다.
It's not that~	잇스낫댓	that 다음에 형용사가 오는 경우로 that의 발음을 강조한다.
It's not that S+V	잇스낫댓	뒤에 S+V오는 경우 that 발음은 약화된다.

Listen carefully and Check it Out!

- It's a cold drink, it's a hot day.

  차가운 음료야. 날씨가 덥잖아.

- It isn't true, is it?

  그것은 사실이 아냐, 그지?

- It's not your fault.

  그건 네 잘못이 아냐.

- It's not official. Just you and me.

  그건 공식적인게 아냐. 단지 너와 나만 그런거야.

  먹사로 공무원을 뜻해

- Chris, stop doing it. It's not funny.

  크리스, 그만해. 재미없거든.

- It's not that big a deal.

  그렇게 큰 일은 아니거든.

- It's not that bad.

  그렇게 나쁘지 않아.

미드·스크린에서 확인해보기

Desperate Housewives

Carlos: Is that the baby's head? 이게 아기의 머리인가?

Gabrielle: No, it's his foot. 아니, 발이야.

Carlos: That looks like a head to me. 내게는 머리처럼 보이네.

Gabrielle: Well, that settles it. When this baby's born, I'll be in charge of putting on the socks. 좋아. 그럼 하나 해결됐네. 아기가 태어나면, 양말을 신기는 건 내가 할거야.

073

It+be

'It'이
be 동사와 만나는 경우
– 긍정과 부정 2

It's no **secret**
그건 비밀이 아냐

Key Point

It's not about~	잇스나너바우ㅌ	계속되는 It's not~ 패턴으로 not about 은 연음하여 후다닥 발음한다.
It's no~	잇스노	역시 부정형으로 It's no~ 다음에는 명사가 온다.
It's no wonder S+V	잇스노원더	줄여서 No wonder S+V라고도 한다.
It's never~	잇스네버	It's not~의 강조형

Listen carefully and Check it Out!

- It's not about the assault charge. | 그건 폭행혐의에 관한게 아냐.
  /t/ 받음을 거의 내지 않아

- It's not about my kids. | 그건 내 아이들에 대한 것이 아냐.

- It's not about money, it's about compatibility. | 그건 돈에 관한 문제가 아냐. 그건 공존의 문제야.

- It's no problem. I don't mind. | 전혀 문제가 안돼. 난 괜찮아.

- It's no secret. She liked going out with her friends. | 그건 비밀이 아냐. 걘 친구들과 돌아다니는걸 좋아했어.

- It's no wonder you're perverted. | 네가 변태라는 건 놀랍지 않아.
  /t/로 끝나면 –ed는 /id/로 발음해

- It's never a good idea to get married. | 결혼하는 것은 절대로 좋은 생각이 아냐.

미드·스크린에서 확인해보기   **Desperate Housewives**

Bree: Your father is into S and M. 네 아버지는 SM에 빠져 있다.

Rex: Bree! 브리!

Bree: He makes me beat him with a riding crop, and I let him. It's no wonder you're perverted. 나보고 말채찍으로 자기를 때리게 하고 난 그렇게 했다. 네가 변태인 것도 당연하지.

074

It+be

'It'이
be 동사와 만나는 경우
– 과거

It was a **simple mistake**

단순한 실수였어

Key Point	It was~	잇워즈	뒤에 a가 붙은 It was a~는 /잇워저/ 정도로 발음된다.
	It was not~	잇워즈낫	
	It wasn't~	잇워즌ㅌ	
	It was no~	잇워즈노	다음에는 명사가 이어진다.
	It was never~	잇워즈네버	It was not~의 강조형

Listen carefully and Check it Out!

- It was freshman year. It's no big deal.

  신입학년였어. 별로 큰일도 아니는데.

- It was a smart move.

  현명한 행동였어.

- It was a simple mistake. It could happen to anyone.

  단순한 실수였어. 누구도 그럴 수 있어.

- It was the right thing to do.

  그건 당연히 해야 할 일였어.

- It wasn't even her who called you. It was me.

  네게 전화했던 사람은 걔가 아녔어. 나였어.

- It wasn't an accident.

  그건 사고가 아니었어.

- It was never that kind of thing.

  kind 여가 '약간'이라는 뜻으로도 쓰여~

  그건 절대로 그런 종류의 일이 아니었어.

미드·스크린에서 확인해보기

Desperate Housewives

Susan: When Mike asked me to marry him, again, it was one of the happiest days of my life. But for someone else, it was the day her whole world fell apart.

마이크가 다시 또 결혼하자고 했을 때 내 인생에서 가장 행복한 날 중의 하루였어요. 하지만 다른 누군가에게는 그녀의 세상이 무너지는 날이었어요

075

It+be

'It'이
be 동사와 만나는 경우
- 의문

Isn't it great?

멋지지 않아?

Key Point

Is it~ ?	이짓	Is의 /s/와 it의 /i/가 연음된다.
Isn't it~?	이즈닛	/t/음이 약화 및 연음된 경우
Was it~ ?	워짓	Is it~?의 경우처럼 연음된다.
Wasn't it~ ?	워즈닛	부정의문형으로 /t/음은 약화 및 연음된다.
It was never~	잇워즈네버	It was not~의 강조형

Listen carefully and Check it Out!

- Is it real expensive?

  그거 정말 비싸지 않아?

- Is it because I'm friends with Chris?

  내가 크리스와 친구이기 때문이야?

- Is it worth 7.5 million in diamonds?

  seven point five million dollars 혹은 *seven and a half million dollars*

  다이아몬드 7백 5십만달러 어치야?

- Isn't it obvious?

  뻔한거 아냐?

- We're moving in together! Isn't it great?

  우리 함께 산다! 멋지지 않아?

- Was it my dream that you go to Harvard.

  우리말 그대로 "하버드"하면 못알아들어... /하ㄹ붜ㄷ/

  네가 하버드에 가는게 내 꿈이었어?

- Was it really that bad?

  그게 정말로 그렇게 나빴어?

미드·스크린에서 확인해보기

The Good Wife

Peter: You got it already? Is it big enough? 벌써 짐 다 옮긴거야? 아파트는 넓은거야?

Alicia: This is your apartment, Peter. I've moved all your things here.

이건 당신 아파트야, 피터. 당신 짐들 다 옮겨놨어.

076

It+does

'It'이
do 동사와 만나는 경우
- 긍정과 부정

It didn't mean anything

그건 아무런 의미도 없는거였어

Key Point

It does+V	잇더즈	do가 It+V의 사이에 들어간 경우로 이때는 강조 조동사이다.
It did+V	잇디드	do가 It+과거동사의 사이에 들어간 경우로 역시 강조 조동사로 쓰였다.
It does not~	잇더즈낫	It+V의 부정형
It doesn't~	잇더즌ㅌ	doesn't의 경우 /t/ 발음은 거의 파열되지 않는다.
It didn't~	잇디든ㅌ	/ㅌ/은 유성음화되어 /ㄹ/으로 들리기도 한다. It did not~이라고 해도 된다.

Listen carefully and Check it Out!

- It does **have its risks.**

그건 위험을 안고 있어.

- It does **look like he's getting ready to run.**

걔가 달릴 준비가 되어 있는 것 같아.

- It doesn't **taste bad.**

그건 맛이 나쁘지 않았어.

- It doesn't **go with any of my stuff.**

그건 내 물건들과는 전혀 안 어울려.

- It doesn't **matter who knows what.**

누가 무엇을 알고 있느냐는 중요하지 않아.

- It does not **make me a criminal.**

그렇다고 내가 범죄자가 되지 않아.

형용사이이면서도 명사로도 쓰이는 단어

- It didn't **mean anything. It was just sex.**

아무런 의미도 없는거였어. 단지 섹스였을뿐야.

미드·스크린에서 확인해보기 **Sex and the City**

Samantha: **Your penis is too small.** 네 거시기가 너무 작아.

James: **Excuse me?** 뭐라고?

Samantha: It doesn't--**and it just--it can't. I can't. It's just too damn small.**
섹스를 해도 느낌이 없어요. 그게 너무 작아요.

077

It+does

'It'이
do 동사와 만나는 경우
– 의문

Does it matter?

그게 문제가 돼?

Key Point

Does it~ ?	더짓	
Doesn't it~ ?	더즈닛	그리 많이 나오지 않는다.
Did it~ ?	디리잇	/리/로 발음되는 것은 /d/가 모음사이에서 변절된 경우
Didn't it~ ?	디든닛	부정의문형은 보기 드물다.

Listen carefully and Check it Out!

- Does it **make a difference?**

  그게 뭐 차이가 나는거야?

- Does it **sound really weird?**

  그걸 정말 이상하게 들리지 않아?

- Doesn't it **strike you as slightly irresponsible?**

  네가 좀 무책임하다고 생각안해?

  /t+t/이 되면 /웃지/로 발음

- Doesn't it **make you angry?**

  그 때문에 화났어?

- Did it **hit you this hard, too?**

  그게 너역시 심하게 받힌거야?

- Did it **have your name in it?**

  그안에 네 이름이 적혀있어?

- Did it **ever occur to you that I might just be that stupid?**

  내가 네게 이런 바보짓 한거 봤어?

미드·스크린에서 확인해보기

Desperate Housewives

Susan: You never asked me why Zach wanted to shoot you. Aren't you curious?
왜 잭이 당신을 죽이고 싶어했는지 내게 묻지도 않았어. 궁금하지도 않아?

Mike: Does it **matter?** 그게 무슨 상관이야?

Susan: Zach said you kidnapped his father so you could kill him.
잭은 당신이 자기 아버지를 납치해서 죽이려고 했대.

078

It+be going to

'It'이
be going to~와
만나는 경우
– 긍정과 부정

It's gonna be all right
괜찮아질거야

 Key Point

It's going to~	잇스고인투	
It's gonna~	잇스거너	빨리 발음하는 경우
It's gonna be~	잇스거너비	뒤에 동사 be가 이어지는 경우
It's not going to~	잇스낫고인투	It isn't going to~라고 하기도 한다.
It's not gonna~	잇스낫거너	

Listen carefully and Check it Out!

- It's going to be all over the news.   온통 뉴스에 나올거야.

- It's gonna be all right.   괜찮아질거야.

- It's not gonna be that easy.   그게 그렇게 쉽지는 않을거야.

- It's not going to happen again.   그런 일은 다시는 없을거야.

- It's not gonna work this time.   이번에도 그게 통하지 않을거야.

- Is it gonna hurt?   그게 아플까?

- Is it gonna take long?   시간이 많이 걸릴까?
  강조하려면 talk longer, take much longer로.

마드·스크린에서 확인해보기   **Desperate Housewives**

Carlos: So? What does it say? 그래? 뭐라고 나와?

Edie: It's gonna take a couple more minutes. 몇분 더 걸릴거야.

079

It+will

'It'이
will~과 만나는 경우

It won't be necessary
꼭 필요한 것은 아냐

Key Point

It will~	잇윌	의문형은 Will it~ /윌릿/이라고 한다.
It will not~	잇윌낫	강조하려면 It will never~라고 한다.
It won't~	잇오운트	want의 발음과 구분할 것
It would~	잇우드	would는 단순히 과거조동사일 뿐만 아니라 다양하게 쓰인다는 점 주의한다.
It wouldn't~	잇우든트	
Would it~ ?	우드잇	

Listen carefully and Check it Out!

- It will take away your pain.

  그거로 해서 고통이 사라질거야.

- Don't worry, it won't affect my transfer.

  단어첫모음이 약음이면 거의 들리지 않아

  걱정마, 내 전근에 영향을 주지 않을거야.

- It won't be necessary.

  꼭 필요한 것은 아냐.

- I promise, it will never happen again!

  약속해, 다시는 그런 일 없을거야!

- I didn't think it would that big of a deal.

  그게 그렇게 큰 일이 될거라 생각하지 않았어.

- It would explain why she gets hurt so often.

  그건 왜 걔가 그렇게 자주 상처를 받는지 설명이 되네.

- It would really mean a lot to me if you stayed.

  네가 머문다면 내게는 큰 의미가 될거야.

 미드·스크린에서 확인해보기　　　　　　　No Strings Attached

Emma:　Well, then we just do this until one of us feels something more, and then we stop.　그럼, 둘 중 하나가 감정이 깊어질 때까지만 이렇게 하고 그리고나서 그만하자.

Adam:　Well, it won't be me.　그게 나는 아닐거야.

080
It+can

'It'이
can과 만나는 경우

It could happen to anyone
누구나 다 그럴 수 있어

Key Point

It can~	잇캔	
It can't~	잇캔ㅌ	/t/ 발음은 거의 들리지 않는다.
It could~	잇쿠드	
It couldn't~	잇쿠든ㅌ	It could not~은 별로 쓰이지 않는다.
Can it~ ?	캔잇	과거형은 Could it~? /쿠딧/이라고 한다.

Listen carefully and Check it Out!

- It can happen in five minutes.   그건 5분 후에 일어날거야.

- It can't be a coincidence.   그건 우연의 일치일 리가 없어.
  co-의 발음은 /kow/

- It can't be that simple.   그건 그렇게 단순할 수가 없어.

- It could take some time.   시간이 좀 걸릴 수도 있어.

- It could happen to anyone.   누구나 다 그럴 수 있어.

- It couldn't be more perfect.   더이상 완벽할 수가 없어.

- It couldn't involve them.   그것은 그것들을 포함시킬 수가 없어.

미드·스크린에서 확인해보기   Friends

Ross:　　　Dad, what are you doing?　아버지, 무슨 일이세요?
Mr. Geller:　I think there are people in there having sex.　저기서 사람들이 섹스하는 것 같아.
Joey:　　　It can't be me, I'm standing right here.　나 일 수가 없지. 난 바로 여기에 서 있는데.

081

It+기타 조동사

'It'이
기타 조동사들과
만나는 경우

It might even be fun
재미가 있을지도 몰라

Key Point

It should~	잇슈ㄷ	should는 가벼운 의무 및 추측
It may~	잇메이	may는 추측, 가능성
It might~	잇마잇ㅌ	약한 추측, 가능성
It must~	잇머슷ㅌ	강한 의무 및 추측
It has to~	잇해즈투	
It'd better~	잇ㄷ벳러	

Listen carefully and Check it Out!

- It might be a good time.

  좋은 시간이 될지도 몰라.

- It might be a coincidence.

  우연의 일치일지도 몰라.

- It should be right here.

  그건 바로 여기에 있어야 돼.

- It should only take a couple more minutes.

  단지 몇 분 정도만 걸릴거야.

- Just keep drinking. It must get better.

  keep ~ing는 계속 ...하다

  그냥 계속 마셔. 더 나아질거야.

- It must be important to somebody.

  그건 누군가에게는 중요한걸 거야.

- It has to be a more meaningful gift.

  그건 더 의미있는 선물이어야 돼.

미드·스크린에서 확인해보기

Desperate Housewives

Carlos: I guess we could get an apartment. Start over.
아파트를 얻어서 새로 시작할 수도 있을 것 같아.

Gabrielle: Who knows? It might even be fun. 누가 알아? 재미가 있을지도 몰라.

This+be동사

'This'가
be동사와 만나는 경우
– 긍정과 부정

This isn't a good time right now

지금 당장은 좋은 시간이 아냐

Key Point

This is~	디시즈	It, That과 달리 This와 is는 축약되지 않는다.
This is not~	디시즈낫	not을 좀 강조해서 발음한다.
This isn't~	디시즌ㅌ	/t/발음은 거의 들리지 않는다.
This was~	디스워즈	
This was not~	디스워즈낫	
This wasn't~	디스워즌ㅌ	This was no~의 형태로 쓰인다.

Listen carefully and Check it Out!

- This is really important to me.
  뒤에 이어지는 /ə/두개중 하나는 생략

  이건 나한테 굉장히 중요한 일이야.

- This is the best birthday party ever.

  이제까지 이렇게 멋진 생일파티는 없었어.

- This isn't a good time right now.

  지금 당장은 좋은 시간이 아냐.

- This is not a great day for me.
  동음허피현상 /그레잇데이/

  나한테 오늘은 그렇게 좋은 날이 아냐.

- This was the first time seeing him in person.

  걔를 개인적으로 처음 보는 시간이었어.

- This was a huge mistake.

  이건 커다란 실수였어.

- This wasn't supposed to happen yet.

  이건 아직 일어나지 않을 일이었어.

 미드·스크린에서 확인해보기

 The Good Wife

Will: I took you in. No one wanted you. I hired you. I pushed for you.
내가 널 받아줬어. 아무도 널 원하지 않았지. 내가 널 채용했어 그리고 밀어줬지.

Alicia: Will, this is a business decision. 윌. 이건 비즈니스 결정이야.

Is this a bad time?
지금은 안좋은 시간야?

Key Point

Is this~ ?	이즈디스	Is this a~ ?가 되면 /이즈디서/가 된다.
Isn't this~ ?	이즌디스	역시 /t/발음은 거의 들리지 않는다.
Was this~ ?	워즈디스	
Wasn't this~ ?	워즌디스	별로 쓰이지 않는다.

Listen carefully and Check it Out!

- Is this a bad time?   지금은 안좋은 시간야?

- Is this painful for you to talk about?   네가 얘기하는게 고통스러워?

- Is this really necessary?   이게 정말 필요한거야?

- Is this your opinion as a doctor or as a mother?   이 의견은 엄마로서예요 아니면 의사로서예요?

- This is so exciting. Isn't this exciting?   이건 정말 재밌다. 흥미진진하지 않아?
  /t/는 유성음사이에서 /d/나 /r/로 변경돼

- Was this supposed to be a date?   이건 데이트가 되어야 하는거였어?

- Wasn't this supposed to be just a fling, huh?   이건 그냥 불장난이 아니었잖아?
   서로 합의하의 짧은 성관계만남을 뜻한다.

Modern Family

Luke: Mom, can I talk to you?   잠깐 얘기해도 돼?
Claire: Sure, honey. What's going on?   그럼, 무슨 일이야?
Luke: I feel bad about something I did.   제가 한 일 때문에 기분이 안 좋아요.
Claire: Oh, sweetie. Is this about the computer?   얘야, 그거 컴퓨터에 관한거니?

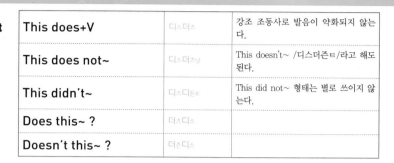

This doesn't make any sense

이건 전혀 말도 안돼

Key Point

This does+V	디스더즈	강조 조동사로 발음이 약화되지 않는다.
This does not~	디스더즈낫	This doesn't~ /디스더즌ㅌ/라고 해도 된다.
This didn't~	디스디든ㅌ	This did not~ 형태는 별로 쓰이지 않는다.
Does this~ ?	더즈디스	
Doesn't this~ ?	더즌디스	

Listen carefully and Check it Out!

- This doesn't make any sense.

  이건 전혀 말도 안돼.

- This does not look good, Peter.

  이건 좋아보이지 않아, 피터.

- This didn't strike you as odd?

  미드빈출어구, as 다음에는 형용사가

  이건 좀 이상하다고 생각되지 않았어?

- I'm sorry this didn't work out.

  미안하지만 이건 잘 되지 못했어.

- This didn't start until an hour ago.

  이건 한 시간 전에야 시작을 했어.

- Does this man look familiar?

  이 남자 얼굴 어디서 본거 같지 않아?

- Does this seem fair to you?

  이게 네게는 공평하게 보여?

미드·스크린에서 확인해보기

Sex and the City

Carrie: Does this mean we're seeing each other again?, Officially?

이게 우리 다시 사귀는 걸 뜻하는거야? 정식으로?

Big: If you say so. 네가 그렇게 생각한다면.

085

This+be going to

'This'가
be going to와
만나는 경우

This is going to **be fun**
이건 재미있을거야

Key Point

This is going to~	디시즈고인투	going은 표기까지 goin'으로 하는 경우도 있다.
This is gonna~	디시즈거너	
This is not going to~	디시즈낫고인투	강조하려면 never를 쓰면 된다.
This is not gonna~	디시즈낫거너	
Is this going to~?	이스디스고인투	
Is this gonna~ ?	이스디스거너	

Listen carefully and Check it Out!

* This is going to **be fun.**

이건 재미있을거야.

* This is going to **take all day.**

이건 하루종일 걸릴거야.

* This is not going to **be pleasant. You ready?**
  Are you ready?에서 Are가 생략된 경우

이건 유쾌하지 않을거야. 준비됐어?

* This is not gonna **change.**

이건 변하지 않을거야.

* This isn't going to **work.**

이건 작동하지 않을거야.

* Is this going to **take long?**

이게 시간이 오래 걸릴까?

* Is this gonna **take much longer?**

이게 시간이 훨씬 더 오래 걸릴까?

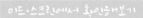 미드·스크린에서 확인해보기

No Strings Attached

Emma: It's gonna be fun. 재미있을거야.

Adam: You know this is never gonna work. 이건 잘 안될거야.

Emma: Why not? 왜 안돼?

Adam: Because clearly you're gonna fall in love with me. 분명히 넌 나를 사랑하게 될거니까.

This won't **take long**

이건 오래걸리지 않을거야

Key Point

This will~	디스윌	will에서 /l/ 발음은 강하게 하지 않는다.
This will not~	디스윌낫	not을 강조한다.
This won't~	디스오운ㅌ	
This would~	디스우드	
This wouldn't~	디스우든ㅌ	
Would this~ ?	우드디스	Will this~?와 더불어 잘 보이지 않는다.

Listen carefully and Check it Out!

- This will only take a moment. | 이건 단지 잠깐이면 될거야.

- This will be an extensive operation. | 이건 큰 수술이 될거야.
  단어 첫모음이 약음이 때는 잘 안들려

- This will not happen again, promise. | 다시는 이런 일 없을거야. 약속해.

- This won't be easy. | 이건 쉽지 않을거야.

- This won't take long. | 이건 오래걸리지 않을거야.

- This would be temporary. | 이건 임시적인 것일거야.

- This wouldn't happen in NewYork. | 뉴욕이라면 이런 일 없었을거야.

미드·스크린에서 확인해보기

Friends

Rachel: I didn't know you could get married here. 네가 여기서 결혼할 줄은 몰랐어.

Monica: This would be a beautiful place to get married. 여기는 결혼하기에 아주 멋진 곳일거야.

This cannot be happening!
이럴 수가 없어!

 Key Point

This can~	디스캔	can은 빨리 발음하면 /캔/으로 발음하지 않는다.
This can't~	디스캔	부정의 can't은 /캔ㅌ/으로 들린다.
This could~	디스쿠드	
This couldn't~	디스쿠든ㅌ	
This could not~	디스쿠드낫	별로 쓰이지 않는다.

Listen carefully and Check it Out!

- This can happen any place, any time.

  언제 어디서나 이런 일이 일어날 수 있어.

- This can wait two minutes.

  2분정도 기다려줄 수 있어.

- This can't be easy for her.

  이건 걔한테 쉽지 않을거야.

- This can't be a coincidence.

  이건 우연의 일치가 아닐거야.

- This cannot be happening!

  이럴 수가 없어!

- This could ruin Cameron's life.

  거창한거지만 ruin하는건 아냐

  이 때문에 카메론의 인생이 망가질 수 있어.

- This could be our chance.

  이건 우리의 기회일 수도 있어.

Me Before You

Will: I get that this could be a good life. but it's not, "My life." It's not even close. You never saw me, before. I loved my life. I've really loved it.

이렇게 사는 것도 괜찮을 수 있겠죠. 하지만 그건 내 인생이 아녜요. 전혀 아니예요. 전에 나의 모습을 본 적이 없잖아요. 난 내 인생을 정말 사랑했어요.

This might be a good time to tell you

너에게 말할 좋은 때인지 모르겠어

Key Point

This should~	디슈드	/s/발음이 중복되어 하나는 생략된다.
This may~	디스메이	
This might~	디스마잇ㅌ	
This must~	디스머슷ㅌ	
This has to~	디스해즈투	has to~는 /해즈터/로 발음된다.

Listen carefully and Check it Out!

- This may **never happen for me.** — 이건 내게는 절대로 일어나지 않을거야.

- This might **come as a shock to you.** — 이건 네게는 충격일지 몰라.
  as a는 /애저/로

- This might **be a good time to tell you.** — 지금이 네게 말할 좋은 때인지 모르겠어.

- This should **be interesting.** — 이건 재미있을거야.
  /n/ 뒤의 /t/는 /n/으로 받음되려고 해

- This shouldn't **take long.** — 이건 시간이 오래 걸리지 않을거야.

- This must **really piss you off.** — 이 때문에 너 정말 열받을거야.

- This has to **be confidential.** — 이거는 비밀이어야 돼.
  -ial의 형용사 어미지만 명사로도 쓰이는 경우

미드·스크린에서 확인해보기

Sex and the City

Charlotte: I am tired of being married to your penis! I am a person! This should be a relationship! 난 당신 페니스와 결혼한게에 지쳤어. 나도 사람이라고. 결혼은 관계이어야 해!

089

That+be 동사

'That'과
be 동사와 만나는 경우
- 긍정과 부정 1

That's **a good point**
맞는 말이야

Key Point

That is~	댓이즈	
That's~	댓스	This와 달리 That은 That is~ 혹은 That's~로 쓸 수 있다.
That's not~	댓스낫	That's~의 부정형으로 가장 많이 쓰인다.
That is not~	댓이즈낫	그 다음으로 많이 쓰이고
That isn't~	댓이즌트	그 다음이 That isn't~이다.

Listen carefully and Check it Out!

- That is **embarrassing.** 당황스럽구만.

- That is **ridiculous.** 말도 안돼.

- That's **a good point.** 맞는 말이야.

- That's **why I did this.** 그래서 내가 이렇게 한거야.
  /디드디스/→/딛디스/

- That isn't **the problem at the moment.** 이건 당장은 문제가 아냐.

- That isn't **what happened.** 일어났던 일은 실제 그렇지 않아.

- That is not **the point.** 그게 포인트가 아냐.

미드·스크린에서 확인해보기   Shameless

Philip: You risked everything, and you didn't even break even.
          누나는 모든 것을 위태롭게 했어 그리고 수지타산도 못 맞추잖아.

Fiona: It was my first time doing this. 이런 일 하는거 처음이잖아.

Philip: That's not **the point.** You made a decision without consulting the rest of
          us. 그게 핵심이 아냐. 누나는 나머지 가족들과 상의없이 결정을 했어.

090

That+be 동사

'That'과
be 동사와 만나는 경우
– 긍정과 부정 2

That's not that **bad**

그렇게 나쁘지 않아

Key Point

That's not that~	댓스낫댓	that 다음에는 형용사가 오는 경우로 that 발음을 원래대로 살려둔다.
That's no~	댓스노	That's no~ 다음에는 명사형이 온다.
That's never~	댓스네버	강하게 부정하는 경우
That's never gonna~	댓스네버거너	

Listen carefully and Check it Out!

- That's not that bad.
  꽤 괜찮았다는 의미

  그건 그렇게 나쁘지 않아.

- That's not that far from here.

  저긴 여기서 그렇게 멀지 않아.

- You know, that's not that long.
  지시형용사로 받음을 약화되지 않아~

  저기, 그건 그렇게 길지 않아.

- That's no reason to break up with him.

  그건 걔와 헤어지는 이유가 안돼.

- That's no excuse.

  그건 변명이 안돼.

- That's never gonna happen.

  그건 절대로 일어나지 않을거야.

- That's never stopped her before.

  그때문에 걔가 절대로 멈춘 적이 없어.

- That's never a good time.

  그때는 절대로 좋은 시간이 아냐.

미드·스크린에서 확인해보기

Breaking Bad

Skyler: You're not some hardened criminal, Walt. You're in over your head. That's what we tell them. That's the truth.

당신은 흉악범은 아니잖아. 월터. 당신이 감당할 범위를 벗어났어. 그렇게 경찰에 말하자. 그게 사실이잖아.

Walter: That is not the truth. 그건 사실이 아니야.

That+be 동사

'That'과
be 동사와 만나는 경우
– 과거와 의문

Is that **what you want?**

그게 네가 원하는거야?

Key Point

That was~	댓워즈	That was a~ 는 /댓워저/로 발음난다.
That was not~	댓워즈낫	That wasn't~라고 해도 된다.
That was no~	댓워즈노	뒤에는 명사가 뒤따른다.
That was never~	댓워즈네버	강조형이다.
Is that~?	이즈댓	Is that a~?는 /이즈대러/가 된다. 부정의문 Isn't that~?은 /이즌댓/이라 한다.
Was that~?	워즈댓	부정의문은 Wasn't that~ ?이라고 하면 된다.

Listen carefully and Check it Out!

- Is that so hard to believe?

- Is that what you're waiting for?

- That was just what I needed.

- No, that was not love. That was just sex.

- That was not a smart thing to say.

- Was that how he touched your life?
  -ch는 무성음으로 -ed는 /t/로 소리

- Wasn't that fun?

믿는게 그렇게 어려워?

그게 바로 네가 기다리던거지?

그건 내가 필요했던거였어.

아니, 그건 사랑이 아냐. 그냥 섹스였어.

그건 말하기에 현명한 일을 아니었어.

걔가 그렇게 내 인생에 영향을 준거였어?

그게 재미있지 않았어?

미드•스크린에서 확인해보기

Modern Family

Claire: Well... Clive, I am just a bored housewife with a dark side and an hour to kill. 클라이브, 난 단지 지루한 전업주부예요. 어두운 이면이 있고 한시간 재미볼 시간이 있어요.

Phil: Is that what I think it is? 그게 내가 생각하는 그건가요?

Claire: It's not a gift card. Or maybe it is. I'll be upstairs, Clive. Don't take too long. 기프트 카드가 아녜요. 혹은 그거일 수도 있죠. 올라가 있을게요. 클라이브, 바로 올라와요.

092

That+do 동사

'That'과
do 동사와 만나는 경우
– 긍정과 부정

That does not change anything

그렇다고 변하는 건 아무것도 없어

Key Point

That does+V	댓더즈	강조 동사로 does는 제대로 발음한다. 과거일 때는 That did+V
That does not~	댓더즈낫	
That doesn't~	댓더즌트	
That did not~	댓디드낫	not을 강조한다.
That didn't~	댓디든트	

Listen carefully and Check it Out!

- That does **sound impossible.** 그건 불가능한 것처럼 들려.

- You're right! That did **cheer me up!** 네 말이 맞아. 그 때문에 내가 기운이 났어!

- That did **happen, right?** 그런 일이 일어났어. 맞지?

- That doesn't **mean they couldn't help.** 그렇다고 걔네들이 도울 수 없다는 건 아냐.

- That doesn't **have anything to do with me.** 그건 나와는 아무런 관계도 없어.

- That does not **change anything.** 그렇다고 변하는 건 아무것도 없어.

- That didn't **look like an accident.** 그건 사고처럼 보이지 않았어.
  /아이컨/으로 연음돼~

미드 · 스크린에서 확인해보기

Friends

Rachel: Ok, I know this is gonna sound really stupid, but I feel that if I can do this, you know, if I can actually do my own laundry, there isn't anything I can't do. 멍청하게 들린다는 거 알고 있지만, 내가 스스로 빨래를 할 수 있다면, 그 어떤 것도 못할 게 없을 것 같아.

Ross: That does not **sound stupid to me.** 내게는 멍청한 소리로 안 들리는데.

Does that **feel okay?**

그거 괜찮아?

Key Point

Does that~?	더즈댓	
Doesn't that~ ?	더즌댓	부정의문형
Did that~?	디드댓	
Didn't that~ ?	디든댓	/든/은 빨리 읽으면 /른/처럼 들린다.

Listen carefully and Check it Out!

- Does that smell bother you?

  그 냄새 때문에 거슬려?

- Does that mean Jane is available?

  제인이 시간이 된다는 말야?

- Does that sound like a consultation?

  협의가 된 것처럼 들리지?

- Doesn't that require specialized training?

  특화된 훈련이 필요하지 않을
  까?

  유성음+ed는 /d/발음이 나

- Did that sound okay to you?

  너한테는 괜찮은 것으로 들렸
  어?

- Did that mean nothing?

  그게 아무런 의미도 없었어?

- Didn't that warn you?

  그게 네게 경고를 한게 아니
  었어?

미드·스크린에서 확인해보기

Friends

Emily: Ross umm, there's something that I've got to tell you, there's-there's someone else. 로스, 너에게 해야 할 말이 있어. 다른 사람이 있거든.

Ross: Does that mean the same thing in England as it does in America?
그 말은 영국에서도 미국에서의 의미와 같은거야?

094

That+be going to

'That'과
be going to~와
만나는 경우

That's not gonna
happen

그럴 일은 없을거야

Key Point

That's going to~	댓스고인투	
That's gonna~	댓스거너	부정은 That was gonna~라 한다.
That's not going to~	댓스낫고인투	
That's not gonna~	댓스낫거너	빨리 읽을 경우로 표기까지 하는 경우도 있다.
Is that going to~?	이즈댓고인투	부정형 Isn't that going to~?는 별로 쓰이지 않는다.
Is that gonna~?	이즈댓거너	

Listen carefully and Check it Out!

- That's going to **be tough.**

  그건 좀 어려울거야.

- That's gonna **take all night.**

  그건 밤새 시간이 걸릴거야.

- That's not going to **help.**

  그건 도움이 되지 않을거야.

- That's not gonna **happen.**

  그런 일은 일어나지 않을거야.

- That's not gonna **be good enough!**

  그건 충분하지 않을거야!

- Is that going to **be a problem?**

  그게 문제가 될까?

- Is that going to **take long?**

  그게 시간이 오래걸릴까?

미드·스크린에서 확인해보기   CSI

Roy Logan:	Is that going to **take long?** 시간이 오래 걸리나요?
Teller:	**I'll be right back.** 바로 올게요.

That won't be necessary

그럴 필요는 없을거야

Key Point

That will~	댓윌	
That will not~	댓윌낫	강조하려면 That will never~라 한다.
That won't~	댓오운트	will not의 축약형은 won't이다.
That would~	댓우드	
That wouldn't~	댓우든트	

Listen carefully and Check it Out!

- That will not be forgotten.

  잊지 않을게.

- That will tell you a lot about their relationship.

  그게 너한데 걔네들의 관계에 대해 많은 것을 말해줄거야.

- That won't go with this dress though.

  그래도 그건 이 옷과 어울리지 않을거야.

- That won't be necessary.

  그럴 필요가 없을거야.

- That would certainly make me happy.

  /-톤/이 아니라 /-읔/으로 들려

  그때문에 나는 분명 행복해질 거야.

- That would be great. Thank you.

  그러면 좋을거야. 고마워.

- That would never happen.

  절대로 그런 일 없을거야.

미드·스크린에서 확인해보기   Friends

Waitress: Here's your check. That'll be $4.12. 계산해주세요. 4달러 12센트입니다.

Joey: Let me get that. (to Chandler) You got five bucks?

내가 계산할게요. (챈들러에게) 5달러 좀 빌려줄래?

096

That+can

'That'과
can이 만나는 경우

That can't be right

그럴 리가 없어

Key Point

That can~	댓캔	대표문장은 That can wait.
That can't~	댓캔ㅌ	대표문장은 That can't wait.
That could~	댓쿠드	
That could not~	댓쿠드낫	
That couldn't~	댓쿠든ㅌ	

Listen carefully and Check it Out!

- That can **be arranged**.
  유성음+ed는 /d/발음

  그럼 그렇게 해줄게.

- That can **be a turn on**.
  동사구 turn on이 붙이지도 않고 명사로 쓰인 경우

  그건 흥분이 될 수 있어.

- What? That can't **be right**.

  뭐라고? 그럴 리가 없어.

- That can't **be good for her**

  그게 걔한테 좋을 리가 없어.

- That could **take hours**.

  그건 여러시간이 걸릴 수도 있어.

- That couldn't **have been easy**.

  그건 그렇게 쉽지 않을거야.

- That could **explain the excessive blood loss**.
  단어 첫소리가 약모임인 경우는 소리가 거의 안들려

  그건 과다출혈의 설명이 될 수 있을거야.

미드·스크린에서 확인해보기   **Desperate Housewives**

Susan: I can't believe it. This can't be happening. Mike can't like Edie better than me, He just can't!
믿을 수가 없어. 이럴 수가 없어. 마이크가 나보다 더 이디를 좋아할 리가 없어. 그럴 리가 없다고!

Julie: You don't know what's going on. Maybe they're just having dinner.
무슨 일인지 모르잖아. 그냥 저녁 먹는 것일 수도 있잖아.

097

That+기타 조동사

'That'과
기타 조동사들이
만나는 경우

That may be difficult

그건 어려울지도 몰라

Key Point

That should~	댓슈ㄷ	/d/ 발음은 약하게 한다.
That may~	댓메이	
That might~	댓마잇ㅌ	/t/ 발음 역시 약하게 하면 된다.
That must~	댓머슷ㅌ	
That has to~	댓해즈투	

Listen carefully and Check it Out!

- That may **be difficult.**

  그건 어려울지도 몰라.

- That may **be true for you.**

  그건 너한테는 어려울 수도 있어.

- That should **be a crime.**

  그것은 범죄일거야.

- That should <u>get her to talk.</u>

  사역동사처럼 쓰이는 경우

  그 때문에 걔가 입을 열 수도 있어.

- That shouldn't **be a problem.**

  그건 문제가 되지 않을거야.

- That must **be why I got fired last week!**

  바로 그래서 내가 지난주에 잘렸을지도 몰라.

- That must **feel really great.**

  저거 기분이 정말 좋을 것 같아.

미드·스크린에서 확인해보기

Desperate Housewives

Susan: Edie! Edie, why can't I go out with him? 에디, 난 왜 그와 데이트를 못하는거야?

Edie: Because I saw him first. 내가 먼저 봤잖아.

Susan: Come on, that's a really 3rd-grade thing to say. 그러지 말라고, 정말 유치한 말이네.

Edie: Look, you asked my permission, I said no. That should **be the end of it!**

이것 봐, 넌 내게 허락을 구했고 난 거절했어. 더 이상 말마!

098

Here~
Here로 시작하는 문장

Here's **your change**
여기 잔돈 있어요

Key Point

Here is~	히어이즈	축약하여 Here's~라고 한다.
Here are~	히어아	
Here comes~	히어컴즈	
Here's something~	히어즈섬씽	

Listen carefully and Check it Out!

- Here is my card. Call anytime you want.

  여기 명함요. 언제든지 전화하세요.

- Here's your change.

  명사로 '잔돈'이란 의미

  여기 잔돈 있어요.

- Here's my gift to you.

  여기 네 선물이야.

- Here we go. Here's your seat.

  여기 있다. 여기가 네 자리야.

- Here are the results of my research.

  여기 내 조사결과야.

- Here are the numbers you wanted.

  여기 네가 원했던 숫자들이야.

- Here comes the bride.

  이제 신부입장이야.

미드·스크린에서 확인해보기

Desperate Housewives

Mrs. McCluskey: Well, here's a surprise for you... I quit. 저기, 깜짝 선물이야... 나 그만뒀어.

Lynette: What? What? Why? Why? What happened?

뭐라구요? 왜요? 무슨 일인데요?

Mrs. McCluskey: Five kids are tough enough, but your husband makes six. And that's where I draw the line.

아이 다섯도 아주 힘든 일인데, 자네 남편까지 합하면 여섯이야. 그리고 여기까지가 내 한계야.

099
There~

There로
시작하는 문장 – 1

There are no jobs for me
나를 위한 일자리는 없어

Key Point

There is~	데어이즈	축약하여 There's~로 쓴다.
There are~	데어아	축약하며 There're~로 쓴다.
There is not~	데어이즈낫	줄여서 There isn't~라고도 한다.
There is no~	데어이즈노	no 다음에는 명사가 온다.
There aren't~	데어안ㅌ	뒤에 any가 이어지는 경우가 많다.
There are no~	데어아노	

Listen carefully and Check it Out!

- There is not <u>unlimited</u> love in the world. It's rare.
  /t, d/+ed는 /id/로 받음해

  무한한 사랑은 이세상에 없어. 희귀하지.

- There is my studio, and here's my house.

  내 작업실이 있고 여기는 내 집이야.

- There's your father. <u>Go have fun.</u>
  낯선 두 있으나 go+V는 go and V나 go to V로 보면 돼

  저기 내 아빠다. 가서 재밌게 놀아.

- There are naked ladies there too.

  거기에는 나체 여자들도 있어.

- There're two women that live at that house.

  두 명의 여자가 저 집에서 살고 있어.

- There is no future for you and Chris.

  너와 크리스에게는 미래가 없어.

- There are no jobs. There are no jobs for me.

  일자리가 없어. 나를 위한 일자리가 없어.

 미드·스크린에서 확인해보기

 Game of Thrones

Stark: I've made many mistakes in my life, but that wasn't one of them.

살면서 많은 실수를 했지만. 하지만 그건 나의 실수가 아니었습니다.

Cersei: But it was. When you play the Game of Thrones, you win or you die. There is no middle ground.

그건 실수 맞아요. 왕좌의 게임을 할 때는 승리하거나 아니면 죽음뿐이예요. 그 중간은 없어요.

There's nothing you can do

네가 할 수 있는게 없어

Key Point

There's a way~	데어져웨어	…하는 방법이 있다.
There's no way~	데어즈노웨이	…하는 방법이 없다, …일리가 없다
There comes~	데어컴즈	
There's something~	데어즈섬씽	
There's nothing~	데어즈낫씽	

Listen carefully and Check it Out!

- There comes a moment when it's more than just a game.

  단순히 게임이라고 할 수 없는 순간들도 있어.

- There's something I want to say before we're done here.

  우리가 여기서 끝내기 전에 말하고 싶은게 있어.

- There's something you don't know.

  네가 모르는게 있어.

- No anything. There's nothing going on.

  아무것도 없어. 아무일도 없어.

- There's nothing you can do.

  네가 할 수 있는게 없어.

- There's no way you didn't know that.

  네가 그것을 모를 리가 없어.

- There's a way that we can work this out together.

  우리가 이걸 함께 해결할 방법이 있어.

미드・스크린에서 확인해보기

Desperate Housewives

Paul: What are you doing here? 여긴 무슨 일이예요?

Mike: There's something I need to talk to you about. It's important.
뭔가 얘기할게 있어서요. 중요한 일입니다.

101
There~

There로
시작하는 문장 - 3

There're people waiting
사람들이 기다리고 있어

Key Point

There's A ~ing	의미는 A가 …하고 있다.
There are A ~ing	동일한 의미이나 A가 복수일 경우
There's A S+V	S+V의 관계사절이 A를 수식하는 경우
There are A S+V	A가 복수일 경우
There's difference between~	차이점이 있다고 말할 때 쓰는 전형적인 표현

Listen carefully and Check it Out!

- There's difference between lust and love.

  욕망과 사랑 사이에는 차이가 있어.

- There's a better world waiting for us.

  not/베러/,but/벤러/

  더 나은 세상이 우리를 기다리고 있어.

- Hurry up. There're people waiting.

  서둘러. 사람들이 기다리고 있어.

- There's someone I want you to say hi to.

  내가 너한테 소개해주고 싶은 사람이 있어.

- Well there's not much we can do.

  우리가 할 수 있는 일은 그리 많지 않아.

- There are so many things that she disapproves of!

  걔가 못마땅해하는 많은 일들이 있어.

- There are many things I can tell him about you.

  걔한테 네 얘기해줄게 많아.

미드•스크린에서 확인해보기

Game of Thrones

Highsparrow: There are those that say your children were not fathered by King Robert, that they are bastards born of incest and adultery.

왕후의 자식들이 로버트 왕의 자식이 아니라 근친과 부정을 통해서 나은 사생아라고 말하는 사람들이 있습니다.

Cersei: A lie. 거짓입니다.

102

have+pp

'I'와
have+pp의 만남
– 긍정

I've been texting you all day

하루종일 네게 문자보냈는데

Key Point

I have+pp~	아해브	have가 본동사로 사용될 때는 /해브/이지만 조동사일 때는 /어브/로 약화된다.
I've+pp	아이브	I have~가 축약된 경우
I've been+pp	아브빈	현재완료 수동태형
I've been+~ing	아브빈	현재완료 진행형

Listen carefully and Check it Out!

- I have signed **hundreds of search warrants.**
  복수가 되고 어가 붙으면 '있음~'

  난 수많은 수색영장에 사인을 해왔어.

- I've decided **to break up with Betty.**

  난 베티와 헤어지기로 했어.

- I've waited **a long time for someone to listen.**

  누가 얘기를 들어주기를 오랜 동안 기다렸어.

- I've already been **blown up twice, Tony.**

  토니, 난 벌써 두번이나 바람 맞았다고.

- I have been working **at that store for five years.**

  난 그 가게에서 5년간 일을 해왔어.

- I've been trying **to get ahold of Lily.**
  띄어써서 get a hold 이라고 해도 돼

  난 릴리와 연락을 취하려고 하고 있어.

- Are you okay? I've been texting **you all day.**
  명사는 거의 동사로 만들 수 있어

  괜찮아? 하루종일 문자보냈는데.

미드·스크린에서 확인해보기

Sex and the City

Melissa: Hi, love your column, never miss it. 안녕하세요. 당신이 쓴 칼럼 좋아해요. 절대 놓치지 않죠.

Carrie: Oh, wow, thanks. 와우. 고마워요.

Melissa: I've been trying to call you. You still have my passport.
안그래도 전화하려고 했어. 아직 내 여권을 갖고 있잖아.

Big: She's a friend I once traveled with. 예전에 한번 함께 여행을 한 친구야.

I have never seen her before

전에 걔를 본 적이 없어

Key Point

I have not+pp	아이해브낫	I have+pp의 부정형
I've not+pp	아이브낫	역시 부정형이지만 have가 주어와 축약된 경우
I haven't+pp	아해븐트	haven't에서 /t/발음은 약화되어 거의 들리지 않는다.
I have never+pp	아이해브네버	I have not~의 강조형
I've never+pp	아이브네버	

Listen carefully and Check it Out!

- I haven't told my friends we're seeing each other.

  each other과 one another의 차이는 없어

  우리는 서로 사귄다는 이야기를 친구들에게 안했어.

- I haven't slept with him yet.

  난 걔하고 아직 잠자리를 하지 않았어.

- I have not stopped thinking about you since the party.

  난 파티 이후에 네 생각을 멈출 수가 없었어.

- I have not been sick in over three years!

  난 지난 3년동안 아프지 않았어.

- I have never seen her before.

  난 전에 걔를 본 적이 없어.

- I've never even seen you take a drink.

  see sb V의 지각동사구문

  난 네가 술 한 잔 마시는 것도 못봤어.

- I've never seen a dead body before.

  난 전에 죽은 시체를 본적이 없어.

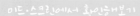

이드 · 스크린에서 확인해보기

Sex and the City

Big: Well, I know I haven't been your favorite over the few years.

지난 몇 년간 날 좋게 보지 않은 걸 알고 있어요.

Charlotte: I wouldn't say that. 그렇지 않은 걸요.

Samantha: I would. 난 그렇게 생각해요.

104
have+pp

'I'와
have+pp의 만남
– 의문과 과거

I had never seen him before

난 전에 걔를 본 적이 전혀 없었어

Key Point

Have I~ ?	해바이	부정형은 Haven't I~ ? /해븐아이/로 들린다.
I had+pp	아이해드	축약형 I'd+pp는 /아드/로 발음되며 뒤에 오는 pp로 축약된 것이 had임을 파악한다.
I had not+pp	아이해드낫	I hadn't+pp의 경우 hadn't는 /해튼/으로 들린다.
I had never+pp	아해드네버	I'd never+pp라고 해도 된다.

Listen carefully and Check it Out!

- Have I been living with him for too long?

  내가 너무 오랫동안 걔와 살아온걸까?

- Have I become a burden? Is that what you're saying?

  내가 부담이 된거야? 네 말이 그런 뜻이야?

- I had planned to ask him to move out.

  반대는 move in, 동거하다는 move in with

  난 걔한 방을 빼라고 부탁할 생각이었어.

- I'd expected more from you.

  난 네게서 더 많은 것을 기대했는데.

- I had not considered that.

  난 그걸 고려하지 않았어.

- I hadn't talked to her in a while.

  난 한동안 걔하고 얘기를 나누지 않았었어.

- I hadn't decided what to do about it yet.

  아직 그것에 대해 어떻게 해야할지 결정을 못내렸어.

미드·스크린에서 확인해보기

CSI

Catherine: We found fifty Xanax in Tony's stomach. 토니의 위에서 재낙스 50알을 발견했어.

Janine: Don't pin that on me. I'd left. 나한테 뒤집어 씌우지마요. 난 이미 나갔다구요.

Catherine: I'll tell you what you left -- your fingerprints all over the prescription bottle. 당신이 남기고 간 것을 말해주지. 조제약병에 곳곳에 당신 지문이 묻어 있어.

We haven't decided anything yet

우리 아직 아무것도 결정하지 않았어

 Key Point

We have+pp~	위해브	We've+pp는 축약형으로 /위브/로 발음된다.
We've been+pp	위브빈	현재완료 수동태형. We've been+~ing /위빈/은 현재완료 진행형
We have not+pp	위해브낫	We have+pp의 부정형
We've not+pp	위브낫	역시 부정형이지만 have가 주어와 축약된 경우
We haven't+pp	위해븐ㅌ	haven't에서 /t/발음은 약화되어 거의 들리지 않는다.

Listen carefully and Check it Out!

- We have decided to just go sit at the table.

  우리는 그냥 가서 테이블에 앉기로 했어.

- We have waited so long for this.

  우리는 오랫동안 이것을 기다렸어.

- We've called your boss three times already.

  call다음에 바로 전화거는 사람이나 기관이 나와~

  우리는 벌써 3번이나 네 사장에게 전화했어.

- We have decided to crush your dreams.

  우린 네 꿈을 망가뜨리기로 했어.

- We've been fighting about this all week

  우린 한 주 내내 이 문제로 싸웠어.

- We haven't decided anything yet.

  우린 아직 아무것도 결정하지 않았어.

- We haven't thought about that stuff.

  그거에 대해 생각해본 적이 없어.

미드·스크린에서 확인해보기   **Breaking Bad**

Walter: I have not been working this hard just to sell out.

이렇게 처분하려고 지금까지 그렇게 열심히 일한 것이 아니다.

Jesse: It's not selling out.   그냥 처분하는게 아니잖아요.

Walter: Yes, it is, Jesse. We have suffered and bled, literally, for this business.
And I will not throw it away for nothing. 이 사업에 고생하고 피흘렸기 때문에, 거저 처분할 수는 없어.

106

have+pp

'We'와
have+pp의 만남
– 의문과 과거

Have we met before?

우리 전에 만난 적 있나요?

Key Point

Have we~ ?	해브위	부정형은 Haven't we~ ? /해븐위/로 들린다.
We had+pp	위해드	축약형 We'd+pp는 /위드/로 발음되며 뒤에 오는 pp를 근거로 축약된 것이 had임을 파악한다.
We had not+pp	위해드낫	We hadn't+pp의 경우 hadn't는 /해른/으로 들린다.
We had never+pp	위해드네버	We'd never+pp라고 해도 된다.

Listen carefully and Check it Out!

• Have we met before?

우리 전에 만난 적 있나요?

• Have we done something wrong?

<u>long</u>과 받음구별해야~

우리가 뭐 잘못한거야?

• We'd landed in Milan minutes ago.

우리는 조금 전에 밀란에 도착했었다.

• We hadn't actually discussed the detail.

우리는 실제로 자세한 얘기는 하지 않았다.

• We hadn't had sex for eight months.

우리는 8개월동안 섹스를 하지 않았어요.

• We hadn't heard from her in months.

우리는 그녀로부터 수개월동안 연락을 듣지 못했어.

• How long have we worked together?

우리는 얼마나 오래 함께 일한거지?

미드•스크린에서 확인해보기

Sex and the City

Carrie: Have we met? 우리 만난 적 있나요?

Stephan: No, I've seen your column. 아뇨, 당신 칼럼을 봤어요.

You've **only had sex with me?**

넌 나하고만 섹스를 했어?

Key Point

You have+pp	유해브	
You've+pp	유브	You have+pp의 축약형
You've been+pp	유브빈	현재완료 수동태
You've been+~ing	유브빈	현재완료 진행형

Listen carefully and Check it Out!

- You have **destroyed** my ability to tolerate idiots.
  destroy와 ruin을 너무 거창한 단어로 생각하면 안돼

  바보들을 인내하는 내 능력을 네가 망가트렸어.

- You've **only had sex with me?**

  넌 나하고만 섹스를 했어?

- You've **lived in this house for 4 years, correct?**

  넌 이집에서 4년간 살았어, 맞지?

- You've been **retired for nearly 10 years.**

  넌 거의 퇴직한지 10년 됐어.

- You've been **informed of your rights, Pred?**

  프레드, 넌 네 권리를 통지받았지?

- You've been **sneaking out in the middle of the night?**
  middle은 /미들/로 들려

  넌 밤중에 몰래 빠져나갔어?

- You've been **having an affair with your dad's junior partner.**
  역시 빗오음이 약음인 경우 거의 안들려.

  넌 네 아빠의 젊은 파트너와 바람을 피고 있어.

Sex and the City

Miranda: So, Robert, you're a doctor for the Knicks? 그래요, 로버트, 닉스 팀 주치의라고요?

Robert: Yeah. Guilty as charged. 예, 맞습니다.

Miranda: Hey, you've **had a great season.** 이번 시즌에 잘했잖아요.

108
have+pp

'You'와
have+pp의 만남
– 부정

You have not changed!
넌 변하지 않았어!

Key Point

You have not+pp	유해브낫	
You haven't+pp	유해븐트	
You have never+pp	유해브네버	부정강조형
You've never+pp	유브네버	

- You have not changed! — 넌 변하지 않았어!

- You haven't even seen the bedroom yet. — 넌 아직 침실을 보지 못했어.

- You haven't returned any of my calls. — 넌 내가 전화해도 전혀 다시 전화해주지 않았어.
  call을 return하는 것은 온받은 전화에 전화하는 것

- You haven't told these people I'm gay? — 내가 게이라고 이 사람들에게 말하지 않았지?

- You have never asked me for anything. — 넌 내게 아무것도 요구하지 않았어.

- You've never seen me act this way? — 넌 내가 이런 식으로 행동하는 걸 본 적이 없지?

- You've never been in love, have you? — 넌 사람을 해본 적이 없어, 그지?

 미드·스크린에서 확인해보기

Desperate Housewives

Tom: God, you look fantastic. You haven't aged a day.
맙소사, 너 멋져 보인다. 하나도 안늙었네.

Bill Brown: Hey, right back at ya. 너도 마찬가지야.

Tom: Liar. You didn't even recognize me. 거짓말. 날 알아보지도 못했으면서.

Have you lost your mind?

너 정신나갔어?

Key Point

Have you+pp~ ?	해뷰	
Have you ever+pp~ ?	해뷰에버	Have you+pp~?의 강조형
Haven't you+pp~?	해븐츄	/t/가 you와 연음된 경우
Have you been~?	해뷰빈	pp자리에 been이 온 경우
Have you seen~ ?	해뷰신	pp자리에 seen이 온 경우
Have you heard~ ?	해뷰허드	pp자리에 heard가 온 경우

Listen carefully and Check it Out!

- Have you called a lawyer yet?

  변호사 불렀어?

- Have you lost your mind?

  너 정신나갔어?

- Haven't you heard? Charlotte's a lesbian.

  얘기 못들었어? 샬롯은 레스비언이야.

- Have you been here all night?

  너 밤새 여기 있었어?

- Have you been working out?

  특히 gym같은데서 운동하는 것을 뜻함.

  넌 운동하고 있어?

- Have you been thinking about me?

  내 생각해본 적 있어?

- Have you seen Jenny? I need to find her.

  제니 봤어? 걔를 찾아야 돼.

 미드·스크린에서 확인해보기

Game of Thrones

Baelish: I've loved you since I was a boy. It seems to me that fate has given us this chance.   어렸을 때부터 당신을 사랑했어요. 내게 운명이 이 기회를 준 것 같아요.

Catelyn: Have you lost your mind? Get out!   당신 미쳤어요? 나가요!

110
have+pp

'You'와
have+pp의 만남
– 과거

You hadn't even met him

넌 걔를 만나지조차 못했어

Key Point

You had+pp	유해드	
You'd+pp	유드	You'd~ 다음에 동사원형이 오면 'd 는 had가 아니라 would이다.
You hadn't+pp	유해든트	You had not+pp은 거의 쓰이지 않는다.

Listen carefully and Check it Out!

- You had mentioned a psychosis.

  넌 정신이상을 언급했었어.

- You'd influenced their people before.

  넌 전에 그 사람들에게 영향을 줬어.

- You hadn't identified the liquid?

  넌 그 액체의 정체를 밝히지 못했었지?

- You hadn't even met him.

  넌 걔를 만나지조차 못했었어.

- You hadn't been in solitary since you got here.

  got+장소명사나 부사는 '...에 도착하다'

  넌 내가 여기 온 이후로 고독하지 않았어.

- You hadn't seen this guy before?

  전에 이 사람을 본 적이 있었어?

- What would you have done if you had failed?

  네가 실패했다면 넌 어떻게 했겠어?

미드·스크린에서 확인해보기

Game of Thrones

Varys: When you look at me do you see a hero? What madness led you to tell the Queen you had learned the truth about Joffrey's birth?

저를 보시면서 영웅이라고 생각하십니까? 어떤 미친 생각으로 조프리의 출생에 대해 진실을 안다고 왕비에게 말하게 된 것입니까?

111

have+pp

'(S)He'와
have+pp의 만남
– 긍정과 부정

She has changed her clothes

갠 옷을 갈아 입었어

Key Point

He has+pp	히해즈	축약하면 He's+pp /히즈/가 된다.
He hasn't+pp	히해즌트	
She has+pp	쉬해즈	축약하면 She's+pp /쉬즈/가 된다.
She hasn't+pp	쉬해즌트	

Listen carefully and Check it Out!

- She has promised not to drink again.

  개는 다시는 술을 마시지 않 겠다고 약속했어.

- He has agreed to let me help on the case.

  약한음 /d/와 기능어 /to/의 만남을 /어그리트/로

  개는 그 사건에서 나를 돕겠 다고 동의했어.

- She's eleven. She hasn't reached puberty.

  개는 열한살이야. 아직 사춘기 가 오지 않았어.

- She has not come. Should I call her again?

  개는 오지 않았어. 전화를 다 시 해야 할까?

- All I have to say is that she has lied before.

  내가 말할 수 있는건 개가 전 에도 거짓말했다는거야.

- She has changed her clothes.

  갠 옷을 갈아 입었어.

- He has gone outside to smoke.

  갠 담배피려고 밖으로 나갔어.

미드·스크린에서 확인해보기

Desperate Housewives

Carlos: Hey, who you spying on? 누굴 엿보고 있는거야?

Edie: Lynette. She hasn't returned my last two phone calls. I think something's up. 르넷. 두번이나 전화했는데 씹더라고. 무슨 일이 있는 것 같아.

Carlos: She's probably just busy. 아마도 바쁘겠지.

112
have+pp

'(S)He'와
have+pp의 만남
— 의문

Has she said anything about me?

걔가 나에 대해 뭐라고 한게 있어?

Key Point

Has he+pp~ ?	해ㅈ히	
Has she+pp~ ?	해ㅈ쉬	
Hasn't he+pp~ ?	해ㅈ니	
Hasn't she+pp~ ?	해ㅅ쉬	

Listen carefully and Check it Out!

- Has she **said anything about me?** 걔가 나에 대해 뭐라고 한게 있어?

- Has she **waived her rights?** 걔가 자기 권리를 포기했어?

- Has he **contacted family?** 걔가 가족에게 연락을 했어?

- Has he **ever been arrested?** 걔가 체포된 적이 있어?
  /ə/는 약화되어 /애스티트/로 들려

- Hasn't she **been through enough?** 걔가 충분히 겪을만큼 겪지 않았어?

- Has he **come out of his room today?** 걔가 오늘 자기 방에서 나왔어?

- Has she **said what she's gonna do?** 걔가 앞으로 뭘할건기 말한 적 있어?

미드·스크린에서 확인해보기

Desperate Housewives

Zach: I know that I messed up her life but I didn't mean to. I really miss her out here. I think about her all the time.
제가 걔의 삶을 혼란스럽게 한 걸 알아요. 하지만 그럴려고 그런 건 아네요. 정말 보고 싶어요. 걔 생각만 하고 있어요.

Susan: Yeah, well, Julie's a really special girl. 그래. 줄리는 특별한 아이야.

Zach: Has she **said anything about me?** 걔가 저에 대해 뭐 얘기한게 있나요?

113
have+pp

'(S)He'와
have+pp의 만남
— 과거완료

She hadn't slept in three days

개는 3일 동안 잠을 자지 못했어

Key Point

He had+pp	히해드	
He'd+pp	히드	
She had+pp	쉬해드	
She'd+pp	쉬드	
He hadn't+pp	히해든ㅌ	과거완료 부정형이다.
She hadn't+pp	쉬해든ㅌ	과거완료 부정형이다.

Listen carefully and Check it Out!

- He had died in 1976.

- She hadn't gained more than 10 pounds.

- She hadn't slept in three days.

- He hadn't seen me naked in a long time.

- What would you have done if he had fought you?

- She had decided all men were assholes.

- I mean, in my mind he had never aged.

  age가 동사로 쓰인 경우

개는 1976년에 사망했어.

개는 10파운드 이상 살이 쪘었어.

개는 3일동안 잠을 자지 못했었어.

개는 내가 벗은 몸을 오랫동안 보지 못했었어.

개가 너와 싸웠다면 어떻게 했겠어?

갠 모든 남자는 멍청하다고 단정지었어.

내말은, 내 맘속에 갠 절대 늙지 않았어.

미드·스크린에서 확인해보기

Sex and the City

Carrie: Charlotte was faking it. She'd realized two days ago, while she had no problem faking orgasm, she could never fake intimacy.

샬롯은 거짓으로 했어. 그녀는 거짓 오르가즘을 하는데 거침없던 이틀전 그녀는 깨달았다. 친근함을 거짓으로 꾸밀 수는 없다는 것을.

They've agreed to talk to you

'They'와 have+pp의 만남

개네들은 너와 얘기하는거에 찬성했어

Key Point

They have+pp	데이해브	
They've+pp	데이브	They have+pp의 축약형이다.
They haven't+pp	데이해븐트	
Have they+pp~ ?	해브데이	

Listen carefully and Check it Out!

- They have offered me two years if I testify against you.

  내가 너에 대한 불리한 증언을 하면 2년 살게 하겠다고 제의했어.

- They've agreed to talk to you.

  개네들은 네게 얘기하는 것에 찬성했어.

- They've moved 3 times since his mother died.

  개네들은 엄마가 사망한 후 3번 이사했어.

- They haven't even slept together yet.

  개네들은 아직 잠조차 자지 못했어.

- Did you hear what they have planned?

  개네들이 뭘 계획했는지 들었어?

- Up to now, they have lived next door.
  /넥스도어/

  지금까지, 개네들은 옆집에서 살았어.

- They have agreed to these interviews?
  /어그리투/로 들려

  개네들이 이 면담에 동의했어?

미드·스크린에서 확인해보기   **Desperate Housewives**

Bree: Have they rung up your prescription yet? 당신 처방약 계산됐어?

Rex: No, they're getting it right now. 아니, 지금 할거야.

It has crossed my mind

그게 생각이 났어

 Key Point

It has+pp	잇해즈	축약하면 It's+pp가 된다.
It hasn't+pp	잇해즌ㅌ	긍정의문형은 Has it+pp~ ? /해짓/
This has+pp	디스해즈	연음현상
This hasn't+pp	디스해즌ㅌ	긍정의문형은 Has this (ever)+pp~ ?
That has+pp	대해즈	축약하면 That's+pp가 된다.
That hasn't+pp	댓해즌ㅌ	긍정의문형은 Has that (ever)+pp~ ?

Listen carefully and Check it Out!

- That has always been true. 그건 언제나 사실이었어.
  /소유/ 너의 부을~

- We also found the gun. It hasn't been cleaned. 우린 총도 발견했는데 깨끗이 닦여지지 않은거였어.

- Look at the blood, it hasn't dried yet. 피를 봐봐, 아직 마르지도 않았어.

- We're engaged. That hasn't changed. 우리는 약혼을 했는데 달라지는게 없었어.

- Has that ever occurred to you? 이런 일이 처음이야?

- Yes. It has crossed my mind. 맞아. 그게 생각이 났어.

- It hasn't been easy. 쉽지 않았어.

미드·스크린에서 확인해보기

Modern Family

Gloria: It's okay. I got this. Claire, follow my lead, okay?
괜찮아. 내가 알아서 할게. 클레어. 날 따라해. 알았지?

Claire: Okay. Okay. Wow. Okay. Thank you. 그래요. 와우. 고마워요.

Gloria: It has happened to me before. 내가 전에 이런 적이 있었어.

Phil: That was impressive. 인상적인데요.

I should've **told you the truth**

너에게 진실을 말했어야 했는데

Key Point	can't have+pp	캔트브	과거의 일에 대한 부정적인 추측으로 "…였을 [했을] 리가 없어"라는 의미
	could have+pp	쿠더브	"…할 수도 있었다"라는 의미로 could've+pp 로 축약되기도 한다.
	couldn't have+pp	쿠든해브	
	should have+pp	슈더브	과거의 후회로 "…을 했어야 했는데 하지 못했다"라는 의미
	shouldn't have+pp	슈든해브	과거의 후회로 "…을 하지 말았어야 했는데 해 버렸다"라는 의미

Listen carefully and Check it Out!

- He can't have <u>gotten far.</u>
  get far는 멀리까지 가다, gotten은 /가튼/

- You could have gone home.

- I could've done a better job if I had more light.

- I couldn't have done it without you.

- You're right. I'm sorry. I should've told you.

- I should've told you the truth.

- I should've never <u>gone to Boston.</u>
   have gone to, have been to는 꼭 구분없이 쓰여

개가 그렇게 멀리 갔을 리가 없어.

너는 집에 갔을 수도 있었어.

불빛이 더 있었다면 난 잘할 수 있었을거야.

너없이는 난 그걸 할 수 없었을거야.

네 말이 맞아. 미안. 내가 네게 말했어야 했는데.

너한테 진실을 말했어야 했는데.

내가 보스톤에 가지 말았어야 했는데.

미드·스크린에서 확인해보기   **Desperate Housewives**

Orson: Alma miscarried a month after the wedding. I was trapped.
앨마는 결혼 한달 후에 유산했어. 난 덫에 걸린 셈이지.

Bree: Well, you could've left her. 앨마를 떠날 수도 있었잖아.

Orson: Mother wouldn't hear of it. Divorce is a sin. 엄마가 들으려 하지 않았어. 이혼은 죄라고.

I wouldn't have **tried to stop you**

널 막으려고 하지 않았을텐데

Key Point

must have+pp	머스ㅌ해브	과거 추측으로 틀림없이 "…을 했을거야"라는 뜻
mustn't have+pp	머슨ㅌ해브	…하지 않았음에 틀림없어"라는 의미이다.
would have+pp	우ㄷ브 or 우ㅂ	과거에 "…했었을텐데"라는 의미
wouldn't have+pp	우든ㅌ해브	"…하지 않았을텐데"라는 의미로 /우든어브/에서 연음된 것
may have+pp	메이해브	과거 사실에 대한 추측으로 "…이었을지 몰라"라는 의미
might have+pp	마잇해브	

Listen carefully and Check it Out!

- She must've **thought** suicide was the only option.

  갠 틀림없이 자살만이 유일한 길이라고 생각했을거야.

- You must not have **heard** me. I said stop.

  내말을 듣지 못한게 틀림없어. 그만두라고 했어.

- I would have **offered** it to you.

  난 네게 그걸 제안했었을텐데.

- I wouldn't have **hired** him if he wasn't smart.

  걔가 똑똑하지 않았다면 고용하지 않았을거야.

- It turns out I may have **wasted** your time.

  내가 네 시간을 낭비했을 수도 몰라.

- I may have **been** a strict father, but I never lied.

  내가 엄격한 아버지였는지는 몰라도 절대 거짓말을 하지는 않았어.

Me Before You

Lou: You would have been too busy looking at the leggy blondes The ones who can smell an expense account at 40 paces. and anyway, I would have been over there serving the drinks.

당신은 다리가 늘씬한 금발여자들을 쳐다보느라 바빴겠죠. 40걸음 떨어진 곳에서도 돈두둑한 통장냄새를 맡는 사람들요. 그리고 나는 저기서 음료수를 나르고 있었겠죠.

SECTION 2
의문사로 시작하는 문장듣기

미드 · 스크린영어
단숨에 따라듣기

What am I supposed to **say?**

내가 뭐라고 해야 하나?

Key Point

What am I ~ing?	와래마이	"내가 …하지?"라는 의미
What am I going to~ ?	와래마이고인투	
What am I gonna~ ?	와래마이거너	going to가 gonna로 축약된 경우
What am I supposed to~ ?	와래마이서포즈투	/d/는 거의 발음되지 않고 /to/는 약음화되어 /터/ 정도로 들린다.

Listen carefully and Check it Out!

- What am I looking for?

- What am I thinking?

- What am I gonna do?

- What am I going to do if he dies?

- What am I supposed to say to him?

- It's not that simple. What am I supposed to say?

  '그렇게'라는 의미의 조사. 원몸에도 받음

- Wait a minute, what am I supposed to do?

내가 뭘 찾는거지?

내가 무슨 생각을 하고 있는 거지?

이것을 어떻게 하지?

걔가 죽으면 난 어떻게 하지?

내가 걔한테 뭐라고 해야 하는거야?

그렇게 간단한게 아냐. 내가 뭐라고 해야 하나?

잠깐만. 내가 어떻게 해야 되는거야?

 미드·스크린에서 확인해보기

The Affair

Noah: Oh, my God. What am I gonna do? 맙소사. 나 이제 어떻게 하지?

Allison: You could just fuck me. 그냥 나와 섹스하면 돼.

002

What+be 동사

What are you~로
시작하는 문장들

What are you **doing here?**

여기는 어떤 일이야?

Key Point

What are you ~ing?	와라유	음의 변절과 약화를 통해 다음처럼 발음이 바뀐다. /왓알유→와라류→와라야/
What are we ~ing?	와라위	
What are they ~ing?	와라데이	그들이 지금 무엇을 …하는지 물어보는 패턴

Listen carefully and Check it Out!

- What are you **doing here?**   여기 어떤 일이야?

  ~ing에서 /g/발음은 거의 안돼

- What are you **talking about?**   너 무슨 얘기하는거야?

- What are you **thinking?**   너 무슨 생각하는거야?

- What are you **getting at?**   무슨 말을 하려는거야?

- What are they **doing out there?**   걔네들 밖에서 무슨 일 하고 있어?

- What are we **talking about?**   우리 지금 무슨 이야기 하는 거야?

- What are you **doing after work?**   퇴근 후에 뭐해?

미드 스크린에서 확인해보기   **Sex and the City**

Miranda: What are we **talking about?**   무슨 얘기하고 있어?

Carrie: Charlotte's boyfriend's balls.   샬롯 남친의 고환.

003

What+be 동사

What are you
going to~로
시작하는 문장들

What are you gonna do?

너 어떻게 할거야?

Key Point

What are you going to~ ?	와라이고인투	
What are you gonna~ ?	와라이거너	going to를 gonna로 발음하는 경우
What are we gonna~ ?	와라위거너	
What are they gonna~ ?	와라데이거너	

Listen carefully and Check it Out!

- What are you going to **do?**
  너 뭐를 할거야?, 너 어떻게 할거야?

- What are you going to **do with your talent now?**
  네 능력을 어떻게 할거야?

- What are you going to **do about it?**
  그거에 대해 어떻게 할거야?

- What are you going to **do, Nick, shoot me?**
  어떻게 할거야, 닉, 날 쏠거야?

- What are we gonna **do?**
  우리 어떻게 하지?

- What are we gonna **do with him?**
  우리 개 어떻게 하지?
  명음에서 /위딤→위둠/으로 소리나

- What are we gonna **believe?**
  우리는 무엇을 믿어야 돼?

미드·스크린에서 확인해보기

Friends

Rachel: **Wait a minute!** What are you gonna **tell Joanna?** 잠깐만! 조앤나에게 뭐라고 말할거야?

Chandler: **About what?** 뭐에 대해?

004

What+be 동사

What's the~로
시작하는 문장들

What's the **big deal?**

별일도 아닌데?

 Key Point

What's the~ ?	왓츠더	What's the~ 다음에 명사가 오는 경우
What's the best way[thing] to~ ?		"…하는데 가장 좋은 방법은 뭐야?"
What's the worst~ ?		
What's the biggest~ ?		
What's the last thing~ ?		
What's the first thing~ ?		

Listen carefully and Check it Out!

- What's the **matter?** — 무슨 일이야?

- What's the **problem?** — 문제가 뭐야?

- What's the **big deal?** — 별일도 아닌데?

- So what's the best way to **get him to do something?** — 걔가 뭔가 하게끔 하는 최선의 방법은 뭐야?
  /게덤→게늠/

- What's the worst **that can happen?** — 무슨 나쁜 일이야 생기겠어?

- What's the longest **you've gone without sex?** — 가장 오랫동안 섹스를 하지 않은 기간은 얼마야?

- What's the last thing **you remember?** — 네가 마지막으로 기억하고 있는 것은 뭐야?

 미드·스크린에서 확인해보기

Friends

Joey: Uh, take a look at the guy's pants! I mean, I know you told us to show excitement, but don't you think he went a little overboard?
저 친구의 바지를 봐요! 내 말은 열띤 분위기를 만들라고 했지만 저 친구는 너무 지나쳤다고 생각하지 않아요?

Director: What's the **matter with you? Get out of here!** 당신 왜그래? 나가요!

005

What+be 동사

~~What's+~ing로~~
~~시작하는 문장들~~

What's going on?
무슨 일이야?

Key Point

What's ~ing?	왓츠	What이 주어로 쓰인 경우
What's he ~ing?	왓ㅊ히	여기서부터 what은 ~ing의 목적어로 쓰였다.
What's he gonna~ ?	왓ㅊ히거너	
What's she ~ing?	왓쉬	
What's she gonna~ ?	왓쉬거너	

Listen carefully and Check it Out!

- What's **going on?** — 무슨 일이야?

- What's **happening in there?** — 거기 무슨 일이야?

- What's **happening to him?** — 걔한테 무슨 일이 생긴거야?

- What's **going on with you, Nick?** — 닉, 너 무슨 일이야?

- What's he **doing here?** — 걔 여기서 무슨 일이야?

- What's she **gonna do, hitch a ride?** — 걔는 어떻게 할까, 히치하이크 할까?

- What's Gale **doing in the garage?** — 게일은 차고에서 뭐를 하고 있는거야?
  발음주의 /거라지/

미드·스크린에서 확인해보기   NCIS

Leon: What is she **doing? What does she really want?**
그녀가 뭘 하고 있는건가? 그녀가 정말로 원하는게 뭔가?

Gibbs: **You know her well. You tell me.** 국장님이 그녀를 더 잘 알잖아. 국장님이 말해봐요.

006

What+be 동사

What were~로
시작하는 문장들

What were you thinking?

무슨 생각으로 그런거야?

Key Point

What were~ ?	왓뭐ㄹ	What were+S~?혹은 What were+N? 등의 패턴이 있다.
What were you ~ing?	왓뭐류	상대방이 과거에 한 행동이나 말에 이해가 안될 경우
What were you doing~ ?	왓뭐류두인	앞의 패턴 ~ing자리에 doing이 오는 경우로 다음에는 부사구가 온다.

Listen carefully and Check it Out!

- What were they **about?**
  그것들은 뭐에 관한거였어?

- What were you **scared of?**
  넌 뭘 두려워한거였어?

- What were **the things you said?**
  네가 한 말들은 뭐였어?

- **All right.** What were **the symptoms?**
  좋아요. 증상이 어땠어요?

  /p/는 중간에 껴서 거의 발음안돼

- What were you **thinking, Sam?**
  샘, 너 무슨 생각으로 그런거야?

- What were you **talking about?**
  너 무슨 얘기를 하고 있었어?

- What were you **doing in a library?**
  네가 도서관에는 무슨 일로 간거야?

  먼거호운 발음을 강력하게, /나이버리/.

 미드·스크린에서 확인해보기   **Big Bang Theory**

Leonard: What were you **doing at Penny's?** 페니 집에서 뭐를 한거야?

Sheldon: **Well, we had dinner and played some games and then I spent the night.**
응, 저녁먹고 게임 좀 하다가 밤을 보냈어.

What were you gonna say?

너 무슨 말을 하려고 했어?

Key Point

What were you going to~?	왓워튜고인투	~ing가 아니라 be going to+V가 연결되는 경우이다.
What were you gonna~ ?	왓워류거너	going to가 gonna로 발음된 경우
What were we ~ing?	왓워뤼	
What were they ~ing?	왓워데이	

Listen carefully and Check it Out!

• What were you gonna **do?**

뭐를 할려고 했어?

• What were you gonna **do - hit her?**

어떻게 하려고 했어, 걔를 칠려고?

• What were you gonna **tell me?**

내게 무슨 말을 하려고 했어?

• What were you gonna **say?**

넌 무슨 말을 하려고 했어?

• What were we **talking about?**

우리 뭐에 관해 이야기하고 있었지?

• What were they **really doing?**

걔네들 정말 뭐를 하고 있었던거야?

• What were they **arguing about?**

걔네들 무슨 문제로 언쟁을 한거야?

argue는 언쟁, 논리적 다툼 등 fight

 미드·스크린에서 확인해보기

Desperate Housewives

Ian: You know, sometimes when you smile like that, that really makes me
think that, that... 저기, 당신에 그렇게 웃을 때 가끔은 그런 생각이 정말 들어서…

Susan: What? What were you gonna **say?** 뭐라고? 무슨 말을 하려고 했어?

What was your **plan?**

네 계획은 뭐였어?

Key Point

What was+N?	와워z	
What was your~ ?	와워z·유어	your 다음에는 (형용사+)명사가 이어진다.
What was ~ like?	와워z~ 라이크	사람이나 사물의 성격 혹은 성질이 어떤지 물어볼 때
What was the+N of~ ?	와워z·더~어브	과거 행위의 원인이나 정보를 캐묻는 전형적인 문장

Listen carefully and Check it Out!

- What was the **occasion?** 무슨 날이었어?

- What was **that? Hello? Are you still there?** 그게 뭐였어? 야? 아직 끊지 않은거지?

- What was your **wedding like?** 네 결혼식은 어땠어?

- What was the **cause of death?** 사인은 뭐였어?
  앞어z 하면 COD

- What was the **name of the Web site?** 그 웹사이트의 이름이 뭐였어?

- What was the **point of that?** 그건 무슨 의도였어?

- What was the **name of the firm?** 그 회사의 이름은 뭐였어?

미드·스크린에서 확인해보기

Desperate Housewives

Gabrielle: What was **that for?** 이건 뭐야?

John: **Thought you needed a kiss.** 당신에게 키스가 필요할 거라 생각했어요.

Gabrielle: **Well, since this is our last time, I guess we can make the most of it.**
이게 우리의 마지막 시간이니까, 최대한 즐거운 시간을 가져도 되겠구나.

009

What+be 동사

What was~ ?로
시작하는 문장 - 2

What was I thinking?

내가 무슨 생각을 하고 있었던거지?

 Key Point

What was+adj?	와워x	What was~ 다음에 형용사가 오는 경우이다.
What was wrong with~ ?	와워x렁위드	What was+adj?의 대표 패턴
What was he ~ing?	와워히	
What was she ~ing?	와워쉬	
What was I ~ing?	와워자이	

Listen carefully and Check it Out!

- What was so good about it?

  그거의 뭐가 그렇게 좋았어?

- What was wrong with her?

  걔 무슨 일이었어?

- Then what was so urgent that night?

  그럼 그날밤 뭐가 그렇게 급했어?

- What was she doing when it happened?

  그 일이 일어났을 때 걔는 뭐 하고 있었어?

- What was she talking about?!

  걔는 무슨 말을 하고 있었던 거야?

- What was he doing out there anyway?

  어쨌든 걔는 거기서 뭐를 하고 있었던거야?

  역을뉘어 /아웃데어/

- What was I thinking?

  내가 무슨 생각을 하고 있었지?

미드•스크린에서 확인들어보기

Breaking Bad

Skyler: What was I thinking? Walt, please. Let's both of us stop trying to justify this whole thing and admit you're in danger.

내가 무슨 생각을 했던거지? 월터, 이 모든 일을 합리화하지 말고 당신이 위험에 처해있다는 것을 인정하자.

Walter: Who are you talking to right now? 지금 당신이 누구하고 얘기하는 줄이나 알아?

010

What+do 동사

What do I[we]~ ?로
시작하는 문장

What do we got here?
무슨 일이야?

Key Point

What do I+V?	와드아이	
What do I do~ ?	와드아이두	앞의 패턴 V자리에 do가 오는 경우이다.
What do I have to do to~?	와드아이해브터두투	"내가 어떻게 해야 …할 수 있냐?"라는 의미
What do we~ ?	와드위	

Listen carefully and Check it Out!

- What do I **get**?
  내가 얻는게 뭐야?

- I'm not a doctor, what do I **know**?
  난 의사가 아냐. 내가 어떻게 알아?

- What do I do **if my only option won't work?**
  /wount/로 발음. want와 헷갈리지 말아야
  내 유일한 옵션이 먹히지 않으면 난 어떻게 하지?

- What do I have to do?
  내가 뭐를 해야 하는데?

- What do I have to do **to get through to you?**
  내가 어떻게 해야 너를 이해 시키겠어?

- What do we **got here?**
  무슨 일이야?. 어떻게 됐어?

- What do we **do now?**
  이젠 어떻게 하지?

미드·스크린에서 확인해보기

Big Bang Theory

Leonard: Excuse me, could you help us out? 저기요. 좀 도와주실래요?

Nurse: My, my, my. What do we **have here?** 이런. 이게 무슨 일인가요?

Howard: I slipped and fell. 미끄러져 넘어졌어요.

Nurse: Yeah, we get that a lot. What is this? 그런 말 많이 듣지요. 이게 뭐예요?

What did I **tell you?**

내가 뭐라고 했니?

Key Point

What did I~ ?	왓디다이	연음되어 /왓디라이/처럼 들린다.
What did I do~ ?	왓디다이두	
What did I tell you about~ ?	왓디라이텔유어바웃	
What did I say about~ ?	왓디라이세이어바웃	

Listen carefully and Check it Out!

● Anyway, what did I do with his number?

어쨌든, 걔 번호로 내가 어떻게 했지?

● What did I do to you? Did I hurt you in some way?

내가 너한테 어쨌는데? 어떻게 내가 상처를 줬어?

● Well, what did I do to deserve such a thorny welcome?

such a+N는 강조표현법. /써쉬/

내가 뭘 어쨌기에 이런 푸대접을 받는거야?

● What did I tell you about being rude to customers?

고객에게 무례한거에 대해 내가 뭐라고 했어?

● What did I tell you about that?

내가 그것에 대해 뭐라고 했어?

● What did I tell you? It's perfect!

내가 뭐라고 했니? 완벽하다고!

● What did I say about not coming on too strongly?

너무 대담하게 나오지 않는거에 대해 내가 뭐라고 했어?

 미드•스크린에서 확인해보기

 The Good Wife

Diane: We had a situation. At the courthouse.   문제가 발생했어요, 법정에서요.

Man: What, what, what'd I miss?   뭐라구요, 무슨 일인데요?

Diane: Will was shot.   윌이 총격당했어요.

012

What+do 동사

What do you~ ?로
시작하는 문장 - 1

What do you **mean?**

그게 무슨 말이야?

Key Point

What do you~ ?	왓두유	원래는 /왓두유/에서 변철, 연음되어 /와다야/, 다시 /와라야/가 된다.
What do you mean~ ?	왓두유민	
What do you think~ ?	왓두유씽크	
What do you have to~ ?	왓두유해브투	
What do you need to~?	왓두유니ㄷ투	need의 /d/는 거의 발음되지 않는다.

Listen carefully and Check it Out!

- What do you mean, **what's the matter with me?**

  무슨 말이야, 내가 어떻게 된 거야?

- What do you mean **it's not working?**

  그게 작동하지 않다니 그게 무슨 말이야?

- What do you think **you're doing?**

  이게 무슨 짓이야?

- What do you think **she wants?**

  걔가 원하는게 뭐라고 생각해?

- What do you think **I am?**

  너 날 뭘로 보는거야?

- What do you think of **these guys?**

  이 사람들 어떻게 생각해?

- What do you have to **do to be disqualified?**

  dis~는 부정접두어

  자격박탈을 당하려면 어떻게 해야 돼?

미드·스크린에서 확인해보기

Friends

Rachel: Where are you from? What do you do? 어디 출신예요? 직업이 뭐예요?

Dr. Schiff: I'm a doctor. 의사인데요.

Rachel: Right! Right! I-I actually meant in your spare time, do you cook? Do you ski? Or do you just hang out with your wife or girlfriend?
맞아요. 내 말은 여가시간에 뭐하는지요. 요리해요? 스키타요? 아니면 아내나 여친과 시간을 보내나요?

What do you want to do now?
지금 무엇을 하고 싶은데?

Key Point

What do you want to~ ?	왓두유원투	What do you+V?의 자주 쓰이는 패턴들이다.
What do you want me to~ ?	왓두유원미투	내가 무엇을 해주면 되는지 물어볼 때
What do you say?	왓두유세이	단독으로 상대방의 의견을 묻는다.
What do you say to~ ?	왓두유세이투	상대방에게 제안을 할 때
What do you say we~ ?	왓두유세이위	제안하는 내용이 we~로 시작하는 절로 나오는 경우이다.

Listen carefully and Check it Out!

- What do you want to **know?**
  /원투투/로 발음하면 좋~. 강 /원투/

- What do you want us to **do?**

- What do you want me to **say?**

- What do you want to **do now?**

- What do you say **we go share some food?**

- What do you say **we go get a drink?**

뭘 알고 싶은데?

우리가 어떻게 하기를 바래?

내가 뭐라고 하기를 바래?

지금 무엇을 하고 싶은데?

우리 가서 음식을 나눠 먹으면 어때?

우리 가서 술한잔하는게 어때?

미드·스크린에서 확인해보기   CSI

Sara:	Leave it alone.	내버려 둬요.
Grissom:	No, Sara.	안돼. 새라.
Sara:	What do you want from me?	나보고 어떻게 하라구요?
Grissom:	I want to know why you're so angry.	네가 왜 그렇게 화를 내는지 알고 싶어.

014

What+do 동사

What does~ ?로
시작하는 문장

What does she **want?**

개는 뭘 원하는거야?

Key Point

What does he~ ?	왓더지이	속도감을 내면 /와러지/라고도 들린다.
What does she~ ?	왓더쉬	속도감을 내면 /와러쉬/라고도 들린다.
What does it~ ?	왓더짓	속도감을 내면 /와러짓/
What does it say~ ?	왓더짓세이	
What does it mean~ ?	왓더짓민	
What does it look like~ ?	왓더짓룩라이크	like 다음에 S+V를 이어써주면 된다.

Listen carefully and Check it Out!

- What does he **look like?**

  개는 누구 닮았어?

- What does he **have to do with this?**

  개는 이거와 무슨 관계가 있
  는거야?

- What does she **want?**

  개는 뭘 원하는거야?

- What does she **want you to write?**

  개는 네가 무슨 글을 쓰기를
  바래?

- What does she **think, we're having an affair?**
  연음하면 /해빈어너페어/

  개 생각은 뭐야. 우리가 바람
  피고 있다고?

- What does she **expect?**

  개는 뭐를 바라는거야?

- What does it look like **I'm doing?**

  내가 뭐를 하는 것처럼 보여?

미드·스크린에서 확인해보기

Desperate Housewives

Kayla: Daddy! The paper has a story about your restaurant.
아빠! 신문에 우리 레스토랑 얘기가 나왔어요.

Tom: You're kidding! Well, come--come here. What does it **say?**
정말이야! 이리와라. 뭐라고 쓰여 있니?

015

What+do 동사

What did~ ?로
시작하는 문장 - 1

What did you do to my dad?
내 아빠에게 무슨 짓을 한거야?

Key Point

What did you~ ?	왓디쥬	속도감을 내면 /와리쥬/라고 들린다.
What did you do with~ ?	왓디쥬두위드	What did you~ 다음에 동사 do가 온 경우
What did you do to~ ?	왓디쥬두트	to 다음에는 사람명사 혹은 동사가 온다.

Listen carefully and Check it Out!

- What did you **argue about?**
  단어낫모음이 약음이 아니면 받음을 다 해줘야

- What did you **wanna tell me?**

- What did you **want to talk to me about?**

- What did you **want from me?**

- What did you do **in the bathroom?**

- What did you do with **my drugs?**
  /d/역시 /r/일어나는 /즈/에 가까운 소리로 변적

- What did you do to **make her laugh?**
  먹음차여 /메이커/

뭐에 관해서 말다툼을 했어?

넌 나한테 뭐라고 말하고 싶었어?

내게 뭐에 대해 말하고 싶었던거야?

내게서 뭘 바랐던거야?

화장실에서 무슨 짓을 한거야?

내 약을 어떻게 한거야?

걔를 웃게 하기 위해 어떻게 한거야?

미드·스크린에서 확인해보기

Breaking Bad

Jesse: He's got something you need to hear, all right? 그에게는 당신이 알아야 될 얘기가 있어요.

Mike: What did you do, Jesse? Do you even know? Do you even know what you've done? 무슨 짓을 한거야. 제시? 네가 무슨 짓을 한건지나 알고 있냐?

016

What+do 동사

What did~ ?로
시작하는 문장 – 2

What did you think it was?

그게 뭐라고 생각했어?

Key Point

What did you say~ ?	왓디쥬세이	What did you~ 다음에 동사 say가 이어지는 경우이다.
What did you tell~ ?	왓디쥬텔	
What did you think of~ ?	왓디쥬씽커브	of~ 이하를 어떻게 생각하냐고 물어보는 문장
What did you think S+V?	왓디쥬씽크	

Listen carefully and Check it Out!

- What did you say **when you made up your vows?**
  네가 서약을 했을 때 뭐라고 했어?

- Well, what did you say **to her?**
  그래, 걔한테 뭐라고 한거야?

- What did you tell **him?**
  걔한테 뭐라고 했어?

- What did you **talk about?**
  먹음버너 /터커바웃/
  뭐에 관해 얘기한거야?

- What did you think **she was going to say?**
  걔가 뭐라고 할거라 생각했어?

- What did you think of **my speech?**
  내 연설에 대해 어떻게 생각해?

- What did you think **it was?**
  그게 뭐라고 생각했어?

미드·스크린에서 확인해보기

Desperate Housewives

Gabrielle: Susan, don't be like this! 수잔, 이러지마!

Susan: What did you **expect-a hug?** 어떻게 하길 바랬어? 안아주는걸?

What did he **say?**

걔가 뭐라고 한거지?

Key Point

What did he~ ?	왓딛히	빨리 발음하면 /와리디/
What did she~ ?	왓딛쉬	빨리 발음하면 /와리ㄷ쉬/
What did they~ ?	왓딛데이	빨리 발음하면 /와리데이
What did you think S+V?	왓딛쥬씽크	
What did it~ ?	왓디리잇	
What did that~ ?	왓디ㄷ댓	

Listen carefully and Check it Out!

- What did he say? Did you hear that?

  걔가 뭐라고 했어? 너 들었어?

- What did he say? He said marry me?

  걔가 뭐라고 한거지? 자기랑 결혼하자고?

  …와 결혼하다로 marry sb

- What did he do to her?

  걔가 그녀에게 무슨 짓을 한 거야?

- What did she ever do to you, huh?

  걔가 너한테 무슨 짓을 한거야, 응?

- What did she say to you?

  걔가 네게 뭐라고 했어?

- What did they do to you?

  걔네들이 네게 뭐라고 한거야?

- What did that sign say?

  그 간판은 뭐라고 되어 있었어?

미드·스크린에서 확인해보기

Friends

Ross: What did he say that was so funny?   뭐라고 했길래 그렇게 재미있어 해?

Rachel: I have absolutely no idea.   전혀 몰라.

What've you been **up to?**

그동안 어떻게 지냈어?

Key Point

What have I~ ?	와해바이	
What have you~ ?	와해유	축약하여 What've you~ ?라고도 쓴다.
What have you done to~ ?	와해유던투	to 이하에 무슨 짓을 했냐고 따지는 패턴
What have you been ~ing?	와해유빈	현재완료 능동진행형

Listen carefully and Check it Out!

- What have you **heard?** 무슨 말 들었어?

- What've you been **up to?** 그동안 어떻게 지냈어?

- What have I done **in the last two years?** 내가 지난 2년간 무슨 짓을 했나?

- What have you done **with my son?** 내 아들에게 무슨 짓을 한거야?

- What have you been **reading lately?** 최근에 뭐를 읽고 있었어?
  /ㄷ/+/ㅣ/는 /유ㄹ/ㅈ

- What have you been **giving up until now?** 지금까지 포기한게 뭐였어?

- What have you been **working on?** 무슨 일을 하고 있었어?

Sex and the City

Big:　　So what have you been doing lately? 최근 뭐하고 사시나요?

Carrie:　You mean besides going out every night? 매일밤 외출하는 것 외예요?

Big:　　Yeah, I mean, what do you do for work? 그래요, 내 말은 직업이 뭔지 물어본거죠

What have you got there?

거기 무슨 일이야?

Key Point

What have you got?	와해뷰갓	단독으로 "무슨 일이야?," "어떻게 됐어?"라는 의미
What have you got+pp~ ?	와해뷰갓	get sth pp의 패턴에서 sth이 What~으로 빠진 경우
What has he~ ?	와해즈히	
What has she~ ?	와해즈쉬	

Listen carefully and Check it Out!

- What've you got?

  어떻게 됐어?

- Uh, what have you got there, Rory?

  어, 로리, 거기 무슨 일이야?

- What have you got planned for Valentine's Day weekend?

  발렌타인 주말에 무슨 계획을 세웠어?

- So what have you got in mind?

  그래 무슨 마음을 먹고 있는 거야?

- What has he signed for?

  걔가 어디다 사인을 한거야?

- What has he been doing all this time?

  '지금까지 내내'하는 의미로 미드빈출어구

  지금까지 내내 걔는 뭐하고 있었던거야?

- What has she done this time?

  걔가 이번에는 무슨 짓을 한 거야?

미드·스크린에서 확인해보기   CSI

Nick: What have you got? 알아낸 거 있어?

Greg: Well, what you got here is a nice bordeaux and a starbucks blend. No blood. No saliva. 저기, 알아낸 건 고급 와인과 스타벅스 커피가 묻어있네요. 피나 침도 없어요.

020

What+will 동사

What will~ ?로
시작하는 문장 - 1

What would you suggest?

뭘 제안하겠어?

Key Point

What will~ ?	왓윌	will에서 /l/발음은 제대로 나지 않는다. /위ㄹ어/ 정도
What would you~ ?	왓우쥬	
What would you do to~ ?	왓우쥬두투	
What would you do if~ ?	왓우쥬두이프	

Listen carefully and Check it Out!

- What will you **do then?** — 그럼 넌 어쩔건데?

- What will **happen if she doesn't get her medicine?** — 걔가 자기 약을 받지 못하면 어떻게 되는데?

  편리한게 죽어~, /l/를 빼고 발음해

- What will **Allan do with that?** — 앨렌이 그걸로 뭘 하겠니?

- What would you do if **it was your kid in trouble?** — 네 아이가 곤경에 처했다면 어떻게 하겠어?

- What would you guys do if **you were me?** — 너희들이 나라면 너희들 어떻게 하겠어?

- What will **you do when you find it?** — 그걸 발견하면 어떻게 할거야?

- What would you **call them, then?** — 그럼 그것들을 뭐라고 부를거야?

 미드·스크린에서 확인해보기

Breaking Bad

Walter: What would you do if **it were me?** 나라면 당신은 어떻게 하겠어?

Skyler: **What do you mean if it were you?** 그게 당신이라면 이라는게 무슨 뜻이야?

Walter: **If it were me, what would you do? Would you divorce me? Would you turn me in to the police?** 그게 나라면 어떻게 하겠어? 나랑 이혼하려고 했을까? 경찰에 신고했을까?

021
What+will 동사

~~What will~ ?로~~
~~시작하는 문장 - 2~~

What would you like me to **do?**

내가 어떻게 하기를 바라는거야?

Key Point

What would you say if~ ?	왓우쥬세이이프	
What would you say to~ ?	왓우쥬세이투	
What would you like to~ ?	왓우쥬라잌투	상대방에게 뭘하고 싶은지
What would you like me to~ ?	왓우쥬라잌미투	내가 뭘 어떻게 하기를 상대 방이 바라는지를 물어보는 패턴

Listen carefully and Check it Out!

- What would you say it was made of?
  발음해서 /메이더브/

  그게 뭘로 만들어졌다고 말할 수 있겠어?

- What would you like to find out?

  뭐를 알아내고 싶은거야?

- What would you like to know about it?

  그거에 대해 뭘 알고 싶은거야?

- What would you like us to do?

  우리가 어떻게 하기를 바라는 거야?

- What would you like me to do?

  내가 어떻게 하기를 바라는거야?

- What would you say to my proposal?

  내 제안을 어떻게 생각해?

- What would you say if she stayed with us all night?

  걔가 우리랑 밤 샌다면 어떨까?

미드 · 스크린에서 확인해보기   **Desperate Housewives**

Gabrielle: Carlos is going to be late for dinner. It's just the two of us. What would you like to eat? 카를로스가 저녁식사에 늦을거예요. 우리 둘뿐인데요. 뭘 드시겠어요?

Mama Solis: Oh, I'm not hungry. 나 배고프지 않아요.

What can I do **for you?**

어떻게 해드릴까요?

Key Point

What can I~ ?	왓캐나이	상대방에게 도움을 제의할 때
What can I do~ ?	왓캐나이두	
What can you tell me about~ ?	왓캐뉴텔미어바웃	···에 대해 내게 뭘 말해줄 수 있냐고 물어보는 패턴

Listen carefully and Check it Out!

- What can I do for you, officer?

  어떻게 해드릴까요, 경관님?

- What can I get for you, hon?

  자기야 뭐 갖다줄까?

- What can I tell you? I got five kids.

  내가 무슨 말을 하겠어? 애가 다섯인데.

- What can I say? I need a big dick.

  dictective의 약어 혹은 남자의 거시기를 뜻하는 속어

  어쩌겠어? 난 대물이 필요해.

- What can you tell me about the victims?

  줄여서 vic이라고도 해

  희생자에 대해 뭐 말해줄거 있어?

- What can you tell me about her?

  걔에 대해 뭐 말해줄거 있어?

- What can you tell me about your brother's murder?

  네 형의 살인에 대해 뭐 말해줄거 있어?

 미드·스크린에서 확인해보기

Big Bang Theory

Beverley: Well, that's convenient. How did his penis turn out?

그것 참 편하겠구나. 걔 고추가 어땠냐?

Penny: Oh, Beverly, I can't talk to my boyfriend's mother about his penis.

남친 어머니에게 남친 고추에 대해 말할 수 없어요.

Beverley: Oh, fair enough. What can you tell me, if anything, about that busboy's penis? 그렇지. 그렇다면 더 접시닦이의 고추는 어떨 것 같냐?

What should I **tell her?**

내가 걔한테 뭐라고 해야 할까?

Key Point

What could I~ ?	왓쿠다이	
What could you~ ?	왓쿠쥬	
What could be~ ?	왓쿠ㄷ비	What~이 주어로 쓰인 패턴이다.
What should I~ ?	왓슈다이	

Listen carefully and Check it Out!

- What could I **say? I got lucky.**

  내가 뭐라고 할 수 있겠어?
  운이 좋았어.

- What could I **do to make it up to you?**

  네게 보상하기 위해서 내가
  뭘 할 수 있을까?

  메이키업/으로

- What could you **possibly learn now?**

  이제 배울 수 있는게 뭐가 있
  을까?

- What could be **better than that?**

  뭐가 그것보다 더 나을 수 있
  을까?

- What should I **do if Annie calls?**

  애니가 전화하면 내가 어떻게
  해야 돼?

- So what should I **tell her?**

  그럼 내가 걔한테 뭐라고 해
  야 할까?

- What should we **do with the stuff we got?**

  우리가 갖고 있는 물건들 어
  떻게 해야 될까?

 미드 • 스크린에서 확인해보기

Desperate Housewives

Lynette: Bree, wait, you're gonna have to explain. Rex is dead. What could he
have done to upset you?

브리, 잠깐. 설명을 해줘야 돼. 렉스는 죽었는데 어떻게 그가 무슨 짓을 해서 너를 화나게 했을까?

Bree: My husband, the man I spent my life with for eighteen years, died
thinking that I murdered him! 18년간 같이 살아온 내 남편이 내가 자기를 살해한 걸로 알고 죽었다니까.

024
When+be 동사

When am[are]~로
시작하는 문장 - 1

When am I gonna see it?

내가 언제 그걸 보게 될까?

Key Point

When am I~ ?	웬앰아이	'am I'와 잘 어울리는 의문사는 What, Where, 그리고 How 등이다.
When am I gonna~ ?	웬앰아이거너	
When are we~ ?	웨나위	
When are we gonna~ ?	웨나위거너	
When are they~ ?	웨나데이	

Listen carefully and Check it Out!

- I'm still not ready. When am I ever going to be ready?
  난 아직 준비가 안됐어. 난 언제 준비가 될 수 있을까?

- When am I supposed to find time to prepare for this baby?
  /d/받음은 하지맠고 /서 포스토/로 받음
  이 아이는 준비할 시간을 언제나 찾게 되는걸까?

- When am I going to see you, Gina?
  지나, 언제 내가 널 볼 수 있을까?

- When am I going to stop being angry?
  내가 언제 화를 풀 수 있을까?

- When are we gonna gamble?
  우리는 언제 도박을 할거야?

- When are we due in court?
  우리 언제 법정에 출두해야 돼?

- When are we going to get started?
  /t/+/ed/=/티드/로
  우리 언제 시작할거야?

미드·스크린에서 확인해보기

Desperate Housewives

Gabrielle: What about my sleep? 내 잠은 어떡하고?

Carlos: You sleep when the baby sleeps. 애가 잘 때 자.

Gabrielle: Every forty minutes? When am I supposed to have a life?
40분마다? 내 삶은 언제나 갖는데?

When are you **coming over?**

너 언제 들릴거야?

Key Point

When are you ~ing?	웨너유	When+be동사의 경우에서 가장 많이 쓰이는 형태
When are you going to~ ?	웨너유고인투	
When are you gonna~ ?	웨너유거너	going to가 gonna로 발음되는 경우

Listen carefully and Check it Out!

- When are you coming back to school?   너 언제 학교에서 돌아오니?

- When are you coming over?   너 언제 들릴거야?

- Hey, um, when are you getting here?   야. 너 언제 여기 오니?

  gethere는 오다, getthere는 가다

- When are you seeing him again?   너 걔를 언제 다시 볼거야?

- When are you going to tell them?   너 언제 걔네들에게 말할거야?

- When are you gonna break up with him?   언제 걔와 헤어질거야?

- When are you gonna stop this?   이걸 언제 그만 둘거야?

미드·스크린에서 확인해보기   **Desperate Housewives**

Danielle: When are you gonna take me seriously?   언제나 날 진지하게 대할거야?

Bree: **When you start acting like an adult.**   네가 어른처럼 행동하기 시작하면.

026
When+be 동사

When's~로
시작하는 문장 - 1

When's the check-in time?

체크인이 언제예요?

Key Point

When is~ ?	웨-니즈	
When's~ ?	웬즈	When is~의 축약형
When was~ ?	웨-워즈	
When were you~?	웬워류	
When were we~ ?	웬워위	

Listen carefully and Check it Out!

- When's **your birthday?** | 생일이 언제야?

- So, Grandpa, when's **your next trip?** | 그럼, 할아버지, 다음 여행은 언제예요?

  역거푸 오는 중복자음들 생략한다. /넥스트립/

- When was **this?** | 이건 언제였어?

- So when were you **at the store?** | 그럼 너 언제 그 가게에 있었어?

- When were we **not friends?** | 우리가 언제 친구가 아니었어?

- When was **the company started?** | 회사는 언제 창립됐어?

- When is **a good time for you to talk?** | 언제가 얘기하기 편한 시간인 가요?

 미드 스크린에서 확인해보기　　　　　　　　　Sex and the City

Big:　Are you moving to Paris? When were you gonna tell me? What, you're not even gonna tell me who he is?
　　　파리로 이사가는거야? 언제 얘기하려고 했어? 누구하고 떠나는지 누군지 말 안해줄거야?

Carrie:　His name is Aleksandr Petrovsky.　그 사람 이름은 알렉산더 페트로브스키야.

When were you married?

너 언제 결혼했어?

Key Point

When's the last time~ ?	웬즈더라슷타임	
When was the last time~ ?	웨너즈더라슷타임	
When's S+~ing?	웬즈	
When were you planning~ ?	웨너유플래닝	
When were S+pp?	웨뉘	
When's S+gonna~?	웬즈~거너	과거형은 When were you gonna~ ?

Listen carefully and Check it Out!

- When's the last time you saw your mother?
  축약되는 /t/하나는 받음안돼.

  네가 마지막으로 엄마를 본게 언제야?

- When was the last time you had sex with her?

  네가 걔하고 마지막으로 섹스한게 언제였어?

- When was it that you knew you were pregnant?

  네가 임신했다는 것을 안게 언제였어?

- When's she getting back?

  걔는 언제 돌아와?

- When were you planning to tell me?

  언제 내게 얘기할 생각이었어?

- When were the bodies discovered?

  시신들은 언제 발견되었어?

- When were you married?

  넌 언제 결혼했어?

 미드 스크린에서 확인해보기

Friends

Chandler: When was the last time you saw her wear it?
크리가 그걸 입고 있는 것을 마지막으로 본게 언제야?

Ross: Well, she wore it all Christmas day, and then uh…
크리스마스 때 하고 있었고, 그리고 나서, 어…

028

When+do 동사

When do I~로
시작하는 문장

When did I say that?

내가 언제 그렇게 말했어?

Key Point

When do I~ ?	웬드아이	
When do I get to~ ?	웬드아이겟투	When do I~에서 가장 눈에 띈다.
When did I~ ?	웬디라이	
When did I say~ ?	웬디라이세이	

Listen carefully and Check it Out!

- When do I get to **see my sister?**   내가 언제 누이를 보게 될까?

- When did I **sign for it?**   그거에 내가 언제 사인했어?

- When did I **try to give you money?**   내가 언제 너에게 돈을 주려고 했어?

- **When?** When did I **lie to you?**   언제? 내가 언제 너한테 거짓 말했어?
  lie to + sb

- When did I say **that?**   내가 언제 그렇게 말했어?

- When did I say **you were boring?!**   내가 언제 네가 지루하다고 말했어?
  boring은 지겹게 하는, bored는 그래서 지겨움

- When did I say **I had a problem?**   내게 문제가 있다고 내가 언제 말했어?

 미드·스크린에서 확인해보기   **Friends**

Ross: Why are you mad at me?   왜 나한테 화를 내는거야?

Phoebe: You said I was boring.   내가 지루하다고 했잖아.

Ross: When did I say **you were boring?!**   내가 언제 네가 지루하다고 말했어?

When+do 동사

When do you~로
시작하는 문장

When do you have to go?

넌 언제 가야 돼?

Key Point

When do you~ ?	웬두유	빨리 발음하면 /웬쟈/
When do you have to~ ?	웬두유해브터	
When do you want to~ ?	웬두유원투	want to에서 /t/는 중복으로 하나만 발음한다.
When do you want me to~ ?	웬두유원미투	
When do you think~ ?	웬두유씽크	"언제 …할거라 생각하느냐"라는 의미

Listen carefully and Check it Out!

- When do you **start this job?** 이 일은 언제 시작했어?

- When do you **move your stuff in?** 네 물건들은 언제 들어와?

- When do you **have time to watch Game of Thrones?** 너는 왕좌의 게임을 언제 봐?

- When do you have to **go back to work?** 언제 일하러 돌아가야 돼?

- When do you have to **go?** 넌 언제 가야 돼?

- When do you want me to **start?** 내가 언제 시작하기를 바래?

- When do you think **that'll be?** 그게 언제가 될거라 생각해?

/댓율/정도로 발음

미드·스크린에서 확인해보기

La La land

Sebastian: When do you **find out?** 언제 결과가 나와?

Mia: Oh, they said the next couple days. But I'm not expecting to find anything out. 며칠 후에 나온데. 하지만 기대하지는 않을거야.

Sebastian: You're gonna get it. 그 배역을 따낼거야.

When did you move in?

언제 이사왔어?

Key Point

When did you~ ?	웬디쥬	
When did you get~ ?	웬디쥬겟	
When did you say~ ?	웬디쥬세이	
When did you tell~ ?	웬디쥬텔	

Listen carefully and Check it Out!

- When did you **decide to kill Jake?**

  넌 언제 제이크를 죽이기로 마음먹었어?

- So when did you **make love?**

  좀 더 걸나나하게 하려면 have sex라 해

  그래 언제 사랑을 나누었어?

- When did you **move in?**

  언제 이사왔어?

- Joanne! When did you get **here?**

  조앤! 언제 여기에 왔어?

- When did you get **home? I didn't hear you come in.**

  언제 집에 왔어? 들어오는 소리 못들었는데.

- When did you get **so mature?**

  언제 그렇게 자란거야?

- When did you get **back from Europe?**

  넌 언제 유럽에서 돌아왔어?

미드·스크린에서 확인해보기
Big Bang Theory

Bernadette: When did you **and Leonard break up?** 레너드와 언제 헤어진거야?
Penny: **Uh, about two years ago.** 어, 한 2년전에.

031

When+do 동사

When did you~로
시작하는 문장 – 2

When did you last see Chris?

크리스를 언제 마지막으로 봤어?

Key Point

When did you find out~ ?	웬디쥬파인다웃	find out 대신에 realize, notice 등이 대체해도 된다.
When did you know~ ?	웬디쥬노우	
When did you last see~ ?	웬디쥬라슷시	미드 수사물에 자주 나오는 표현으로 "…을 마지막으로 본게 언제냐?"라는 뜻
When did you first meet~ ?	웬디쥬퍼스트밋	

Listen carefully and Check it Out!

- When did you **notice that something was wrong?**
  뭔가 잘못되었다는걸 언제 알았어?

- When did you know **Jenny were missing?**
  제니가 행방불명된 것을 언제 알았어?

- When did you find out **about the drugs?**
  마약에 대해서 언제 알게 된 거야?

- When did you last see **Chris?**
  크리스를 언제 마지막으로 봤어?

- When did you last see **your husband before his attack?**
  남편이 공격하기 전 마지막으로 본게 언제인가요?

- When did you last see **your granddaughter?**
  중복되는 /d/하나는받음생략
  손녀딸을 언제 마지막으로 봤나요?

- When did you last **sleep, Joe?**
  조, 마지막으로 잠을 잔게 언제야?

미드·스크린에서 확인해보기  CSI

Sara: When did you know **this was a homicide and not an O.D.?**
약물과용이 아니라 살인이라는 것을 언제 아셨어요?

Grissom: **Initially?** 처음으로?

032

When+do 동사

When does~로
시작하는 문장 – 1

When does she get back?

걔가 언제 돌아와?

Key Point

When does he~ ?	웬더지이	
When does she~ ?	웬더쉬	
When did he~ ?	웬딛히	When does he~?보다 많이 쓰인다.
When did she~ ?	웬딛쉬	When does she~?보다 많이 쓰인다.

Listen carefully and Check it Out!

- When does he **take the stand?**
  증인선서대를 막뻐

  걔가 언제 증언대에 서?

- So when does he **get here?**

  그럼 걔가 언제 여기 오는거야?

- When does she **do her laundry? When is she alone?**
  /r/알어서 /d/는 /후/발음나

  걔는 언제 세탁을 해? 언제 혼자있어?

- Wow, lucky girl. When does she **get back?**

  와, 운좋구만. 걔가 언제 돌아와?

- When did he **tell you this?**

  걔가 언제 이걸 네게 말해줬어?

- And when did he **say he would call?**

  그리고 걔가 언제 전화할거라 말했어?

- When did she **break up with Logan?**

  걔가 언제 로건과 헤어진거야?

미드·스크린에서 확인해보기

CSI

Grissom:	When did she **die?** 그녀가 언제 죽었나요?
Isabelle Millander:	A long time ago. A lifetime ago. 오래전에요. 아주 오래전예요.
Grissom:	What about your son Paul? 당신 아들, 폴은 어떤가요?

033

When+do 동사

When does~ 로
시작하는 문장 – 2

When does it **end?**

그게 언제 끝나?

Key Point

When do they~ ?	웬드데이	
When did they~ ?	웬디데이	역시 위의 현재형보다 많이 쓰인다.
When does it~ ?	웬더짓	
When did it~ ?	웬디릿	주로 end, start, open, happen 등의 동사와 어울린다.

Listen carefully and Check it Out!

- So when do they **get here?**
  그럼 걔네들이 언제 여기에 온거야?

- When did they **get back from France?**
  걔네들이 언제 프랑스에서 돌아왔어?

- When did they **get there?**
  get 다음에 장소명사, 부사오면 도착하다
  걔네들이 언제 거기에 도착했어?

- When does it **happen?**
  그게 언제 그렇게 되는데?

- When did it **start?**
  언제 시작했는데?

- When did it **get sexual, Virginia?**
  버지니아, 언제부터 섹스를 하게 된거야?

- Brook, when did it **become intimate?**

  그냥 친한게 아니라 성적으로...
  브룩, 언제부터 몸을 섞는 사이가 된거야?

Friends

미드·스크린에서 확인해보기

Ross: When did they **ask you to be their bridesmaid?**
걔네들이 언제 신부들러리 해달라고 부탁한거야?

Rachel: Uh... November? 어, 11월에?

Ross: I wanna say it's not looking good. 보기에 좋지 않은데.

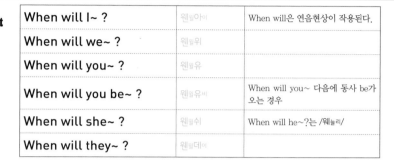

When will she get better?

걔는 언제 나아질까?

Key Point

When will I~ ?	웬윌아이	When will은 연음현상이 작용된다.
When will we~ ?	웬윌위	
When will you~ ?	웬윌유	
When will you be~ ?	웬윌유비	When will you~ 다음에 동사 be가 오는 경우
When will she~ ?	웬윌쉬	When will he~?는 /웨눌리/
When will they~ ?	웬윌데어	

Listen carefully and Check it Out!

- When will I **learn to go with my gut?**

  gut은 내장으로 guts는 용기, gut feeling은 직감

  내가 직감에 따라 행동하는 법은 언제 배우게 될까?

- Well, when will I **see you again?**

  저기, 언제 다시 볼 수 있을까?

- When will I **get this chance again?**

  내가 이 기회를 언제 다시 얻을 수 있을까?

- When will she **get better?**

  걔는 언제 나아질까?

- When will you **know?**

  언제쯤 알건데?

- When will you **leave me alone?!**

  언제나 날 혼자 좀 둘거야?!

- When will you **be getting married?**

  너 언제 결혼하게 될까?

미드·스크린에서 확인해보기

Sex and the City

Psychic: Okay, now is there one question in particular?

좋아요, 이제 뭐 특별히 하고 싶은 질문있나요?

Charlotte: Well, no, just… there is. When will I **get married?**

아뇨, 그냥 있어요. 제가 언제 결혼하게 될까요?

When would it happen?

그게 언제 그렇게 되겠어?

Key Point

When will it~?	웬윌잇	뒤에는 be가 주로 이어진다.
When would I~ ?	웬우다이	
When would you~ ?	웬우쥬	
When would she~ ?	웬우디쉬	
When would it~ ?	웬우딧	

Listen carefully and Check it Out!

- When would she **have had the time?** — 걔가 언제 그런 시간이 있었을까?

- When would I **have time to go out and get syphilis?** — 내가 나가서 매독에 걸릴 시간이 어딨어?

- When would you **like to travel?** — 언제 여행하는걸 좋아해?
  /추래봘/로 받음나

- When would she **have had the chance?** — 걔한테 언제 기회가 있겠어?

- When will it **finally be my turn?** — 마침내 내 차례가 언제가 될까?

- When will it **be?** — 그게 언제가 될까?

- When would it **happen?** — 그게 언제 그렇게 되겠어?

CSI

미드·스크린에서 확인해보기

Sara: You talked to the bride. This seems like motive. Do you think she did it?
신부하고 얘기해보셨잖아요. 이게 동기인 것 같아요. 그녀가 그랬다고 생각하세요?

Grissom: When would she **have had the time?** 언제 그녀가 그런 시간이 있었을까?

036
When+can 동사
When can I[We]~ 로
시작하는 문장

When can I see you again?
언제 다시 만날 수 있을까?

 Key Point

When can I~ ?	웬캐나이	When이 can과 어울릴 때는 현재를 선호한다.
When can I talk[see]~ ?	웬캐나이톡[씨]	특히 많이 쓰이는 패턴
When can we~ ?	웬캐뉘	

Listen carefully and Check it Out!

- When can I take Chris home?

  언제 내가 크리스를 집에 데려갈 수 있어?

- When can I get out of here?

  내가 언제 여기서 나갈 수 있어?

- When can I talk to my mom?

  내가 언제 엄마와 얘기를 나눌 수 있어?

- When can I see you again?

  널 언제 다시 만날 수 있어?

- Well, when can we take her home?

  그래, 우리가 언제 걔를 집에 데려갈 수 있어요?

- And when can we expect him?

  그리고 우리가 언제 걔가 돌아온다고 기대할 수 있어?

- So when can we have access?

  그럼 언제 우리가 접근할 수 있을까?

  첫오름머 엑센트가 있어

 Desperate Housewives

John: I want you so bad. When can I see you again?

당신을 정말 원해요. 언제 다시 볼 수 있어요?

Gabrielle: Tomorrow. Meet me at the front entrance of the mall after school.

내일. 방과 후 몰의 정문에서 만나자.

When can you **tell me?**

언제 얘기를 해줄거야?

Key Point

When can you~ ?	웬캔뉴	네가 언제 …을 할 수 있냐"고 물어 보는 패턴
When can he~ ?	웬캔니	
When can she~ ?	웬캔쉬	
When have you~ ?	웬해뷰	When의 특성상 현재완료와 어울리 는데 제한적이다.

Listen carefully and Check it Out!

- When can you **tell me?** — 언제 얘기를 해줄거야?

- So when can you **interview her?** — 그럼 언제 걔와 인터뷰를 할 거야?
  /ㅂ/의 /w/따라하기, /이너뷰/

- When can she **start?** — 걔는 언제 시작할 수 있어?

- When have I **ever done that?!** — 언제 내가 그런 짓을 한 적이 있어?

- When have I **ever touched myself** in front of you guys? — 내가 언제 너희들 앞에서 자위한 적이 있어?
  /ch/+ed=/cht/박음

- When have you **experienced this?** — 언제 이 경험을 한거야?

- When have you **been having sex?** — 언제 섹스를 한거야?

미드 · 스크린에서 확인증바보기

Friends

Monica:	Joey, did you even interview this woman before you asked her to move in? 조이, 그 여자에게 이사들어오라고 하기 전에 인터뷰는 한거야?
Joey:	Of course, I did. 물론, 했지.
Monica:	Uh-huh, what exactly did you ask her? 정확히 무엇을 물어봤어?
Joey:	"When can you **move in?**" 언제 이사올 수 있냐고?

Since when are you friends with him?

언제부터 넌 걔와 친구인거야?

Key Point

Since when is[are]~ ?	신스웨너즈[웨너]	
Since when do you~ ?	신스웬두유	
Since when you do care~ ?		care 다음에는 about이나 의문사절이 이어진다.
Since when did you become~ ?		"언제부터 네가 …가 됐는냐?"라는 의미
Since when have you been~ ?	신스웨너뷴	

Listen carefully and Check it Out!

- Since when is that **a problem?**

  언제부터 그게 문제가 된거야?

- Since when is **our marriage in trouble?**

  언제부터 우리 결혼이 곤경에 처한거야?

- Since when did you **start smoking cigars?**

  언제부터 시가를 피기 시작한거야?

- Since when do you **voluntarily go see patients?**

  go 다음에 바로 다양한 동사를 넣어봐야

  언제부터 네가 자발적으로 환자를 보러 간거야?

- Since when do you care **what your boss said?**

  언제부터 네가 사장말에 신경을 썼어?

- Since when do you care **about your appearance?**

  언제부터 네 외모에 대해 그렇게 신경을 썼어?

- Wow, since when did you become **such a romantic?**

  형용사 어미같지만 명사로도 쓰인 경우.

  언제부터 네가 그렇게 낭만적으로 됐어?

미드·스크린에서 확인해보기

Desperate Housewives

Edie: Since when do you **have a key to his garage?**

언제부터 차고 열쇠를 갖고 있었던거예요?

Mrs. McCluskey: He gave me one in case of an emergency. 비상시를 대비해서 내게 하나 줬어.

Where am I gonna find a girlfriend?
어디서 여친을 구할까?

Key Point

Where am I~ ?	웨어애마이	
Where am I supposed to~ ?	웨어애마이서포스투	/d/발음을 거의 하지 않고 바로 to로 넘어간다.
Where am I gonna find~ ?	웨어애마이거너파인드	단어가 /d/, /t/로 끝나는 경우, 발음이 잘 안된다.
Where am I gonna get~ ?	웨어애마이거너겟	

Listen carefully and Check it Out!

- Where am I supposed to **go?**

  내가 어디로 가야 되는거야?

- Where am I supposed to **put all my stuff?**

  내 모든 물건들을 어디에 놔야 되는거야?

- Where am I gonna find **a woman like that?**

  내가 어디서 저런 여자를 찾을까?

- Where am I gonna find **a coach?**

  저기, 내가 어디서 코치를 찾을까?

- Where am I gonna get **that bail money?**

  내가 어디서 보석금을 구하게 될까?

- Where am I going to **put all of his things?**

  /어거브/

  자기야, 내가 개의 물건들 다 어디에 놓을까?

- Where am I gonna **go?**

  내가 어디에 가는걸까?

미드·스크린에서 확인해보기

Desperate Housewives

Tammy: Oh, no. They're all booked. They call this a closet? Where am I supposed to **put all my stuff?** 이런, 예약이 다 찼대. 이건 다락방이라고 부르나? 내 짐들을 다 어디에 풀라고?

John: You know, I could really use a drink. Why don't we go down to the bar?
저기 말야, 술한잔 하고 싶은데, 술집으로 내려가자.

Where+be 동사

Where's~로
시작하는 문장

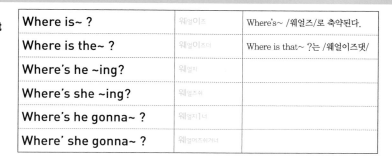

Where's she **staying?**

걔는 어디에 머물고 있는거야?

Key Point

Where is~ ?	웨얼이즈	Where's~ /웨얼즈/로 축약된다.
Where is the~ ?	웨얼이즈더	Where is that~ ?는 /웨얼이즈댓/
Where's he ~ing?	웨얼지	
Where's she ~ing?	웨얼즈쉬	
Where's he gonna~ ?	웨얼지]너	
Where' she gonna~ ?	웨얼이즈쉬거나	

Listen carefully and Check it Out!

- Where is he? We need everyone.

  걔는 어디있어? 우리는 한 사람도 빠지지 않고 다 필요해.

- Where's the key? Where's the key?!

  열쇠가 어디있어? 열쇠가 어디있냐고?

- Where's that freakin' birthday cake?

  ~ing에서 /g/받음은 거의 나지 않아 표기까지 생략하기도 해

  그 끔찍한 생일케익이 어디 있어?

- Where's that thing I asked you to sign?

  내가 사인하라고 부탁한거 어디 있어?

- Where's he running to?

  그럼 걔는 어디로 달아나고 있는거야?

- Where's she staying?

  걔는 어디에 머물고 있는거야?

- Where is this coming from?

  이건 어디서 난거야?

미드 스크린에서 확인해보기

Sex and the City

Samantha: Carrie! There you are. Where's Charlotte? 캐리! 여기 있구나. 샬롯은 어디있어?

Carrie: Believe it or not, she's involved in a peep show upstairs.

믿기지 않겠지만, 윗층에서 핍쇼를 하고 있어.

Samantha: I'm starting to have a new-found respect for that girl.

샬롯이 존경스러워지기 시작하네.

Where are we **on the case?**

사건 어떻게 돼가고 있어?

Key Point

Where are+N?	웨얼아	
Where are we ~ing?	웨얼아위	Where are we?는 길을 잃어버렸을 때 하는 말
Where are we on sth?	웨얼아위오	위치를 물어보거나 사건의 진척도나 진도 등을 물어볼 때

Listen carefully and Check it Out!

- Where are my husband's pills?

  내 남편의 약이 어디 있어?

- Where are my children?

  내 아이들이 어디 있어?

- You guys, where are we on the friend?

  너희들, 우리 어떤 친구사이인 거야?

- Where are we on Doug's client list?

  더그의 고객명단에서 우리가 어디에 있어?

- Hey, guys, where are we on the case?

  사건 어떻게 돼가고 있어?

- Ryan, where are we on the traffic cams?

  라이언, 교통카메라에서 우리가 어디에 있어?

- Where are we on identifying Jane Doe?

  남자의 경우에는 John Doe

  신원미상의 시신 확인작업이 어디까지 됐어?

Lynette:	Wait. Where are my chairs? I didn't order these.
	잠깐만요. 제가 주문한 의자는 어디 있어요? 이건 제가 주문한게 아닌데요
Delivery Man:	You're Lynette Scavo? 르넷 스카보이시죠?
Lynette:	Yes. 예.
Delivery Man:	Well, then you ordered these. 그럼 이거 주문하셨어요.

042

Where+be 동사

~~Where are~ 로
시작하는 문장 – 2~~

Where are you taking him?

개를 어디로 데려가는거야?

Key Point

Where are you ~ing?	웨얼아유	
Where are you going to~ ?	웨얼아유고인투	
Where are you gonna~ ?	웨얼아유거너	going to가 gonna로 발음되는 경우

Listen carefully and Check it Out!

- Where are you **going**?
어디 가?

- Where are you **taking her**?
걔를 어디에 데려가는거야?

- Where are you **hiding it**?
그걸 어디에 숨기는거야?

- Where are **they going on their honeymoon**?
걔네들 신혼여행 어디로 가는 거야?

- Where are you **keeping them**?
넌 걔네들 어디에 데리고 있어?

- Where are you **gonna go**?
너 어디로 갈거야?

- Where are you going to **feed them**?
/피 드뗌/이 아니라 /피들/
어디서 걔네들 먹이를 줄거야?

Mike: I'm sure part of you does hate him, but, you know, maybe part of you is still hung up on him.
맘속에 조금은 그를 싫어하겠지만 또 당신 맘속 일부는 아직도 그를 잊지 못하고 있을 수도 있어.

Susan: Where are you **getting this**? 왜 그렇게 생각해?

Where was **Cindy today?**

오늘 신디는 어디 있었어?

Key Point

Where was+N?	웨뤄x	과거에 N이 어디 있어냐는 정보를 구하는 패턴
Where was he+부사구?	웨뤄지	부사구가 뜻하는 시간에 그가 어디에 있었냐고 물어보는 문장
Where was she+부사구?	웨뤄쉬	
Where was (s)he when~ ?	웨뤄지(쉬)웬	…할 때 어디에 있었냐고 물어보는 문장이다.

Listen carefully and Check it Out!

- Where was Susan today?

- Where was his wife?

- Where was the last place you saw your friend?

- Where was she at 10:22?
  ten twenty two

- Where was your husband today around 3:00?

- Where was he Saturday night?

- Where was he when Nina was abducted?
  약으음단어첫받음은 거의 들려지 않게

수잔은 오늘 어디 있었어?

걔의 아내는 어디있었어?

네 친구를 마지막으로 본 장소가 어디였어?

걔는 10시 22분에 어디에 있었어?

오늘 3시경 네 남편은 어디에 있었어?

걔는 토요일 저녁에 어디에 있었어?

니나가 유괴된 때 걔는 어디 있었어?

미드·스크린에서 확인해보기   **Desperate Housewives**

Edie: So, uh, where was Susan today? 그래. 오늘 수잔 어디있는거야?

Lynette: Um, I'm not sure. 모르겠어.

Edie: Wow! Tom must be great in bed. 왜 톰이 침대에서 끝내주나보네.

Where was she last seen?

개는 어디서 마지막으로 목격되었어?

Key Point

Where was+N+ ~ing?	웨뤄x	N(사람 혹은 사람)이 어디로 향했는지 정보를 구하는 패턴이다.
Where was+N+pp?	웨뤄x	N(사람 혹은 사람)이 어디서 pp를 하게 된건지 물어보는 문장
Where was sb last seen?	웨뤄x~라슷신	바로 위 패턴에서 아주 잘 쓰이는 경우이다.

Listen carefully and Check it Out!

- Where was she **going?**   개는 어디에 가고 있었어?

- Where was **the package going?**   이 소포는 어디로 가는 중이었어?

- Where was he **keeping her all this time?**   지금까지 내내 개는 그녀를 어디에 데리고 있었어?

- Where was **this photo taken?**   이 사진은 어디에서 찍은거야?

- Well, where was **he locked up?**
  연음에서 /락업→라겁/   저기, 개는 어디에 감금되어 있었어?

- Where was **the body found?**   시신은 어디서 발견되었어?

- Where was **it delivered?**   그것은 어디로 발송되었어?

미드·스크린에서 확인해보기   **CSI**

Catherine: She was the same age as Lindsay. She was trying to hitchhike.
린지와 같은 나이였어요. 히치하이크를 하려고 했어요.

Grissom: Where was she **going?** 어디 가고 있었는데?

Where were you two nights ago?

너 이틀 전에 어디 있었어?

Key Point

Where were you~ ?	웨얼워류	상대방의 과거행적을 묻는 것으로 Where were you~ 다음에 시간명사가 온다.
Where were you+요일~ between~ and~?	웨얼워류	시간부사구 중에서 특히 between이 쓰인 경우로 수사관이 많이 쓴다.
Where were you when~ ?	웨얼워류웬	이번에는 when~절이 시간명사를 대신하는 경우이다.

Listen carefully and Check it Out!

• Where were you **two nights ago?** 너 이틀전에 어디 있었어?

• Where were you **Friday night?** 금요일 저녁에 어디 있었어?

• Where were you **last night around sunset?** 저스틴, 어제 저녁 해질무렵에 어디 있었어?

• Where were you **Monday** between **5:00** and **7:00 p.m.?** 월요일 오후 5시에서 7시 사이에 어디에 있었어?

• Where were you when **he was born?** 걔가 태어날 때 넌 어디 있었어?

• Where were you **the night Emit was killed?** 에밋이 살해된 저녁 넌 어디에 있었어?

• Where were you when **it happened?** 그 일이 발생했을 때 넌 어디에 있었어?

유성음+ed는 /d/ 발음

Desperate Housewives

Bree: Where were you **last night?** 지난 밤에 어디 있었니?

Andrew: **Brian's.** 브라이언 집에요

Bree: I just spoke to Brian's mother. Now tell me again where you were last night and this time don't lie to me.
나 방금 브라이언 엄마와 얘기나눴다. 그러니 간밤에 어디 있었는지 다시 말해라, 그리고 이번에는 거짓말하지 말고.

046

Where+be 동사

Where were~로
시작하는 문장 – 2

Where were you heading?

너 어디로 가고 있는 중이었어?

Key Point

Where were you~ ing?	웨얼위류	상대방이 과거에 무슨 행동을 하고 있었는지 물어보는 문장
Where were you going to~ ?	웨얼위류고인투	going to는 gonna로 발음되기도 한다.
Where were ~ pp?	웨얼ㄹ	주어가 언제 pp하게 되었는지 묻는 패턴이다.

Listen carefully and Check it Out!

- Where were you **going?**

  너 어디에 가고 있던 중이었어?

- Where were you **taking us?**

  우리를 어디로 데리고 가고 있던 중이었어?

- When your plane crashed, where were you **flying from?**

  네 비행기가 사고났을 때, 어디서 출발한거였어?

- Where were you going to **work tonight?**

  오늘밤에 어디서 일할 거였어?

- Where were they **found?**

  걔네들이 어디서 발견되었어?

- Where were they **abducted from?**

  걔네들이 어디에서 유괴된거였어?

- Where were you **heading?**

  너 어디로 가고 있는 중이었어?

  head는 동사로 가다, 향하다

Desperate Housewives

Bree: Maisy, please. I mean, we used to be good friends.

메이지, 제발. 내 말은 우리 좋은 친구사이였잖아.

Maisy: Ah. Where were you when Harold lost his job a year ago, huh?

해롤드가 일년전에 직장을 잃었을 때 넌 어디 있었어, 어?

Where do I know you from?

어디서 뵀었죠?

Key Point

Where do I~ ?	웨어드아이	Where do~ 다음에 올 수 있는 대명사 중 you를 뺀 나머지
Where do we~ ?	웨어드위	
Where do they~ ?	웨어드데이	

Listen carefully and Check it Out!

- Where do I know you from? ⸽ 어디서 뵀었죠?

- Where do I sign? ⸽ 어디다 서명하죠?

- Oh, honey, where do I begin? ⸽ 자기야, 어디에서 시작을 할까?

- Where do I meet you, hospital or crime scene? ⸽ 어디에서 볼까, 병원 아니면 범죄현장?
  /c/는 묵음

- Where do they get these children? ⸽ 걔네들은 이 아이들을 어디서 난거야?

- Where do they take him? ⸽ 걔네들은 그를 어디로 데려가?

- Where do we go from here? ⸽ 여기서 어디로 가야되는 거지?

미드·스크린에서 확인해보기   **Friends**

Kate: Where do I know you from?   어디서 뵌 적이 있나요?

Joey: Dr. Drake Remoray. Days of Our Lives.   "Days of Our Lives"에서 드레이크 르모레이 박사 역을 했죠.

Where do you **work?**

어디서 일해?

Key Point

Where do you~ ?	웨어두유	다양한 동사와 많이 쓰이는 패턴. 시작부분이라 잘 안들리기 때문에 반복듣기 한다.
Where do you get~?	웨어두유겟	
Where do you keep~ ?	웨어두유킵	…을 어디에 보관하는지 물어보다

Listen carefully and Check it Out!

- Where do you find all these women anyway? / 어쨌든 이 여자들 모두 어디서 찾은거야?

- Where do you recognize him from? / 그 사람을 어디서 만난거야?

- Where do you keep your coffee filters? / 커피필터를 어디에 보관하고 있어?

- Where do you keep your house keys? / 집열쇠를 어디에 보관해요?

- So where do you get your hair cut? / 그럼 머리를 어디서 깎은거야?
  get~pp의 용법으로 get your는 /게츄어ㄹ/

- Where do you get this attitude? / 이런 태도는 어디서 배운거야?

- Where do you get this stuff? / 이 물건은 어디서 산거야?

미드·스크린에서 확인해보기   **Desperate Housewives**

Justin: Where do you get off telling John he's not good enough to raise a child? That kid can be his.
어떻게 존에게 아이를 키우기에 부족하다고 말할 수 있어요? 그 아이는 존의 아이일 수도 있는데요.

Gabrielle: It is a complicated situation. 그게 상황이 복잡하단다.

Where do you want to go?
어디로 가고 싶은거야?

Key Point

Where do you think~ ?	웨어두유씽크	어디에 있는지, 어디서 …을 했는지 물어보는 빈출패턴
Where do you want to~?	웨어두유원트	
Where do you wanna~?	웨어두유워너	want to가 wanna로 발음되는 경우
Where do you want me to~?	웨어두유원미투	want me~에서 /t/발음은 거의 되지 않는다.

Listen carefully and Check it Out!

- Where do you think **you are?**   여기가 어디라고 생각하는거야?

- Where do you think **Mike really is?**   마이크는 정말 어디 있다고 생각하는거야?

- Where do you think **Zach went?**   잭이 어디로 갔다고 생각하는 거야?

- Where do you think **she got that idea?**   걔가 그런 생각이 어디에서 났다고 생각해?

- Where do you want to **go?**   어디로 가고 싶은거야?

- Where do you wanna **go eat?**   어디가서 먹고 싶어?

_{두 동사사이에 and나 to가 생략된거}

- Where do you want us to **go?**   우리가 어디로 가기를 원해?

Big Bang Theory

Bernadette: Can I ask you a question?   뭐하나 물어봐도 돼?
Howard: Sure.   그럼.
Bernadette: Where do you think **this is going?**   우리 관계가 어떻게 되는 것 같아?

050

Where+do 동사

Where does~로
시작하는 문장

Where does it **hurt?**
어디가 아파요?

Key Point

Where does he~ ?	웨얼더지	
Where does she~ ?	웨얼더쉬	does she~의 경우 /z/와 /s/가 동음계열로 하나만 발음하면 된다.
Where does ~ get~?	웨얼더z겟	위 패턴에 동사가 get이 오는 경우이다.
Where does it~ ?	웨얼더짓	does it~은 연음되어 /더짓/이 된다.

Listen carefully and Check it Out!

- Where does he **live?** — 걔는 어디에 살아?

- Where does he **stand on the issues?** — 그 문제들에 대한 걔의 입장은 뭐야?

- Where does he **wanna meet you?** — 걔는 어디서 너를 만나고 싶어해?
  /이흐/라고 연음도 하지만 그냥 /원유/라고 써. 개인마다 지역마다 취향대로~

- Where does he **hide his dirty pictures?** — 걔는 야한 사진들을 어디에다 숨겼대?
  더럽다는게 아니라 야하다는 말씀.

- Where does he **think he is?** — 걔가 어디 있다고 생각해?

- Where does she **come from?** — 걔의 고향은 어디야?

- Where does she **get her money?** — 걔는 어디서 돈을 구했대?

Desperate Housewives

Bree: Hi, Danielle, how was school? 다니엘, 학교는 어땠니?

Danielle: It was okay. 괜찮았어요.

Bree: Good. Where does Andrew keep his marijuana?
좋아. 앤드류가 마리화나를 어디에 보관하니?

Where did you get
that idea?

어디서 그런 생각을 해낸거야?

Key Point

Where did you~ ?	웨얼디쥬	
Where did you get~ ?	웨얼디쥬겟	"어디서 …을 구했냐"라는 의미
Where did you say~?	웨얼디쥬세이	
Where did you find~ ?	웨얼디쥬파인ㄷ	find의 /d/ 발음은 거의 하지 않는다.

Listen carefully and Check it Out!

- Where did you **learn to do this?**   어디서 이거 하는 법을 배웠어?

- Where did you **hear that?**   그걸 어디서 들었어?

- Where did you get **that idea?**   어디서 그런 생각을 해낸거야?

- Where did you get **those scripts?**   그 스크립트를 어디서 구한거야?
  ~the의 경우는 /ㅈ/ㅅ/박음

- Where did you get **the money?**   그 돈을 어디서 구한거야?

- Where did you say **the bathroom was?**   어디가 화장실이라고 했지?

- Where did you find **my license?**   내 면허증을 어디서 찾은거야?

미드·스크린에서 확인해보기

Friends

Molly: So where did you study?   어디서 공부했어?

Joey: Oh, I didn't go to college.   난 대학교에 가지 않았어요.

Molly: No, where did you study acting?   아니. 어디서 연기수업을 했냐고요?

052

Where+have+pp

Where have~로
시작하는 문장

Where have you been hiding?

그동안 어디에 있었던거야?

Key Point

Where have I~ ?	웨어해바이	
Where have you seen~ ?	웨어해뷰신	과거에 …을 본 적이 있는지 물어본다.
Where have you been~?	웨어해뷰빈	been 다음에는 시간부사명사 혹은 for+시간명사가 이어진다.
Where have you been+ ~ing[pp]	웨어해뷰빈	앞의 경우와 달리 been 다음에 ~ing[pp]가 온다.

Listen carefully and Check it Out!

- Where have I **heard that before?**

내가 전에 어디서 그 얘기를 들었지?

- Where have I seen **you before?**

전에 제가 뵌 적이 있나요?

- Where have you seen **the photograph** that you're holding?

갈게없는 /t/는 모음사이에서 버걱돼

네가 갖고 있는 사진을 어디서 본 적있어?

- Where have you been? **I've missed you.**

떡음하면 /미스~음/

어디 갔었어? 보고 싶었어.

- Where have you been **all night?**

밤새 어디 있었어?

- Where have you been **staying in New York?**

너는 뉴욕 어디에서 머물고 있어?

- Where have you been **hiding?**

그동안 어디에 있었던거야?

미드·스크린에서 확인해보기

Desperate Housewives

Bree: Hey! Where've you two been? 둘다 어디 있다 오는거야?

Mike: Uh, Susan had a problem finding something to wear. 수잔이 입을 옷을 찾지 못해서요.

Where would I find her?

내가 어디서 걔를 찾겠어?

Key Point

Where will~ ?	웨럴	
Where would I~ ?	웨러우다이	
Where would we~ ?	웨러우드위	

Listen carefully and Check it Out!

- Where will you **hide them?**   그것들을 어디에 숨겨놓을거야?

- Where will it **end this time?**   이번에는 그게 어디서 끝날까?

- Where would I **find Alicia?**   어디서 알리시아를 찾겠어?

- Where would we **get 'em?**   우리가 그것들을 어디서 구하겠어?
  get them에서 them의 제소리폰내지 표기까지 무시당한 경우

- Where would we **be without lawyers?**   변호사가 없다면 우리는 어떤 지경이겠어?

- Where would we **return it?**   우리가 그걸 어디에 돌려놔야 되겠어?

- Where would we **put it?**   우리가 그걸 어디에 놓아야 될까?

Desperate Housewives

Bree: So, uh, where will you **be going?**   그럼, 어디로 갈거예요?

Rex: I'll be staying at the Motor Lodge.   모토로지에 있을거요.

Where would you like to go?

어디에 가고 싶어?

Key Point

Where would you get~ ?	웰우쥬겟	
Where would you buy~ ?	웰우쥬바이	
Where would you like~ ?	웰우쥬라잌	"…을 하고 싶은데 어디서 하고 싶은지"를 물어보는 문장이다.

Listen carefully and Check it Out!

- Where would you **buy something like this?**

  이런거 사려면 넌 어디로 가겠어?

- Where would you **get an idea like that?**

  이제 그런 생각을 어디서 얻겠어?

- Where would you **get such an outrageous idea?!**

  충격적인, 뻔난이라는 이드 빈출형용사

  넌 어디서 그런 얼토당토않은 생각을 해낸거야?

- Where would you **get it?**

  넌 그것을 어디에서 구하겠어?

- Where would you **like to go?**

  어디에 가고 싶어?

- Where would you **like to start?**

  어디서 시작하고 싶어?

- Where would you **like us to set up?**

  우리가 어디에다 설치를 할까요?

미드·스크린에서 확인해보기

Desperate Housewives

Rex: So, where would you like to **go?** 그래 어디로 가고 싶어?

Bree: **It doesn't matter. You decide.** 상관없어. 당신이 결정해.

Where+can

Where can[could]~으로
시작하는 문장

Where can I drop you?

어디에서 내려줄까?

Key Point

Where can I~ ?	웰캐나이	can은 약음화되고 뒤의 'T'와 연음된다.
Where can we~ ?	웰캐뉘	
Where could~ ?	웰쿠ㄷ	
Where could I~ ?	웰쿠다이	

Listen carefully and Check it Out!

- Where can I wash up?

화장실이 어디죠?

- Where can I drop you?

어디에서 내려줄까?

- Where can I buy you dinner?

어디에서 저녁을 사줄까?

- Where can I meet you?
  /미츄/츄우 /민뉴/

어디에서 볼까?

- Where can we find him?

우리가 어디서 걔를 찾을 수
있을까?

- Where could I have possibly gone wrong?

내가 어디서 틀렸을까?

- Where could we find Ryan right now?

지금 당장 라이언을 어디서
찾을 수 있을까?

미드·스크린에서 확인해보기

Sex and the City

Big: Where can I drop you? 어디에 내려주면 되죠?

Carrie: 72nd Street, Third Avenue. 3번가 72번지요.

Big: You got that, Al? 알았지, 알?

Where+should

Where should~로
시작하는 문장

Where should I start?
어디서 시작을 해야 하나?

Key Point

Where should I~ ?	웰슈다이	should는 뒤의 'I'와 연음된다.
Where should we~ ?	웰슈위	

Listen carefully and Check it Out!

- Where should I take my clothes off?

  내가 어디서 옷을 벗어야 할까?

- Where should I start?

  어디서 시작을 해야 하나?

- Where-where should I meet you?

  내가 너를 어디서 만나야 되나?

- Where should I put this?

  이거 어디에다 놓을까?

- Where should I look, in the kitchen?

  the는 관사로 거의 지나가듯 살짝 발음

  어디를 봐야 돼, 부엌에서?

- Where should we begin?

  우리 어디서 시작해야지?

- Where should we start first?

  우리 어디서 먼저 시작을 해야지?

미드·스크린에서 확인해보기

Friends

Tim: Wow! Everything looks great! Where should I sit?
         왜 모든게 다 멋지네요! 저는 어디에 앉죠?

Monica: I saved you a seat. 제가 자리 잡아놨어요.

057

Who+be 동사

Who am I~로
시작하는 문장

Who am I to judge?
내가 누구라고 비난을 하겠어?

Key Point

Who am I ~ing?	후애마이	혼자 반문하거나 혹은 전화영어에서 상대방이 누구인지 물어볼 때
Who am I to~ ?	후애마이투	"내가 누구라고 …하겠냐." 즉 "내가 …할 입장이 아니다"라는 의미
Who am I to say no to~ ?	후애마이투세이노투	Who am I to~?의 대표패턴. 거절 할 입장이 아니라는 말

Listen carefully and Check it Out!

- **Who is this?** Who am I **speaking to?**

  당신 누구야? 누구냐고?

- **I screwed up.** Who am I **kidding? I'm no one's father.**

  오음+ed는 /d/로 발음

  내가 망쳤어. 누가 나를 믿겠어? 난 누구의 아버지도 아닌걸.

- Who am I **gonna meet in a blackout?**

  정전이 되었는데 내가 누굴 만니겠어?

- Who am I **dealing with here, Eddie? Him or you?**

  내가 지금 누구하고 거래를 하는거야. 걔야 너야?

- Who am I to **stop them?**

  내가 누구라고 걔네들을 막겠어?

- Who am I to **judge?**

  judge는 여기서 비난하다

  내가 누구라고 비난을 하겠어?

- Who am I to **correct a professor?**

  내가 교수님의 잘못을 고쳐줄 입장이 아니지.

 미드·스크린에서 확인해보기

Sex and the City

Miranda: I guess it depends on what's normal for you.

그건 네가 뭐가 정상이라고 생각하는 것에 달린 것 같은데.

Carrie: Oh, god, I hate that. Who am I to know what's normal?

맙소사. 정말 싫어. 내가 누구라고 뭐가 정상인지 알겠어?

058

Who+be 동사

Who are you~로
시작하는 문장

Who are you going out with?

누구랑 데이트해?

Key Point

Who are you ~ing?	후아류	누구와 …하는지 물어보는 패턴
Who are you going to~ ?	후아류 고인투	빨리 발음하면 Who are you gonna~ ?가 된다.
Who are you trying to~ ?	후아류 트라인투	
Who are you to~ ?	후아루투	"네가 뭔데 …라는거야"라고 따지는 문장

Listen carefully and Check it Out!

- Who are you **having sex with, Claire?** | 클레어, 너 누구하고 섹스하는 거야?

- Who are you **talking to?** | 너 누구한테 말하는거야?, 넌 누구랑 통화중야?

- Who are you **going out with?** | 너 누구랑 데이트하는데?

- Who are you **cheating with?** | 너 누구랑 바람피는거야?
  부정하며 혹이는 사람은 cheat on sb, 함께 바람피는 사람은 cheat with sb

- Who're you going to **believe?** | 너 누구를 믿을거야?

- Who're you trying to **impress?** | 넌 누구를 감동시켜려고 하는 거야?

- Who are you to **decide that?** | 네가 뭔데 그걸 결정하는거야?

미드·스크린에서 확인해보기   **Friends**

Joey: I'm falling in love with you.   나 너 사랑해.

Rachel: Who are you **talking to?** Oh, you're kidding! Oh, it's a joke!
누구한테 말하는거야? 너 나 놀리는거지! 농담이지!

Who+be 동사

Who is~로
시작하는 문장 - 1

Who is that guy with Anne?

앤하고 같이 있는 남자는 누구야?

Key Point

Who is+N?	후이즈	'N'이 누구냐고 물어보는 문장
Who's~ ?	후즈	Who is~의 축약형
Who is he ~ing?	후이지	그가 누구를 ~ing하냐고 묻는 패턴이다.
Who is she ~ing?	후이셔	축약하여 Who's she~라고 해도 된다.

Listen carefully and Check it Out!

- Who is it?

- Who is she? What do we know about her?

- Who is that guy with Anne?

- Who is that red head with your ex-wife?
  그냥 ex라고만 해도 된다.

- Who is she suing this time?

- Who is she running from?

- Who is she seeing now?

누구세요?, 누군데?

걔는 누구야? 걔에 대해서 아는게 뭐있어?

앤하고 같이 있는 남자는 누구야?

네 전부인하고 같이 있는 빨간 머리는 누구야?

이번에 걔는 누구를 고소하는 거야?

걔는 어디로부터 도망가고 있는거야?

걔는 지금 누구를 만나고 있어?

미드·스크린에서 확인해보기

Friends

Monica: I can't believe he has a new roommate. Who is this guy?
새로운 룸메이트가 있다니 놀랍네. 어떤 사람인데?

Ross: Uh, Eddie something. He just met him. 에디 뭐라고 하던데. 방금 만났어.

060
Who+be 동사

Who is~로
시작하는 문장 - 2

Who's gonna take care of me?
누가 나를 돌볼거야?

Key Point

Who's ~ing?	후즈	Who가 주어로 쓰인 경우. "누가 …하냐"고 물어 보는 패턴이다.
Who's not ~ing?	후즈낫	부정으로 "누가 …하지 않냐"라는 의미
Who's going to~ ?	후즈고잉투	Who~에 be going to~가 연결된 경우
Who's gonna~ ?	후즈거너	going to~를 gonna로 빨리 읽는 경우이다.
Who's been ~ing?	후즈빈	"누가 계속 …하고 있냐"라고 묻는 문장이 된다.

Listen carefully and Check it Out!

- Who's **going skiing?**

  누가 스키타러 가?

- Who's not **closing these bottles?**
  /b/가 두개있어도 타고난 성품이 그래서 어쩔 수 없이 벗겨돼

  누가 이 병의 뚜껑을 닫지 않은거야?

- Who is **telling you these lies?**

  누가 네게 이런 거짓말을 한 거야?

- Who is **calling you at this hour?**

  누가 이시간에 네게 전화를 하는거야?

- Who's gonna **take care of me?**

  누가 나를 돌볼거야?

- Who's gonna **hurt you?**

  누가 너에게 상처를 입힐거야?

- Who's gonna **drive me to school?**

  누가 나를 차로 학교에 데려다줄거야?

 미드·스크린에서 확인해보기

Friends

Joey: Well you gotta kiss someone, you can't kiss your sister.
너 누군가와 키스를 해야 되는데, 네 여동생에게는 못하잖아.

Ross: Well, who's gonna kiss my sister. 누가 내 여동생에게 키스를 할까?

Joey: Chandler. 챈들러.

061

Who+be 동사

Who was~로
시작하는 문장

Who was **that guy?**

저 사람은 누구였어?

Key Point

Who was+N?	후워즈	
Who was+N S+V?	후워즈	여기서 S+V는 N를 수식하는 형용사절이다.
Who was he ~ing?	후워지	Who는 ~ing의 목적어이다. ~was he~는 연음되어 발음된다.
Who was she ~ing?	후워쉬	~was she~에서 동음계열회피현상으로 /즈/발음은 약하게 혹은 안하게 된다.
Who was ~ing?	후워즈	Who가 주어로 쓰인 경우이다.
Who was going to~ ?	후워즈고인투	

Listen carefully and Check it Out!

- You met someone! Who was it?

  너 누구 만났지? 누구였어?

- Who was he with?

  걔는 누구와 함께 있었어?

- Who was that girl I just saw leaving your office?

  네 사무실을 방금 나간 여자는 누구였어?

- Who was he looking for?

  걔는 누구를 찾고 있었어?

- Who was he talking to?

  걔는 누구하고 얘기하고 있었어?

- Who was driving that car?

  누가 그 차를 몰았던거야?

- Who was going to be your best man?

  네 신랑들러리는 누가 하기로 했었어?

  역시 best의 /t/는 거의 발음되지 않아

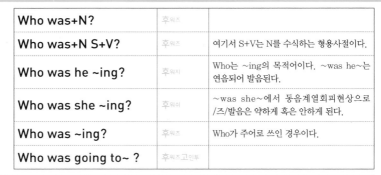

미드·스크린에서 확인해보기

Desperate Housewives

Gabrielle: I'm the one who was sleeping with your son. I'm so sorry.

당신 아들과 잠자리를 한 사람은 저예요. 죄송해요.

Helen: For how long? 얼마동안이나?

062

Who+be 동사

Who were~로
시작하는 문장

Who were you **talking to?**

너는 누구와 얘기를 하고 있었어?

Key Point

Who were+N?	후익	그렇게 많이 쓰이지 않는다.
Who were you ~ing?	후익를	Who가 ~ing의 목적어로 쓰인 경우이다.

Listen carefully and Check it Out!

- Who were **the victims?** — 누가 피해자였어?

- Who were **those men I saw here?** — 내가 여기서 봤던 사람들 누구였어?

- Who were you **with last night?** — 지난밤에 누구하고 있었어?
  last의 /t/는 거의 들리지 않아

- Who were you **respecting then?** — 그럼 너는 누구를 존경했었어?

- Who were you **planning on having sex with?** — 넌 누구랑 섹스를 할 생각이었어?

- Who were you **expecting to find?** — 너는 누구를 찾을 걸 예상했었어?

- Who were you **in love with?** — 넌 누구와 사랑에 빠진거였어?

 미드·스크린에서 확인해보기

 Desperate Housewives

Bree: Who were you **planning on having sex with?** 누구랑 섹스를 할 생각이었어?

Danielle: **John.** 존요.

Bree: **John Rowland? I thought you broke up with him.** 존 로우랜드? 걔와 헤어진 줄 알았는데.

Who do you **work for?**

어디서 일해?

Key Point

Who do I~ ?	후두아이	/두/는 유성음화 되어 /루/처럼 발음된다.
Who do we~ ?	후두위	
Who do you~ ?	후두유	/후루유/는 빨리 발음되면 /후라/에 가깝게 들린다.
Who does~ ?	후더즈	

Listen carefully and Check it Out!

- Then who do we send our kisses of gratitude to?

  그럼 우리는 감사의 키스를 누구에게 보내야 돼?

- Well, well, well. Who do we have here?

  아니, 이게 누구야?

- Who do we notify? Treasury?

  어디에 신고하는거야? 재무부에?

- Who do we call when we've been raped?

  우리가 강간을 당하면 어디에 전화해?

- Now, who do you expect me to believe?

  자, 내가 누구를 믿기를 기대하는거야?

- And who did you ask to take care of it?

  그걸 처리하라고 누구에게 부탁했어?

  take care of+sb하면 돌보다, 돌이다, take care of+sth는 처리하다

- Who do you hang out with?

  누구랑 어울려 놀아?

미드·스크린에서 확인해보기

Game of Thrones

Varys: Thwarting you has never been my primary ambition, I promise you.
Although who doesn't like to see their friends fail now and then?

경을 방해하는 것은 저의 우선순위는 아닙니다. 정말이에요. 하지만 자신의 친구들이 몰락하는 것을 즐기지 않는 사람이 어디 있겠습니까마는?

Who would do **this?**

누가 이런 짓을 하겠어?

Key Point

Who will~ ?	후윌	will 다음에는 주격인칭대명사보다는 주로 동사가 바로 이어져 Who~는 문장의 주어가 된다.
Who would do~ ?	후우ㄷ두	"누가 …을 할까?"라는 의미. ~would do~에서 /d/은 동음회피현상으로 하나만 발음한다.
Who wouldn't~ ?	후우든트	"누가 …하려고 하지 않을까?"라는 반문의 문장

Listen carefully and Check it Out!

- Who will I be sharing this dinner with?

  이 저녁을 누구와 함께 할까?

- Who'll be there in one hour, Dad?

  아빠, 누가 한 시간 내에 거기 도착해?

- Who'll protect my mom?

  누가 내 엄마를 지켜줄까?

- Who would do this? Who is that sick?

  누가 이런 짓을 하겠어? 누가 저렇게 병적일까?

- Who would do this to her?

  누가 걔한테 이런 짓을 했을까?

- Unbelievable. Who would do this to themselves?

  못믿겠어. 누가 자기 자신한테 이런 짓을 할까?

- Who wouldn't be interested? Who wouldn't want to date him?

  앞의 /t/는 /n/을화, –ted는 /tid/로 발음

  누가 관심을 갖지 않겠어? 누가 걔하고 데이트를 마다하겠어?

Game of Thrones

Jon: He lived and died for the Watch and he was betrayed by his own men. Stabbed in the back by cowards. He deserved far better. All we can give him now is justice. Who will join me?

그는 나이트워치를 위해 살다가 죽었다. 그리고 자신의 대원들에게 배신당했다. 비겁자들이 등에 칼로 찔렀다. 그 분은 더 좋은 대우를 받을 자격이 있다. 이제 우리가 그분에게 정의를 선사하자. 누가 나와 함께 하겠는가?

Who would you like to **present?**

누가 대표로 말하겠어?

Key Point

Who would want to~ ?	후우드원투	"누가 …을 하고 싶어하겠어?"라는 의미. 그럴 사람은 없다는 말씀
Who would like to~ ?	후우드라잌투	"누가 …을 하겠느냐?"라는 의미
Who would have+pp?	후우드해브	더 빨리 발음하면 /후럽/이 된다.
Who would've thought~ ?	후우더브쏘트	"누가 …을 생각이나 했겠어?"라는 의미의 패턴
Who would you rather~ ?	후우쥬래러	"누구랑 …을 하고 싶니?"라는 의미로 여기서 Who는 목적어이다.

Listen carefully and Check it Out!

- Who would want to **kill a priest?**

  누가 성직자를 살해하고 싶어 하겠어?

- Who would like to **present?**

  누가 대표로 말하겠어?

- Who would have **poisoned daddy?**

  누가 아버지를 독살하려고 했겠어

- Who would've **killed you?**

  누가 너를 죽이려고 했겠어?

- Who would have **thought it was you?**

  그게 너라는 것을 누가 생각이나 했겠어?

- Who would you rather **have as your attorney?**

  너는 네 변호사로 누구를 하고 싶어?

- Who would you rather **have to kiss you, me or Chris?**

  키스를 해야 한다면 나와 크리스 중 누구랑 하고 싶겠어?

   연통해어 /키슈/

미드·스크린에서 확인해보기

Big Bang Theory

Zack: Whoa. You dated Penny? 와. 네가 페니와 데이트를 했어?

Leonard: She didn't tell you? 페니가 말하지 않았어?

Zack: She told me she dated a guy named Leonard. Who would have **thought it was you?** 레너드라는 남자와 데이트했다는데 그게 너일 줄 생각이나 했겠어?

066

Who+can

Who can[could]~으로
시작하는 문장

Who can it be now?

그게 누구일까?

Key Point

Who can~ ?	후캔	"누가 …을 할 수 있을까?"라는 의미
Who could~ ?	후쿠드	Who~는 could와 잘 어울리며 특히 Who could+V?의 형태가 많이 쓰인다.
Who could be~ ?	후쿠드비	
Who could not~ ?	후쿠드낫	
Who could you~ ?	후쿠쥬	여기서 Who는 주어로 쓰인 경우가 아니다.

Listen carefully and Check it Out!

- Who can **afford** to do that?
  단어 첫모음이 약음이면 거의 들리지 않아
  - 누가 그걸 할 여유가 있을까?

- Who can it **be now?**
  - 그게 누구일까?

- Who could **forget it?**
  - 누가 그걸 잊을 수 있겠어?

- Who could **blame her?**
  - 누가 걔를 비난할 수 있겠어?

- Who could **possibly know you here?**
  - 네가 여기 있다는 걸 누가 알 기나 하겠어?

- Who could **possibly believe he would be innocent?**
  역시 단어의 끝자리에 오는 /t/는 소리가 안나
  - 걔가 무죄라는 걸 누가 믿기 나 하겠어?

- Who could **be more qualified than you?**
  - 누가 너보다 더 자격이 되는 사람이 있겠어?

미드·스크린에서 확인해보기

Game of Thrones

Baleish: My friendship with the Lannisters was productive. But Joffrey, a vicious boy with a crown on his head, is not a reliable ally. And who could trust a friend like that?

라니스터 가와의 우정은 생산적이었지. 하지만 조프리, 머리에 왕관을 쓴 포악한 놈은 믿을 수 있는 친구가 아니야. 누가 그런 친구를 신뢰할 수 있겠어?

Who should I take with me?

내가 누구를 데려가야 해?

Key Point			
Who should+V?	후슈드	
Who should I~ ?	후슈다이	
Who should we~ ?	후슈드위	

Listen carefully and Check it Out!

- Who should I choose?! 　　　　내가 누구를 선택해야 해?!

- Who should be arrested? 　　　　누가 체포되어야 하는거야?
  /o/는 거의 들리지 않아

- That sounds like it should be interesting. Who should　재미있을 것 같구만. 우린 누구를 인터뷰해야 돼?
  we interview?

- Who should I take with me? 　　　내가 누구를 데려가야 돼?

- Who should we go to? 　　　　우리는 어디로 가야 돼?

- Who should fix the computer system? 　누가 컴퓨터 시스템을 고쳐야 할까?

　　　　　　　　　　　　　　　　　　Friends

Ross:　　Okay, okay, I'll tell 'em it wasn't Chandler who got high. Now who should
　　　　I say it was? 좋아. 약을 한게 챈들러가 아니라고 말할게. 그럼 누가 약을 했다고 말해야 돼?
Monica:　You! It's not like it's a big deal! 오빠! 그렇게 큰 일도 아니잖아!

068

Why+be 동사

Who am I~로
시작하는 문장 – 1

Why am I alone?

왜 나 혼자야?

Key Point

Why am I+N?	와이애마이	"왜 나는 …일까?"라는 문장
Why am I+adj?	와이애마이	"왜 나는 …한 상태일까?"라는 패턴으로 형용사 대신 부사가 오기도 한다.
Why am I+pp?	와이애마이	"왜 나는 …할까?"라는 의미
Why am I not~ ?	와이애마이낫	위 패턴들의 부정형

Listen carefully and Check it Out!

- Why am I friends with these people?

  난 이 사람들과 친구 사이일까?

- Why am I alone? Where's Denny?

  왜 나 혼자야? 대니는 어디있어?

- I look awful! Why am I so mad?

  먹사는 awe이고 /w/는 거의 발음하지 않아

  나 끔찍해 보여! 왜 내가 그렇게 화가 났을까?

- I don't understand. Why am I here?

  이해가 안돼. 왜 내가 여기 있을까?

- Why am I stronger than all the guys I hang out with?

  왜 나는 내가 노는 친구들보다 더 힘이 셀까?

- Why am I invited to this again?

  왜 나는 이거에 다시 초대받았을까?

- Why am I so intimidated by this guy?

  -dated는 /에이디드/

  왜 나는 이 사람에게 기가죽을까?

미드·스크린에서 확인해보기

Desperate Housewives

Tom: Why am I in trouble? I haven't done anything wrong.

내가 왜 곤란해져? 나쁜 짓 한게 없는데.

Lynette: The only reason you made love to me the other night was because you had just seen Claire naked.

지난 저녁 나와 사랑을 나눈 유일한 이유는 당신이 클레어의 나체를 봤기 때문이었어.

Why am I doing this?

내가 왜 이러고 있는거지?

Key Point	Why am I+ ~ing?	와이애마이	"왜 나는 …을 하고 있을까?"라는 문장
	Why am I being+pp?	와이애마이비잉	위의 ~ing자리에 being+pp의 수동형이 온 경우

Listen carefully and Check it Out!

- Why am I telling you this? You don't care about this stuff.

  왜 내가 네게 이걸 얘기하고 있지? 넌 이거에 신경도 안쓰잖아.

- You're right. Why am I putting up with this?

  네 말이 맞아. 왜 나는 이것을 참고 있는거지?

- Why am I even trying to be friends with you, anyway?

  하여간 왜 나는 너와 친구가 되려고 하는걸까?

- Why am I doing this?

  내가 왜 이러고 있는거지?

- Why am I interviewing for a position that's already been filled?

  왜 나는 벌써 충원된 자리에 지원해 면접을 보고 있는걸까?

- Why am I being <u>singled out</u>?

  왜 나는 제외된걸까?

  single out은 제외하다라는 뜻

미드·스크린에서 확인해보기 Friends

Chandler: *(in a high pitched voice)* What?! I didn't even know that. Why didn't you tell me?! Why am I talking like this?!

뭐라고? 난 몰랐는데. 왜 내게 말 안했어? 왜 내가 이런 톤으로 말하고 있지?!

Monica: I didn't think you could keep it a secret. 네가 비밀을 지키지 않을거라 생각했어.

070

Why+be 동사

Why are~로
시작하는 문장

Why are you so mad at me?

왜 넌 내게 화나 있는거야?

Key Point

Why are we~ ?	와이아위	기본형으로 we 다음에는 형용사, pp, 부사 등이 온다.
Why are we ~ing?	와이아위	we~ 다음에 ~ing가 오는 경우이다.
Why are you+adj?	와이아류	"왜 넌 …한 상태이냐"고 단순한 정보를 구하거나 혹은 따질 때도 사용된다.
Why are you+pp?	와이아류	adj 자리에 pp가 오는 경우
Why aren't you~ ?	와이안츄	you~ 다음에는 부사구나 pp 등이 온다.

Listen carefully and Check it Out!

- Why are you **dressed** like that?
  무성음이어서 ~ed는 /t/발음

  넌 왜 그렇게 옷을 입었어?

- Why are you **so jealous of me?**

  넌 왜 나를 질투하는거야?

- Why are you **so mad at me?**

  왜 넌 내게 화가 나 있는거야?

- Why are you **so sure he's not?**

  걔는 그렇지 않다고 왜 그렇게 확신하는거야?

- Why aren't you **at home in bed?**

  왜 집 침대에 있지 않는거야?

- Why aren't you **at work?**

  넌 왜 직장에 없는거야?

- Why aren't you **with Rachel?**

  넌 왜 레이첼과 함께 있지 않아?

미드·스크린에서 확인해보기

La La land

Mia: Why aren't you **starting your club?** 왜 클럽을 시작하지 않는거야?

Sebastian: You said yourself no one wants to go to that club.
네가 아무도 그런 클럽에 사람들이 가고 싶어하지 않는다고 말했잖아.

071

Why+be 동사

Why are you ~ing?
형태의 문장들

Why are you asking
me this?

왜 내게 이걸 물어보는거야?

Key Point

Why are you ~ing?	와이아류	본격적으로 상대방에게 이유를 물어 보는 경우.
Why are you getting~ ?	와이아류거링	getting에서 /tt/는 유성음화되어 /d/로, 다시 /r/로 변절 발음된다.
Why are you saying~ ?	와이아류세잉	~ing 자리에 saying이 오는 경우로 telling, talking도 자주 나온다.
Why are you asking~ ?	와이아류애스킹	

Listen carefully and Check it Out!

- Why are you **wasting your money?** 왜 이런거에 돈을 낭비하는
거나?

- Why are you getting **so upset?** 왜 그렇게 화를 낸거야?

- Why are you **looking at me like that?** 왜 그런 식으로 나를 쳐다보
는거야?

- Why are you **crying?** 왜 울고 있어?

- Why are you <u>**siding with him?**</u> 왜 걔편을 드는거야?
  side with는 ...의 편을 들다

- Why are you **hanging out with him?** 왜 걔와 노는거야?

- Why are you **telling me that?** 왜 내게 그런 말을 하는거야?

미드•스크린에서 확인해보기

Breaking Bad

Walter: What the hell are you thinking? Why are you calling me here?
너 도대체 무슨 생각인거야? 왜 여기에 전화를 하고 그래?

Jesse: Tried your cell and it went straight to voicemail. How am I to get a hold of
you? 핸드폰으로 전화했는데 음성으로 넘어가더라고요. 내가 어떻게 연락을 취하겠어요?

072

Why+be 동사

Why is~ ?
형태의 문장들 – 1

Why is he freaking out?

걘 왜 놀라는거야?

Key Point

Why is S+N?	와이ㅈ	S가 왜 N인지 이유를 물어본다.
Why is S+adj[pp]?	와이ㅈ	S가 왜 …한 상태인지 물어보는 패턴
Why is he ~ing?	와이지	he가 왜 …하는지를 묻는 문장
Why is she ~ing?	와이즈쉬	

Listen carefully and Check it Out!

- Why is everything always a competition?

  왜 모든걸 경쟁해야 되는거야?

- Why is that important?

  왜 그게 중요한거야?

- Why is that such a shock?

  그게 왜 그렇게 놀라운 일이야?

- Why's the bedroom door closed?

  왜 침실문이 닫혀져 있는거야?

- Why is he <u>freaking out</u>?

  걘 왜 놀라는거야?

  freak out은 놀라거나 당황해서 기겁을 하는 걸 뜻해

- Why is she doing that? Why is Hahn letting her do that?

  걔가 왜 그러는거야? 한은 왜 저렇게 놔두는데?

- Why is she always hanging around here?

  걔는 왜 주변을 돌아다니고 있는거야?

 미드·스크린에서 확인해보기   **Sex and the City**

Big: Most people come to Paris to fall in love. You came and got slapped.
대부분 사람들은 파리에 와서 사랑에 빠지는데, 넌 와서 뺨을 맞네.

Carrie: Why is that funny? 그게 왜 그렇게 우스워?

Why+be 동사

Why is~ ?
형태의 문장들 – 2

Why isn't she calling me back?

왜 그녀가 전화를 하지 않는거야?

Key Point

Why isn't ~ ?	와이이즌ㅌ	Why is~의 부정형으로 isn't~ 다음에는 명사, 형용사, 부사, pp 등 다양하게 온다.
Why isn't he ~ing?	와이이즈니	왜 he가 ~ing하지 않는지를 물어보는 문장이다.
Why isn't she ~ing?	와이이즌쉬	왜 she가 ~ing하지 않는지를 물어보는 문장이다.

Listen carefully and Check it Out!

- Where is George? Why isn't he **here**?

  조지는 어디있어? 왜 걔가 여기 없는거야?

- Why isn't he **in jail**?

  왜 걔는 감방에 없는거야?

- Why isn't **this in an evidence bag**?

  이게 왜 증거보관백에 들어있지 않은거야?

  비닐봉투는 plastic bag

- Why isn't **anyone doing anything**?

  왜 누구도 어떤 액션을 취하지 않는거야?

- Why isn't she **calling me back**?

  왜 그녀가 전화를 하지 않는거야?

- Why isn't she **staying with you guys**?

  왜 걔는 너희들과 같이 있지 않는거야?

- Why isn't **anybody helping my wife**?

  왜 아무도 내 아내를 도와주지 않는거야?

미드·스크린에서 확인해보기

Friends

Chandler: Why isn't she **calling me back**? 그녀가 왜 전화를 안하는거지?

Joey: **Maybe she never got your message.** 네 메세지를 못 받았나 보지.

074
Why+be 동사

Why is~ ?
형태의 문장들 – 3

Why is this so important to you?
이게 왜 너한테 그렇게 중요해?

Key Point

Why is it~ ?	와이짓	Why is~ 다음 주어자리에 대명사 it이 온 경우
Why is this~ ?	와이즈디스	
Why is that~ ?	와이즈댓	
Why is there~ ?	와이즈데어	Why와 Is there~ ?가 합체된 문장이다.
Why is it that S+V?	와이짓댓	관용표현으로 Why is it that~을 한마디로 하면 How~이다.

Listen carefully and Check it Out!

- Why is it a bad idea?
  왜 그게 나쁜 생각이야?

- Why is this so important to you?
  /임포턴투/
  이게 왜 너한테 그렇게 중요해?

- Why is that so difficult for you to comprehend?
  네가 이해하는데 저게 왜 그렇게 어려운거야?

- Why is there an earring in your sofa?
  네 소파에 왜 귀걸이가 있는거야?

- Why is there so much pain in the world?
  왜 세상에는 이렇게 많은 고통이 있는걸까?

- Why is there a restraining order?
  왜 접근금지명령이 있는거야?

- Why is it that men are only interested in foreplay?
  왜 남자는 전희에만 관심을 갖는거야?

미드 스크린에서 확인해보기

Friends

Chandler: It's locked, you have to help me. Why is it locked?
문이 잠겼어. 나 좀 도와줘야 돼. 왜 문이 잠겨있어?

Monica: No reason. I keep private things in there. 별 이유없어. 거기에 개인 사물을 보관하고 있어.

Why weren't you at the wedding?
넌 왜 결혼식에 오지 않았어?

Key Point

Why were you+adj[pp]?	와이워류	adj. 자리에는 부사(구) 등이 올 수도 있다.
Why were you ~ing?	와이워류	
Why weren't you~ ?	와이워른츄	

Listen carefully and Check it Out!

- Why were you in her house? — 왜 너는 걔집에 있었어?

- Why were you here? — 너는 왜 여기에 있었던거야?

- Why were you with Jenny that night? — 그날밤 넌 왜 제니와 함께 있었어?

- Why were you leaving town? — 너는 왜 마을을 떠나려고 했어?

- Why were you carrying the gun? — 왜 너는 총을 가지고 다녔어?

- Why weren't you at the wedding? — 왜 너는 결혼식에 오지 않았어?

- Why weren't there any supplies? — 왜 사무용비품이 없었던거야?

supply의 복수형으로 사무용품, 비품을 뜻써

미드·스크린에서 확인해보기

Desperate Housewives

Susan: Why were you two talking about condoms? 너희 둘 왜 콘돔에 대해 얘기하는거야?

Julie: Why were you eavesdropping? 엄마는 왜 엿듣고 있어요?

076

Why+be 동사

Why was~로
시작하는 문장들 – 1

Why was she **hitting you?**

왜 걔는 널 때렸어?

Key Point

Why was he+adj[pp]?	와이워지	adj 자리에는 부사(구)도 온다.
Why was she+adj[pp]?	와이워쉬	was she~는 동음계열음 회피현상으로 /워쉬/가 된다.
Why was he+ ~ing?	와이워지	
Why was she+ ~ing?	와이워쉬	

Listen carefully and Check it Out!

- Why was she on the bus? | 걔는 왜 버스를 타고 있었어?

- Why was she drawn to those guys? | 왜 걔는 그런 애들에게 끌렸어?

  be drawn to~는 …에 끌리다

- Why was she afraid to tell her parents? | 왜 걔는 부모한테 얘기하는걸 두려워했어?

- Why was he yelling at her? | 왜 걔는 그녀에게 소리를 질러댔던거야?

- Why was she hitting you? | 왜 걔는 너를 때렸어?

- Why was she looking around? | 왜 걔는 주변을 둘러본거야?

- Why was he acting like that? | 걔는 왜 그렇게 행동을 했어?

Desperate Housewives

Susan: Why was she hitting you? 걔가 왜 너를 때린거야?

Morty: I threw a book at her. 제가 걔한테 책을 던졌어요.

Why was that different?

그게 왜 달랐는데?

Key Point

Why was it~ ?	와이워짓	주어자리에 it, this, that 등이 오는 경우이다.
Why was this+N~ ?	와이워ㅈ디스	여기서는 this가 대명사가 아니라 형용사로 쓰인 경우이다.
Why was that+N?	와이워ㅈ댓	

Listen carefully and Check it Out!

- Why was it **so fucking hard?!**
  fucking을 무조건 강조하고 싶을 단어 앞에 놓으면 돼

  왜 그게 이렇게 어려운거였어?

- Why was it **a sin?**

  그게 왜 죄가 되는거였어?

- Why was it **convenient?**

  그게 왜 편리했어?

- Why was that house **so clean of prints?**

  그집은 왜 지문이 하나도 없었어?

- Why was it **in the kitchen?**

  그게 왜 부엌에 있었던거야?

- Why was this door **locked?**

  이 문이 왜 닫혀져있는거야?

- Why was that **different?**

  그게 왜 달랐는데?

 미드·스크린에서 확인해보기

Sex and the City

Carrie: New York City is all about change. New Yorkers change their haircuts, their politics... ...even their friends in the blink of an eye. If change was so easy, why was it so hard for Big?

뉴욕은 변화투성이다. 뉴욕커들은 머리에 변화를 주고 정치색도 바꾸고, 심지어 눈깜박할 사이에 친구들도 바꾼다. 바꾸는게 그렇게 쉽다면, 빅에게는 왜 그게 그리 어려웠을까?

Why do I have to decide?

왜 내가 결정해야 돼?

Key Point

Why do I~ ?	와이드아이	
Why do we?	와이드위	
Why do I have to~ ?	와이드아이해브투	Why do I~와 have to~가 합체된 문장
Why do we have to~ ?	와이드아이해브투	하소연을 할 때 자주 쓰는 표현이다.

Listen carefully and Check it Out!

- Why do I think living in Manhattan is so fantastic?
  뉴욕공항에 내려서 '맨해튼'가자고 하면 어디로 갈지 몰라. /t/+/n/을 /은/으로

  맨해튼에서 사는게 왜 그리 멋지다고 내가 생각하는걸까?

- Why do I keep doing this to myself?

  왜 내가 나에게 이렇게 계속 하는걸까?

- Why do we always come here?

  우리는 왜 항상 여기에 오는 거야?

- Why do I have to tell him?!

  내가 왜 걔한테 말을 해야 돼?

- Why do I have to decide?

  왜 내가 결정을 해야 돼?

- Why? Why do I have to learn?

  왜? 왜 내가 배워야 돼?

- Why do I have to be the one to go first?

  왜 난 선두에 서는 사람이 되어야 돼?

 미드·스크린에서 확인해보기

Friends

Chandler: God!! What am I gonna do?! 맙소사!! 나 어떻게 하지?!

Rachel: Well, Chandler, you're gonna have to tell him. 챈들러, 걔한테 얘기해야 돼.

Chandler: Why?! Why do I have to tell him?! 왜?! 왜 내가 걔에게 얘기를 해야 돼?

Why do I need to take a test?

왜 내가 테스트를 치뤄야 돼?

Key Point

Why do I need+N?	와이두아이니드	
Why do I need to~ ?	와이두아이니투	need to~는 동음계열음 회피현상으로 앞의 /d/는 거의 들리지 않는다.
Why do we need to~ ?	와이두위니투	
Why do I feel like S+V?	와이두아이필라잌	feel like~ 다음에 S+V가 온다는 점에 주의한다.
Why do I get the feeling S+V?	와이두아이겟더필링	feel like~ 대신에 get the feeling을 쓴 경우

Listen carefully and Check it Out!

- Why? Why do I need to **let this go?**
  왜? 왜 나는 이걸 잊어야 되는거야?

- Why do I need **five guns?**
  왜 내가 다섯 자루의 총이 필요한거야?

- Why do I need to **take a test?**
  왜 나는 테스트를 치뤄야 돼?

- Why do I get the feeling **there's a string attached to this?**
  연음해서 /여러거/로 발음돼
  이 일에는 뭔가 조건이 얽매여 있다는 느낌이 드는걸까?

- Why do I feel like **you're saying good-bye to me?**
  왜 나는 네가 내게 작별인사를 한다는 느낌이 들까?

- Why do I get the feeling **Chris is lying?**
  크리스가 거짓말하고 있다는 느낌이 왜 들까?

 미드·스크린에서 확인해보기

Big Bang Theory

Leonard: Why do I have to **talk to Penny? She's not my girlfriend.**
내가 왜 페니하고 얘기를 해야 돼? 내 여친도 아닌데.

Sheldon: **You invited her to lunch four years ago.** 넌 4년전에 페니를 점심에 초대했어.

080

Why+do 동사

Why do you~로
시작하는 문장들 - 1

Why do you always say that?

넌 왜 맨날 그렇게 말하는거야?

Key Point

Why do you~ ?	와이드유	빨리 발음하면 /와이댜/로 들리기도 한다.
Why do we~ ?	와이드위	
Why do you think S+V?	와이드유씽크	"너는 왜 …라고 생각하냐?"라고 물어보는 문장이다.
Why do you want to~ ?	와이드유원투	"너는 왜 …을 하고 싶은거야?"라고 의미

Listen carefully and Check it Out!

- Why do you **ask that?**

왜 그걸 물어보는거야?

- Why do you **hate drug addicts?**
  /ɑ/는 거의 들리지 않아

왜 너는 마약중독자를 싫어해?

- Why do you think **I moved to Vegas?**
  떨음해서 /무브~투/로

내가 왜 베거스로 이사했다고 생각해?

- Why do you think **he wants her back?**

걔는 왜 그녀가 돌아오기를 바란다고 생각해?

- Why do you think **I did it?**

내가 왜 그랬다고 생각해?

- Why do you think **this happened?**

왜 이런 일이 벌어졌다고 생각해?

- Why do you want to **know?**

왜 알고 싶은거야?

미드·스크린에서 확인해보기

Big Bang Theory

Raj: Hang on a sec. Why do you get first crack at her?
잠깐만. 왜 네가 먼저 저 여자에게 작업을 거는데?

Howard: Um, well, let's see, couple reasons. One, I saw her first.
음, 몇가지 이유가 있지. 첫째, 내가 처음으로 그녀를 봤잖아.

Raj: No, you didn't. I did. 아냐, 네가 아니라 내가 봤지.

Why do you keep
saying that?

왜 계속 그 얘기를 하는거야?

 Key Point

Why do you have to~ ?	와이드유해브터	Why do we have to~ ?도 많이 쓰인다.
Why do you need to~ ?	와이드유니투	need to~는 동음회피현상으로 /d/는 약하게 들린다.
Why do you care~ ?	와이드유케어	care 다음에는 about~, what S+V이 이어진다.
Why do you keep~ ing?	와이드유킵	"왜 너는 계속 …하는지" 물어볼 때

Listen carefully and Check it Out!

* Why do you have to **go to the funeral?**　왜 너는 장례식에 가야되는거야?

* Why do we have to **lie to her?**　왜 걔한테 거짓말을 해야 돼?

* Why do we have to **tell him I did it?**　내가 그랬다고 왜 걔한테 말해야 돼?
  띄음해서 /디딧/

* Why do you care **about her so much?**　걔를 왜 그렇게 신경쓰는거야?

* Why do you care **what you say?**　네가 하는 말에 왜 그렇게 신경쓰는거야?

* Why do you keep **lying to me?**　왜 계속 나한테 거짓말을 하는거야?

* Why do you keep **saying that?**　왜 계속 그 얘기를 하는거야?

 미드·스크린에서 확인해보기　**Friends**

Joey:　Why do you have to **break up with her? Be a man, just stop calling.**
왜 그녀와 헤어져야 되는데? 남자답게, 그냥 전화하지 말아버려.

Phoebe:　**You know, if you want, I'll do it with you.**　저기, 네가 원한다면, 내가 같이 있어줄게.

082
Why+do 동사

Why don't~으로
시작하는 문장들

Why don't you give me a hand?
나 좀 도와주라

Key Point

Why don't I~ ?	와이돈나이	Let me+V와 같은 의미
Why don't we~ ?	와이돈뉘	Let's+V와 같은 의미
Why don't you~?	와이돈츄	상대방에게 …해라라고 제안하는 표현. 물론 단순히 이유를 물어볼 때도 쓰인다.

Listen carefully and Check it Out!

- Why don't you just tell me what happened?
  무슨 일이었는지 내게 말해봐.

- Why don't you just give me the gun?
  그냥 그 총을 내게 건네줘.

- Why don't we concentrate on profiling the bomber?
  폭파범의 프로파일링에 집중하자.
  두번째 /b/는 묵음이다

- Why don't I buy you a drink instead?
  대신 내가 술 사줄까?

- Why don't I show you the baby's room?
  애기방 보여줄게.

- Why don't we have lunch?
  우리 점심 먹을까?

- Why don't we take a 5-minute break?
  5분간 쉬도록 하자.

미드·스크린에서 확인해보기   **Desperate Housewives**

Susan: What are you saying? You think Mike is guilty?
      무슨 말이야? 마이크가 범인이라고 생각하는거야?

Lynette: Hey, why don't we start that girl talk?   여자들 수다나 떨자.

Gabrielle: I'll get the ball rolling. Anybody have a yeast infection?
      내가 시작할게. 누구 질염에 걸린 사람있어?

083

Why+do 동사

Why does~ 로
시작하는 문장들

Why does it **matter?**

왜 그게 문제가 되는거야?

Key Point

Why does he~ ?	와이더지	
Why does she~ ?	와이더쉬	
Why does it~ ?	와이더잇	빨리 발음하면 /와더짓/이라고 한다. /와이/의 /이/는 /와/에 종속되어 발음이 약화된다.

Listen carefully and Check it Out!

- Why does he **keep looking back here?**

  개는 왜 자꾸 뒤돌아보는거야?

- Why does he **have to]go?**

  hafta로 표기하도 돼

  왜 개는 가야 되는거야?

- Why does he **have to follow you?**

  왜 개는 너를 따라가야 돼?

- Why does he **think that?**

  개는 왜 그렇게 생각하는거야?

- Why does she **keep making that noise?**

  왜 개는 그런 소음을 계속 내는거야?

- Why does it **hurt so bad?**

  왜 그게 그렇게 아픈거야?

- Why does it **matter?**

  왜 그게 문제가 되는거야?

미드·스크린에서 확인해보기

Friends

Ross: Okay Ben, Santa has to go. Say good-bye! 그래, 벤. 산타는 가야 돼. 작별인사해!

Ben: No! Why does he **have to go?** 안돼! 산타는 왜 가야 돼?

084

Why+do 동사

Why did I~ 로
시작하는 문장들 - 1

Why didn't I think of that?

왜 내가 그걸 생각못했을까?

 Key Point

Why did I~ ?	와디라이	
Why did I not~ ?	와디라이낫	
Why didn't I~ ?	와디르나이	자기가 과거에 하지 않은 일을 후회하는 문장

Listen carefully and Check it Out!

- Why did I do this?

내가 왜 이렇게 했을까?

- Why did I get married?!

왜 내게 결혼을 했을까?!

getmarried는 결혼하는 행위를 말이.

- Why did I agree to this?

내가 왜 이거에 동의를 했을까?

- Why did I care so much?

왜 내가 그렇게 많이 신경을 썼을까?

- Why did I sleep with you? Why did I even kiss you?

왜 내가 너랑 잤을까? 왜 내가 너랑 키스까지 했을까?

- Why did I not see that?

왜 내가 그걸 몰랐을까?

- Why didn't I think of that?

왜 내가 그걸 생각못했을까?

Desperate Housewives

Susan: I feel so guilty, I can barely look him in the eye when he talks about Zach.
죄책감이 많이 들어. 그가 잭에 관해 얘기할 때는 그의 눈을 제대로 쳐다볼 수가 없어.

Julie: So, where do you think Zach went? 그럼, 잭이 어디에 갔다고 생각해?

Susan: Utah. Oh lord. Why did I do this? 유타. 맙소사. 내가 왜 이렇게 했을까?

SECTION 2 **233**

085

Why+do 동사

Why did I~ 로
시작하는 문장들 - 2

Why did we **break up?**

왜 우리는 헤어진거야?

Key Point

Why did we~ ?	와디드위	빨리 연음할 경우이고 꼭 이렇게 발음된다는 것은 아니다.
Why didn't we~ ?	와디든트위	
Why did I have to~ ?	와디다이해브투	과거에 내가 왜 그래야 했는지 억울해하면서~
Why did I say~ ?	와디다이세이	역시 과거에 내가 왜 …라고 말했을까라고 하는 후회문장

Listen carefully and Check it Out!

- Why did we want to be surgeons anyway?

  우린 왜 외과의사가 되길 바랐지?

- Why did we do all this?

  왜 우리가 이 모든 것을 했을까?

- Why didn't we see this at the autopsy?

  단어첫모임에 강세가 있기 때문에 /ɑ/을 원래대로 발음

  우리는 부검에서 왜 이것을 못봤을까?

- Why did I have to start working out again?

  왜 내가 다시 운동을 시작해야 했어?

- Why did I have to speak in a British accent?!

  왜 내가 영국식 억양으로 말을 해야 했어?

- Why did I have to come down here?

  왜 내가 이리로 와야 했어?

- What was I thinking? Why did I say yes to this?

  내가 무슨 생각을 하고 있었던거지? 왜 내가 이것에 그렇다고 말을 했지?

 미드·스크린에서 확인해보기

 Friends

Gavin: So hum...Why did I have to hide? 저기, 왜 내가 숨어야 됐어?

Rachel: I thought it was Ross. 로스인 줄 알았어.

Gavin: So what if it was? I thought there was nothing going on between you two... 로스면 어떻게 되는데? 둘 사이 아무 것도 아닌 줄 알고 있었는데…

Why+do 동사

Why did you~ 로
시작하는 문장들 – 1

Why did you **do that?**
너 왜 그런거야?

 Key Point

Why did you~ ?	와디쥬	상대방에게 왜 …을 했냐고 물어보는 문장으로 가장 많이 쓰인다.
Why did you not~ ?	와디쥬낫	
Why didn't you~ ?	와디른츄	상대방에게 과거에 …을 하지 않았냐고 묻는 문장이다.

Listen carefully and Check it Out!

• Why did you **do that?**   왜 그렇게 한거야?

• Why did you **quit your job?**   왜 직장을 그만둔거야?
　그냥 quit만 써도 돼

• Why did you **break up with me?**   왜 나와 헤어진거야?

• Why did you **just say that?**   왜 그렇게 말하는거야?

• Why did you **try to kidnap this woman?**   왜 이 여자를 납치한거야?

• Why did you not **go to Chicago?**   왜 시카고에 가지 않은거야?

• Why didn't you **return my calls?**   왜 내 전화에 답을 하지 않은거야?

 미드·스크린에서 확인해보기   La La land

Mia:　　　　Why did you **come here?**   왜 여기에 왔어?

Sebastian:　Because I have good news.   좋은 소식이 있어서.

Mia:　　　　What?   뭔데?

087

Why+do 동사

Why did you~로
시작하는 문장들 - 2

Why did you tell me this now?

왜 이제서야 이걸 내게 말한거야?

Key Point

Why did you think S+V?	와디쥬씽크	왜 S+V라고 생각했는지 묻는 문장
Why did you have to~ ?	와디쥬해브투	why는 have to나 need to와 잘 어울린다.
Why did you wanna~ ?	와디쥬워너	
Why did you tell~ ?	와디쥬텔	
Why didn't you tell~ ?	와디든츄텔	

Listen carefully and Check it Out!

- Why did you think you were competing with her?

  너는 왜 걔와 경쟁을 하고 있다고 생각한거야?

- Why did you think he might be right?

  왜 너는 걔가 맞을 수도 있다고 생각한거야?

- Why did you think he was the patient?

  왜 걔가 환자라고 생각을 한거야?

- Why did you think you were invited?

  왜 네가 초대를 받았다고 생각을 한거야?

- Why did you have to go over there?

  넌 왜 거기에 가야만 했었어?

- Why did you want to say no?

  왜 넌 거절을 하고 싶어했어?

- Why did you tell Chris to lie to Jack?

  왜 너는 크리스에게 잭한테 거짓말하라고 말했어?

Friends

Ross:　　 Why did you hate me?　왜 나를 싫어했던거야?

Monica:　Because, you were mean to me and you, you teased me and you always, always got your way.　오빠는 내게 못되게 굴었고 날 놀려댔고 그리고 항상 자기 맘대로 했잖아.

088

Why+do 동사

Why did he~ 로
시작하는 문장들

Why did she **go?**

걔는 왜 갔어?

 Key Point

Why did he~ ?	와딜히	/d/발음은 유성음화되어 /r/처럼 들린다.
Why did she~ ?	와딛쉬	
Why didn't he~ ?	와디르니	
Why didn't she~ ?	와디릍쉬	
Why did it~ ?	와디맅	did와 it은 연음되어 발음된다.

Listen carefully and Check it Out!

- Why did he **do this?**
  왜 걔는 이런 일을 한거야?

- Why did he **wait so long to bring you here?**
  왜 걔는 널 이리로 데려오는데 그렇게 오래 기다린거야?

- Why did she **go? Whose idea was it?**
  왜 걔는 갔어? 그건 누구 아이디어였어?

- Why did she **break up with him?**
  왜 걔는 그와 헤어진거야?

- Why did she **want to leave?**
  왜 걔는 가고 싶어한거야?
   wanna로 쓰기도 해

- Why did it **take you so long to report your son missing?**
  아들실종신고를 왜 이렇게 늦게 한거죠?

- Why did it **have to come down to this?**
  왜 그게 이렇게 설명돼야 돼?

미드·스크린에서 확인해보기   **Desperate Housewives**

Lynette: Why did she **wait so long to contact you?**
          왜 그 여자는 이렇게 오래 있다가 당신에게 연락을 한거야?

Tom: **She said she wanted to raise the kid alone.**
          그녀는 홀로 그 아이를 키우고 싶어했다고 하더라고.

Why haven't I seen you in the clubs?

왜 내가 널 클럽에서 못봤지?

Key Point

Why have I+pp?	와이해브아이	현재완료형으로 Why have I~ 다음에는 동사의 pp가 온다.
Why haven't I+pp?	와해브나이	부정형이 더 많이 쓰인다.

Listen carefully and Check it Out!

- Why have I seen this thing three times?   왜 내가 이걸 세번이나 봤지?

- Why have I been taken off this case?   왜 나는 이 사건에서 제외됐지?

  문맥에 따라 사건 흑은 환자를 뜻함.

- Why haven't I seen you in the clubs?   왜 내가 널 클럽에서 못봤지?

- Why haven't I had a CT?   왜 내가 CT촬영을 받지 못했어?

- Why have I not been preparing?   왜 나는 준비를 하지 않고 있었지?

- Why have I never tasted these before?   왜 난 처음 맛보는거야?

미드·스크린에서 확인해보기

Friends

Rachel: Oh my God, why have I never tasted these before?!   세상에, 왜 한번도 안 만들었니?!

Phoebe: Oh, I don't make them a lot because I don't think it's fair to the other cookies.   오, 다른 쿠키들한테 좀 미안해서 자주 만들진 않아.

090
Why+have+pp

Why have you~로
시작하는 문장들

Why haven't you **told them?**

왜 걔네들에게 말하지 않은거야?

Key Point

Why have you+pp?	와이해뷰	상대방에게 왜 그랬냐고 물어볼 때
Why haven't you~ ?	와이해븐츄	Why have you not~?은 별로 쓰이지 않는다.

Listen carefully and Check it Out!

- Why have you **been protecting her?** 왜 걔를 보호하고 있었던거야?

- Why have you **moved here?** 넌 왜 이리로 이사온거야?

- Why have you **been doing this?** 넌 왜 이걸 하고 있는거야?

- Why haven't you **talked to him yet?** 왜 아직 걔한테 얘기를 하지 않은거야?

- Why haven't you **told them?!** 왜 걔네들에게 말하지 않은거야?

- Why haven't you <u>**called me back?**</u> 왜 내게 전화를 하지 않은거야?

  call sb back은 당신하다, 전화를 다시하는 건 call again

- Why haven't you **arrested him?** 넌 왜 걔를 체포하지 않은거야?

미드·스크린에서 확인해보기　　　　　　　　**Desperate Housewives**

Orson: You know what I mean. Why have you **moved here?** 내 말 알잖아. 왜 여기로 이사온거야?

Alma: Well, it's a very nice street, and I've made friends here. People have taken such an interest in me. 저기. 동네 거리도 멋지고, 친구도 사귀었어. 사람들도 내게 많은 관심을 보이고.

091

Why+have+pp

Why has~로
시작하는 문장들

Why hasn't he **called?**

왜 걔는 전화를 하지 않은거야?

Key Point

Why has he+pp?	와이해즈히	
Why has she+pp?	와이해즈쉬	
Why hasn't he+pp?	와이해즌트히	
Why hasn't she+pp?	와이해즌트쉬	

Listen carefully and Check it Out!

- Why has my friend changed?

  왜 내 친구가 변했을까?

- Why has this been so hard on me?

  /하드/으로 소리내

  왜 이 때문에 내가 이리도 힘든걸까?

- Why has your mother dismissed maids in the past?

  왜 네 엄마는 예전에 가정부들을 해고한거야?

- Why hasn't he called!

  왜 걔는 전화를 하지 않은거야?

- Why hasn't he asked me yet?

  왜 걔는 내게 물어보지 않은거야?

- Why hasn't anyone else come forward?

  왜 다른 아무도 나서지 않은거야?

- Why hasn't she contacted the authorities?

  걔는 왜 정부기관에 연락을 하지 않은거야?

미드·스크린에서 확인해보기

Friends

Monica: I'm just so tired of missing him. I'm tired of wondering why hasn't he called. Why hasn't he called!

그를 그리워하는 것도 지쳤어. 왜 전화를 하지 않는지 궁금해하는 것도 지쳤어. 왜 그는 전화를 하지 않는거야!

Phoebe: Maybe, because you told him not to. 아마도, 네가 하지 말라고 그에게 얘기했기 때문이지.

092

Why+would

Why would I~로
시작하는 문장들

Why would I kill her?

내가 걔를 왜 죽이겠어?

Key Point

Why will I~ ?	와이윌라이	자주 눈에 뜨지는 않는다.
Why would I~ ?	와이우다이	"내가 왜 …을 하겠어?"라는 의미
Why wouldn't I~ ?	와이우든트아이	"내가 왜 …을 하지 않겠어?"라는 반문

Listen carefully and Check it Out!

- Why would I tell him?

  내가 왜 걔한테 말해야 하는데?

- Why would I care where Tom is?

  탐이 어디 있는지 내가 왜 신경써야 되는데?

- Why would I return it? I love this bag!

  내가 왜 이걸 왜 돌려주겠어? 이 가방 너무 맘에 드는데.

- Why would I do anything stupid?

  내가 왜 어리석은 짓을 하겠어?

- I don't even know this girl. Why would I kill her?

  이 여자를 알지조차 못하는데 내가 왜 죽이겠어?

- Why will nobody believe me?

  왜 아무도 나를 믿어주지 않을까?

- Why will you get in trouble?

  왜 너는 곤경에 처할거야?

  …을 곤경에 처하게 하다라고 하려면 get sb in trouble

미드·스크린에서 확인해보기

Friends

Joey: Why would I return it? I love this bag! 내가 왜 이걸 돌려주겠어? 이 가방 맘에 드는데.

Rachel: All right, then you owe me $350. 좋아, 그럼 350 달러 내.

Why would you say that?

왜 그렇게 말하는거야?

Key Point

Why would you~ ?	와이우쥬	
Why wouldn't you~ ?	와이우든쥬	

Listen carefully and Check it Out!

- Why would you **think that?**

  너는 왜 그렇게 생각을 하는 거야?

- Why would you **say that?**

  왜 그렇게 말하는거야?

- Why would you **ask me that?**

  왜 내게 그걸 물어보는거야?

- Why wouldn't you **tell me?**

  왜 너는 내게 말을 하지 않은 거야?

- Why wouldn't you **marry me?**

  왜 나랑 결혼을 하지 않으려는거야?

- Why wouldn't you **try to calm her down?**

  calm down은 진정하다, calm sb down은 ···을 진정시키다

  왜 걔를 진정시키려고 하지 않았어?

- Why would you **assume that?**

  왜 그렇게 생각하는거야?

미드·스크린에서 확인해보기

Desperate Housewives

Paul: Where did you find that?   그거 어디서 찾았니?

Zach: She used this to kill herself. Why would you keep it? Why?   엄마가 자살할 때 사용하신거예요. 왜 보관하고 있는거예요? 왜요?

Why would she **do that?**

걔가 왜 그러겠어?

Key Point

Why would he~ ?	와이우디히	
Why would she~ ?	와이우드쉬	
Why wouldn't he~ ?	와이우든ㅌ히	
Why wouldn't she~ ?	와이우든ㅌ쉬	
Why would+N~?	와이우드	he, she가 아니라 일반명사가 오는 경우

Listen carefully and Check it Out!

- Why would she lie if she knew it could kill her?

  거짓말하면 죽을 수도 있다는 걸 아는 걔가 왜 거짓말을 하겠어?

- Why would he turn off the TV?
  /터너프/ㅎ

  왜 걔가 TV를 끄겠어?

- Why would someone do that?!

  왜 누가 그런 짓을 하겠어?

- Why would the villagers worship a pharmacist?

  왜 주민들이 약사를 숭배하겠어?

- Why would a homosexual man rape women?

  왜 게이남성이 여성을 강간하겠어?

- Why would she do something like that?

  왜 걔가 그같은 일을 하겠어?

- That's weird. Why would she do that?

  이상하네. 걔가 왜 그러겠어?

미드·스크린에서 확인해보기

Desperate Housewives

Orson: I pushed her. It was self-defense. She attacked me.
난 그녀를 밀쳤어. 자기방어였어. 나를 공격했거든.

Bree: Why would she attack you? 그녀가 왜 당신을 공격하겠어?

Why+can

Why can't I~로
시작하는 문장들

Why can't we **wait?**

왜 우리는 기다리면 안돼?

Key Point

Why can't I~ ?	와이캔타이	Why+will의 경우에는 Why would~가, 그리고 Why+can의 경우에는 Why can't~이 많이 쓰인다.
Why can't we~ ?	와이캔위	"왜 우리는 …하면 안되나?"라는 의미

Listen carefully and Check it Out!

- Why can't I tell them that we live together?

  왜 나는 우리가 함께 산다고 걔네들에게 말하면 안돼?

- Why can't I have the relationship and the sex?

  왜 나는 사람들과 관계나 섹스를 하지 못하는걸까?

- Why can't I find a woman who's compatible with me?

  /t/는 믿을 수 없는 처자

  왜 난 나와 함께 할 수 있는 여자를 찾을 수 없는거야?

- Why can't I keep him here?

  왜 나는 걔를 여기에 데리고 있을 수 없는거야?

- Why can't I see him?

  왜 나는 걔를 볼 수 없어?

- Why can't we wait?

  왜 우리는 기다리면 안돼?

- Why can't we talk this over?

  왜 우리는 이 얘기를 할수 없어?

 미드·스크린에서 확인해보기

 Friends

Rachel: I just want to get over him. gosh, why can't I do that?

걔 생각을 떨쳐내고 싶어요. 왜 나는 그렇게 안될까요?

Michael: Oy. Look, I've been through a divorce, trust me you're gonna be fine.

내가 이혼 경험이 있는데, 내 말대로 한 번 해봐요.

Why can't she marry me?!

왜 걔는 나와 결혼하면 안되는거야?

Key Point

Why can't you~ ?	와이캔츄	상대방에게 "…하면 안돼?"라고 부탁하거나 따질 때
Why couldn't you~ ?	와이쿠든츄	
Why can't he~ ?	와이캐니	
Why can't she~ ?	와이캔쉬	

Listen carefully and Check it Out!

- Why can't you **do that for me?** 나를 위해 그렇게 해주면 안돼?

- Why can't you **be happy for me?** 넌 나를 위해 기뻐해주면 왜 안돼?

- Why can't you **believe that?** 그렇게 믿어주면 왜 안돼?

- Why can't you **leave me alone?** 나 좀 가만히 두면 안돼?

- Why couldn't you **get a cab?** 왜 넌 택시를 잡을 수가 없었어?
  /게러/로 발음돼

- Why couldn't you **just be honest?** 왜 넌 그냥 솔직하게 말하지 그랬어?

- Why couldn't you **have just told me this?** 그냥 이거 내게 왜 말할 수가 없었던거야?

미드·스크린에서 확인해보기

Friends

Rachel: Why can't you **stop staring at my breasts?** 왜 내 가슴 쳐다보는걸 멈추지 않는거야?
Chandler: What?, What? 뭐? 뭐라고?
Rachel: Did you not get a good enough look the other day? 요전날 충분히 못봐서 그래?

097

Why+should

Why should~로
시작하는 문장들 – 1

Why should I trust you?

내가 왜 그래야 돼?

Key Point	Why should I~ ?	와이슈다이	Why should you~보다는 Why should I~?가 더 많이 쓰인다.
	Why should I have to~ ?	와이슈다이해브투	

Listen carefully and Check it Out!

- Why should I believe you? — 내가 왜 너를 믿어야 되는데?

- Why should I be nervous? — 왜 내가 초조해야 돼?

- Why should I feel guilty? — 왜 내가 죄책감을 느껴야 돼?

- Why should I trust you? — 왜 내가 너를 믿어야 돼?

- Why should I do that? — 내가 왜 그래야 돼?

- Why should I have to explain it? — 왜 내가 그걸 설명해야만 하는데?

- Why should I have to apologize? — 왜 내가 사과를 해야 하는데?

  /α/는 약모음이고 명사형은 apology

 미드·스크린에서 확인해보기   **Friends**

Rachel: You should be the one to go! Why should I have to leave?!
네가 나가야 되는 사람이어야 돼. 왜 내가 나가야 되는데?!

Monica: Because it's my apartment! 여기는 내 아파트이기 때문이지.

098

Why+should

Why should~로
시작하는 문장들 – 2

Why should that be a problem?

왜 그게 문제가 되는데?

Key Point

Why should we~ ?	와이슈뒤	should we~가 연음된 경우
Why should you~ ?	와이슈쥬	
Why should he~ ?	와이슈디	주어로 he, she가 오는 경우는 그렇게 많지 않다.

Listen carefully and Check it Out!

- Why should we **believe your evidence?**

  넛 /e/가 잘들린다. 강세가 있기 때문

  왜 우리가 네 증거를 믿어야 해?

- Why should we **go through that alone?**

  왜 우리가 홀로 이걸 경험해야 돼?

- Why should we **take their word on anything?**

  왜 우리는 걔네들 말을 다 믿어야 돼?

- Why should you **give up having a baby?**

  넌 왜 애기 갖는 걸 포기해야 해?

- Why should you **be punished?**

  넌 왜 벌을 받아야 하는데?

- Why should that **be a problem?**

  왜 그게 문제가 되는데?

 미드•스크린에서 확인해보기

 Friends

Rachel: Maybe he feels awkward because you are my boss.

챈들러는 당신이 제 상사여서 어색한가봐요.

Joanna: Awkward? Why should he **feel awkward?** 어색하다고? 왜 그가 어색해하지?

How am I gonna **fight this?**

내가 어떻게 이에 맞서 싸울까?

Key Point

How am I going to~ ?	하우애마이고인투	"내가 …을 어떻게 하지?"라는 의미
How am I gonna~ ?	하우애마이거너	going to를 gonna로 발음한 경우
How am I supposed to~ ?	하우애마이서포즈투	supposed의 /d/발음은 거의 하지 않는다.

Listen carefully and Check it Out!

- How am I going to **fight this?**

  내가 어떻게 이에 맞서 싸울까?

- How am I gonna **get him to talk?**

  내가 어떻게 걔의 입을 열까?

- How am I gonna **tell him she's dead?**

  내가 어떻게 그녀가 죽었다고 걔한테 말할까?

- How am I supposed to **live?**

  내가 어떻게 살아야 돼?

- How am I supposed to **get money for bail?**

  get bail money와 같은 뜻

  내가 보석금을 어떻게 구할 수 있겠어?

- How am I supposed to **compete with that?**

  내가 어떻게 그거와 경쟁을 해야되지?

- How am I supposed to **know?**

  내가 어떻게 알겠어?

미드 • 스크린에서 확인해보기   **Friends**

Chandler: He won't even talk to me. How am I going to apologize to him if he won't even talk to me?

갠 나랑 얘기하려고 하지도 않아. 얘기도 하지 않으려는데 어떻게 사과를 할 수 있을까?

Monica: Well, maybe you should send him something. 그럼 걔한테 뭐가 좀 보내봐.

100

How+be 동사

How are we~로
시작하는 문장들

How are we gonna prove it?

우리가 그걸 어떻게 증명하지?

 Key Point

How are we going to~ ?	하우아위고인투	
How are we gonna~ ?	하우아위거너	going to를 gonna로 발음한 경우이다.
How are we supposed to~ ?	하우아위서포즈투	
How are we doing on~ ?	하우아위두인온	"…일이 어떻게 되고 있냐?"라고 묻는 문장이다.

Listen carefully and Check it Out!

- How are we gonna **get these things back?**
  get~ back은 돌려받다. 반대는 give~back
  어떻게 이것들을 돌려받을까?

- How are we going to **get it upstairs?**
  이걸 어떻게 윗층으로 올릴까?

- How are we going to **do that?**
  우리가 어떻게 이걸 할 수 있을까?

- How are we gonna **prove it?**
  우리가 그걸 어떻게 증명하지?

- How are we supposed to **work with him?**
  우리가 어떻게 걔와 함께 일해야 하지?

- How are we supposed to **get this stuff out of here?**
  어떻게 이 물건을 여기서 빼내야 돼?

- How are we doing on **the other stuff?**
  다른 일들은 어떻게 돼가고 있어?

 미드·스크린에서 확인해보기   **Desperate Housewives**

Bree: I'm sorry George, but you have to go.   조지, 미안하지만 돌아가요.

George: But the kids are away. I was sort of hoping we could make love tonight.
아이들도 없고 해서 오늘밤 사랑을 나눌 수 있을거라 희망 좀 했는데요.

Bree: How are we going to **do that George?**   우리가 어떻게 그걸 하겠어요, 조지?

101

How+be 동사

How are you~ 로
시작하는 문장들 – 1

How are you **holding up?**

어떻게 견디고 있어?

Key Point

How are you+adj?	하아류	
How are you ~ing?	하아류	상대방이 어떻게 ~ing하고 있는지 물어보는 문장이다.

Listen carefully and Check it Out!

- How are you **certain**?
  /ㅎ/ㅓ/ㅈ/ㅔㄹ/ㅇ/

  어떻게 확신해?

- How are you **doing that?**

  그거 어떻게 하고 있어?

- How are you **holding up?**

  어떻게 견디고 있어?

- How are you **feeling?**

  기분이 어때?

- How are you **affording this?**

  어떻게 이럴 여유가 있어?

- How are you **handling all this?**

  이 모든 것을 어떻게 처리하고 있어?

- How are you **still single?**

  어떻게 넌 아직도 싱글이야?

미드·스크린에서 확인해보기   **Friends**

Rachel: How are you **holding up?** 어떻게 지내?

Tag: Not bad. 괜찮아요.

Rachel: Yeah? I'm sorry about your girlfriend. 그래? 여친 문제는 안됐어.

Tag: Thanks. 고마워요.

102

How+be 동사

How are you~로
시작하는 문장들 - 2

How are you gonna do that?

넌 그걸 어떻게 할거야?

 Key Point

How are you going to~ ?	하아류고인투	How are you~패턴에서 가장 많이 쓰인다.
How are you gonna~ ?	하아류거너	

Listen carefully and Check it Out!

- How are you gonna do that? — 넌 그걸 어떻게 할거야?

- How are you gonna find time for college? — 넌 대학갈 시간을 어떻게 만들거야?

- How are you gonna hide this from your mom? — 넌 어떻게 엄마에게 이걸 숨길거야?

- How are you gonna take a bath? — 넌 어떻게 목욕을 할거야?

- How are you gonna take care of someone else? — 넌 어떻게 다른 사람을 돌볼거야?

- How're you going to get there? — 넌 어떻게 거기에 갈거야?

  get there은 가다, get here는 오다

- How are you going to pay me? — 넌 어떻게 돈을 갚을거야?

미드·스크린에서 확인해보기   **Desperate Housewives**

Julie: How are you gonna do it? 어떻게 그걸 할거예요?

Susan: What do you mean? 그게 무슨 말야?

Julie: I mean, how are you gonna tell him that you're his daughter?
내 말은, 어떻게 그분께 딸이라고 말할거예요?

103

How+be 동사

How are you~로
시작하는 문장들 – 3

How are you doing **on the project?**

그 프로젝트 어떻게 돼가?

Key Point

How are you doing~ ?	하아류두잉	단독으로 인사말로 쓰이기도 하지만 뒤에 …은 어떻게 되어가는지 물을 때도 쓰인다.
How are you planning~ ?	하아류플래닌	뒤에는 to+V 혹은 on~ing가 이어진다.

Listen carefully and Check it Out!

- How are you doing today, Jack?
 are는 빼고 How you doing?이라고도 한다. | 오늘 어때, 잭?

- O'Malley, how are you doing down there? | 오말리, 거기서는 어때요?

- How you doing? You all right? | 안녕? 별일없지?

- So, how are you? Are you dying? You looking like you're dying. | 그래, 어때? 너 죽나? 죽어가는 몰골이네.

- Hey! How are you doing? How are you? | 야! 안녕? 잘지내?

- How are you planning to win? | 어떻게 이길 계획이야?

- So how are you planning on telling them? | 그래 넌 어떻게 걔네들에게 말할 계획이야?

미드·스크린에서 확인해보기 CSI

Grissom: How are you doing with victim ID? 피살자 신원은 어떻게 돼가?

Nick: So far we've followed up on eleven missing persons who fit the profile.
지금까지 프로필에 맞는 실종자 11명을 추적했습니다.

How+be 동사

How is~로
시작하는 문장들 – 1

How is that **possible?**
그게 어떻게 가능해?

Key Point	How is+N?	하우이즈	축약하여 How's~ /하우ㅈ/라고 할 수도 있다.
	How is S+adj?	하우이즈	주어 S가 어떻게 adj한지 물어보는 문장
	How is S+N?	하우이즈	주어 S가 어떻게 N한지 물어보는 문장

Listen carefully and Check it Out!

- Well, tell me, how is my baby? — 그래, 말해봐, 내 아이는 어때?

- How is she? I came as soon as I heard. — 걔는 어때? 소식 듣자마자 온 거야.

- How's his relationship with your son? — 걔는 자기 아들과의 관계가 어때?

- How is this different? — 이게 어떻게 다른거야?

- How is that possible? — 그게 어떻게 가능해?

- How is that my fault? — 그게 어떻게 내 잘못이야?

- How is that any of your business? — 그게 어떻게 네가 상관할바야?

미드·스크린에서 확인해보기   Friends

Monica: Alright, before I tell you, uh, why don't you tell me how many women you've been with. 좋아요, 내가 말하기 전에, 몇명의 여자와 사귀었는지 말해봐요.

Richard: Two. 두명.

Monica: Two? TWO? How is that possible? I mean, have you seen you?
두명, 두명요? 어떻게요? 내 말은 당신같은 멋진 사람이?

105

How+be 동사

How is~로
시작하는 문장들 – 2

How is that helping me?

그게 내게 어떻게 도움이 된다는거야?

Key Point

How is S+ ~ing?	하우이즈	S가 어떻게 ~ing하는지
How is S+pp?	하우이즈	S가 어떻게 pp하는지
How is S+going to~ ?	하우이즈 고인투	S자리에는 he, she 혹은 it, this 등이 올 수 있다.
How is it that S+V	하우이짓댓	How is it that~ = How~로 생각하면 된다. that은 생략하기도 한다.

Listen carefully and Check it Out!

- How is she **connected** to Sam?
  —ted= /tid/

  걔는 어떻게 샘에게 연결되어 있는거야?

- How is **that helping me?**

  그게 어떻게 내게 도움이 된다는거야?

- Hey, how is **Tim doing?**

  야, 팀은 어떻게 지내?

- How's **your report going?**

  네 보고서 어떻게 돼가고 있어?

- Detective Morrison, how's it going?
  물음에 따라 일상일 혹은 어떻게 돼가고 있는지 묻는말

  모리슨 형사, 그거 어떻게 돼가고 있어?

- How is she going to **survive?**

  걔는 어떻게 생존할까?

- How is he ever going to **get better?**

  걔가 어떻게 더 나아질까?

Desperate Housewives

Bree: So how is it going with Mike, Susan? 그래 수잔, 마이크하고는 어떻게 돼가?

Susan: It's going, finally. We have our first official date next week.
마침내 진전이 되고 있어. 다음주에 공식적으로 첫 데이트해.

106

How+be 동사

How was~로
시작하는 문장들 – 1

How was **your day?**
오늘 어땠어?

Key Point

How was+N?	하우워즈	빨리 발음하면 /하워ㅈ/
How was it+N?	하우워짓	그게 어떻게 N이냐는 말
How was it with~ ?	하워짓위ㄷ	…가 어땠냐고 물어보는 문장
How was it with S+V	하워짓위ㄷ	How is it (that) S+V?의 과거형

Listen carefully and Check it Out!

• So how was the honeymoon?　　　　　그래 신혼여행은 어땠어?

• So how was your day?　　　　　　　　그래 오늘 어땠어?
　How is your day?라고 하지 말자.

• How was your date with Chris?　　　크리스와의 데이트는 어땠어?

• So how was the party?　　　　　　　파티는 어땠어?

• How was it your fault?　　　　　　　그게 어떻게 네 잘못였어?

• How was it with Cuddy?　　　　　　커디는 어땠어?

• How was it with your friends?　　　네 친구들은 어땠니?

미드·스크린에서 확인해보기　　　　　　　　　　　　　　　**Friends**

Monica:　Hey Frannie, welcome back! How was Florida?　프래니, 돌아왔구나! 플로리다는 어땠어?

Frannie:　You had sex, didn't you?　너 섹스했지, 그렇지 않아?

Monica:　How do you do that?　그걸 어떻게 알았어?

107
How+be 동사

How was~로
시작하는 문장들 – 2

How was I supposed to know?

내가 어떻게 알았겠어?

Key Point

How was I+pp?	하워자이	어떻게 'I'가 pp하냐고 물어보는 문장이다.
How was he+pp?	하워힛	
How was she+pp?	하워x쉬	

Listen carefully and Check it Out!

- How was he **killed?** — 걔는 어떻게 살해됐어?

- How was she **exposed to mercury?** — 걔가 어떻게 수은에 노출된거야?
  /멕스포~스투/

- How was I **supposed to know he was gonna get his sight back?** — 걔가 시력을 되찾을거라는걸 내가 어떻게 알았겠어?

- How was I **supposed to know?** — 내가 어떻게 알았겠어?

- How was **she injured?** — 걔는 어떻게 부상을 당한거야?

- How was he **able to drive?** — 걔가 어떻게 운전을 할 수 있었던거야?

- How was I **supposed to understand that?** — 내가 어떻게 그걸 이해할 수 있었겠어?

미드·스크린에서 확인해보기   **Desperate Housewives**

Martha: How was I supposed to know she'd shoot herself?
내가 어떻게 걔가 총으로 자살할 걸 알았겠나?

Paul: She was a good person. 좋은 사람이었어요

Martha: A good person who leaves her child motherless? 엄마없는 아이로 만들어놓고 착한 사람이라고?

108
How+be 동사

How were~로
시작하는 문장들

How were things last night?
지난밤 일은 어땠어?

 Key Point

How were+N?	하우워ㄹ	주어가 복수인 경우에는 were를 쓴다.
How were you+pp?	하우워류	
How were you+~ing?	하우워류	

Listen carefully and Check it Out!

- So, how are you? How were things last night?
  역시 /t/받음은 거의 안내

  안녕? 지난밤 일은 어땠어?

- How were these people endangered?

  어떻게 이 사람들이 위험에 빠진거야?

- How were they poisoned?

  걔네들이 어떻게 독살된거야?

- How were you locked in?!

  네가 어떻게 감금된거야?

- How were things going for her at work?

  직장에서 걔 상황이 어때?

- How were you planning on paying that back?

  넌 그걸 되갚을까 어떻게 생각을 하고 있었어?

- How were you trying to help them?

  어떻게 걔네들을 도우려고 한 거야?

미드·스크린에서 확인해보기   **Big Bang Theory**

Sheldon: Where didn't I go? I went to New York, Chicago, Atlanta, Denver, Seattle.   내가 어디를 가지 않았냐고? 난 뉴욕, 시카고, 애틀란타, 덴버, 시애틀에 갔었어.

Leonard: How were they?   어땠어?

Sheldon: Oh, I have no idea. I never left the train station.   난 모르지. 기차역에만 있었거든.

How do I not **know** **that?**

어떻게 내가 그걸 모르지?

Key Point

How do I~ ?	하우두아이	
How do I not~ ?	하우두아이낫	
How do we~ ?	하우두위	"어떻게 우리가 …하겠는가?"라는 의미
How do we not~ ?	하우두위낫	별로 많이 쓰이지 않는다.

Listen carefully and Check it Out!

- How do I live with that?
  livewithsb는 …와 함께 산다

  내가 어떻게 그것을 견딜까?

- How do I make this right?

  어떻게 내가 이걸 바로 잡을까?

- She sent me flowers! How do I do this?

  걔가 꽃을 보냈어! 내가 어떻게 하지?

- How do I not know that?

  어떻게 내가 그걸 모르지?

- How do we force a patient into surgery?

  우리가 어떻게 환자에게 수술을 강요하겠어?

- How do we get him under control?

  걔를 어떻게 통제하겠어?

- But then how do we know who wins?

  하지만 누가 이길지 우리가 어떻게 알겠어?

Friends

미드·스크린에서 확인해보기

Joey: Hey! I'm off to my audition. How do I look? 안녕! 나 오디션가는데, 내 모습 어때?

Rachel: Ahhh, I think you look great! That bag is gonna get you that part.
아, 멋져 보이는 것 같아. 그 가방 때문에 역을 따낼거야.

110

How+do 동사

How do I ~로
시작하는 문장들 - 2

How do I know **what to do?**

뭘해야 할지 내가 어떻게 알아?

Key Point

How do I know~ ?	하우드아이노우	How do I+V?의 대표적 패턴으로 "내가 어떻게 …을 알고 있겠느냐?" 라는 반문조의 문장
How do I tell~ ?	하우드아이텔	

Listen carefully and Check it Out!

- How do I know **you haven't killed them already?**
  /t/는 소리가 나지 않아 /해분/으로 들려

  네가 걔네들을 이미 죽였는지 내가 어떻게 알아?

- How do I know **it's not a forgery?**

  그게 위조품이 아니라는걸 내가 어떻게 알아?

- Well, how do I know **the tumor caused it?**
  연음해서 /커즈~딧/

  종양이 그거의 원인이라는 것을 내가 어떻게 알아?

- How do I know **you don't want to date her?**

  네가 걔와 데이트하기 싫어한다는걸 내가 어찌 알아?

- How do I know **you're not still lying to me?**

  네가 아직도 내게 거짓말안하는지 어떻게 알아?

- How do I know **what to do?**

  어떻게 해야 할지 내가 어떻게 알아?

- And how do I tell **them I'm HIV positive?**

  그리고 내가 에이즈라고 어떻게 걔네들에게 말을 해?

- How do I tell her **that we'll never have a family?**

  절대로 아이를 못갖게 될거라고 어떻게 걔한테 말하겠어?

미드·스크린에서 확인해보기

Big Bang Theory

Sheldon: How do I know **you're not going to take my ideas and publish them as your own?** 내 아이디어를 훔쳐서 네 것처럼 출판하지 않을거라는 것을 내가 어떻게 알겠어?

Kripke: How do I know **you're not going to do that with mine?**
네가 내 것으로 그러지 않을거라는 것을 내가 어떻게 알겠어?

How do you **do it?**

그걸 어떻게 한거야?

Key Point	How do you~ ?	하우드유	빨리 발음하면 /하우류/에 가깝게 들린다.
	How do you not~ ?	하우드유낫	"어떻게 …하냐?"고 놀람과 기막힘 속에서 던지는 문장이다.

Listen carefully and Check it Out!

- How do you **do it?** — 그걸 어떻게 한거야?

- How do you **take your coffee?** — 커피 어떻게 탈까?

- How do you **accidentally give a woman an orgasm?** — 어떻게 여자에게 우연히 오르가즘을 느끼게 해준거야?

- How do you **expect me to forgive that?** — 어떻게 내가 그걸 용서하기를 기대한거야?

- How do you not **see what happened?** — 무슨 일이 일어났는지 어떻게 모르는거야?

- How do you not **notice that?** — 어떻게 그걸 눈치채지 못한거야?

- How do you not **call that rape?** — 어떻게 그게 강간이 아니라고 말하는거야?

  cal A B의 구문

Friends

미드·스크린에서 확인해보기

Chandler: I'm not fine. Here she comes. 난 안 괜찮아. 저기 오고 있다구.
Phoebe: Wait here. Breathe. 여기서 기다려. 심호흡 좀 하구.
Chandler: How do you **do that?** 어떻게 한거야?

How do you know that?

그거 어떻게 안거야?

Key Point

How do you know~ ?	하우드유노우	know 다음에는 명사나 절이 온다.
How do you think~ ?	하우드유씽크	think 다음에는 S+V를 이어쓰면 된다.
How do you like~ ?	하우드유라잌	상대방의 의견이나 의향을 물어볼 때
How do you want~ ?	하우드유원트	

Listen carefully and Check it Out!

- How do you know? / 어떻게 알았어?

- How do you know **that?** / 그거 어떻게 알았어?

- How do you know **this guy's right for you?** / 이 사람이 네 짝이라는 것을 어떻게 알아?

- How do you think **I found you?** / 내가 너를 어떻게 발견했을 것 같아?
  find는 발견하다, find out은 알아내다

- How do you think **he'd feel about mom?** / 걔가 엄마에 대해 어떻게 느끼고 있을 것 같아?

- How do you like **this color?** / 이 색깔 어때?

- How do you want to **start?** / 어떻게 시작을 하고 싶어?

Sex and the City

Charlotte: How do you think I felt? His tongue actually licked my teeth.
내가 기분이 어떻겠어? 그의 혀는 실제로 내 이들을 핥았어.

Samantha: I don't get it. Did he wanna fuck you or floss you?
이해가 안되네. 너랑 섹스하고 싶은거래 아니면 이 플로싱을 원한거야?

How does she **know** Katie?

걔가 어떻게 케이티를 알고 있는거야?

Key Point	How does he~ ?	하우더지	뒤에는 know란 동사가 특히 많이 나온다.
	How does she~ ?	하우더쉬	
	How does it~ ?	하우더짓	does it은 연음된다.

Listen carefully and Check it Out!

- How does he **get out?**

걔는 어떻게 나온거야?

- How does he **know my name?**

걔는 어떻게 내 이름을 알고 있는거야?

- How does he **get in there?**

걔는 거기에 어떻게 간거야?

- How does she **feel about being a single parent?**

배우자없이 아이를 키우는 부모

걔는 한부모가 되는거에 대해 어떻게 생각해?

- How does she **put up with it?**

어떻게 걔가 그걸 참는데?

- How does she **know you're here?**

걔는 네가 여기 있다는 걸 어떻게 안거야?

- How does it **look?**

그래 그거 어때 보여?

Friends

Monica: Oh, they're brochures from different adoption agencies.
여러 입양기관에서 가져온 안내책자들이야.

Phoebe: Ooh, babies! Oh, this one is so cute, get this one! 어, 아이들! 이 애가 귀엽다. 얘로 해!

Monica: That's not really how it works. 그렇게 하는게 아냐.

Phoebe: Oh, how does it **work?** 어떻게 진행되는건데?

How did we get into this mess?

우리가 어떻게 이런 혼란으로 빠졌어?

Key Point

How did I~ ?	하우디다이	know, forget 그리고 get 등의 동사가 많이 이어진다.
How did I not~ ?	하우디다이낫	How did I~ ?의 부정형으로 주로 know 동사가 나온다.
How did we~ ?	하우딛위	

Listen carefully and Check it Out!

- How did I **ruin him?**

  어떻게 내가 걔를 망가트렸겠어?

- How did I **miss this?**

  내가 어떻게 그걸 놓쳤겠어?

- How did I **make you my enemy?**

  내가 어떻게 너를 내 적으로 만들어겠어?

- How did I not **see someone take my wife?**

  see sb V의 지각 동사구문

  누가 내 아내를 데려가는 것을 어떻게 내가 못봤을까?

- How did I not **know about this?**

  어떻게 내가 이걸 몰랐겠어?

- How did we **get into this mess?**

  get into는 ...상태나 상황에 빠지다

  우리가 어떻게 이런 혼란에 빠졌어?

- How did we **end up here?**

  어떻게 우리가 여기서 끝났겠어?

 미드•스크린에서 확인해보기

Friends

Rachel: How did we **end up with these jerks? We're good people!**

어떻게 이런 쓰레기들만 걸리는거지? 우리는 좋은 사람들인데!

Monica: **I don't know. Maybe we're some kinda magnets.** 모르겠어. 우리가 무슨 자석인거 같아.

115

How+do 동사

How did I~로
시작하는 문장들 - 2

How did I forget **your birthday?**

내가 어떻게 네 생일을 잊겠어?

Key Point

How did I know~ ?	하우디다이노우	know 다음에는 명사나 S+V이 온다.
How did I get~ ?	하우디다이겟	
How did I forget~ ?	하우디다이포겟	

Listen carefully and Check it Out!

- How did I know **that, Walter?**

  월터, 내가 그걸 어떻게 알았겠어?

- How did I know **this was coming?**

  이럴 줄 내가 어떻게 알았겠어?

- How did I know **he was gonna go blind?**

  걔가 맹인이 되리라는걸 내가 어찌 알았겠어?

  go+형용사는 ...이 되다라는 의미

- How did I get **here?**

  내가 여기에 어떻게 왔겠어?

- How did I ever get **a girl as great as you?**

  내가 어떻게 너처럼 대단한 여자를 구했겠어?

- How did I get **a higher score in math?**

  내가 어떻게 수학에서 고득점을 얻었겠어?

- How did I forget **your birthday?**

  내가 어떻게 네 생일을 잊겠어?

No Strings Attached

Adam: So, how did I get **here?** 그래, 내가 어떻게 여기 온거야?

Emma: You texted me that it was an emergency, and then I texted you my address, and then you came over.

급한 일이라고 내게 문자를 보냈고 내가 주소를 문자로 줬어. 그리고 네가 온거지.

116

How+do 동사

How did you~로
시작하는 문장들 – 1

How did it **happen?**

어떻게 그런 일이 일어난거야?

Key Point

How did you~ ?	하우디쥬	부정형 How did you not~ ?은 별로 보이지 않는다.
How did he~ ?	하우딛히	
How did she~ ?	하우딛쉬	
How did it~ ?	하우디리릿	/d/는 양모음사이에서 유성음화된다.

Listen carefully and Check it Out!

- How did you **give her CPR?**
  실제소영중의 약어

  어떻게 걔한테 CPR를 해줬어?

- How did you **come up with that?**

  어떻게 그런 생각을 해낸거야?

- How did you not **kill him?**

  어떻게 걔를 죽이지 않은거야?

- How did he **lose it anyway?**
  /루짓/

  어쨌든 걔는 왜 이성을 잃은거야?

- How did he **find you?**

  걔는 어떻게 너를 찾았어?

- How did it **happen?**

  어떻게 그런 일이 일어난거야?

- How did it **end?**

  그게 어떻게 끝났어?

 미드·스크린에서 확인해보기

 Sex and the City

Carrie: How did you **even get here?** 여기는 어떻게 오게 된거야?

Big: It took me a really long time to get here. But I'm here. Carrie you're the one. 여기까지 오는데 정말 시간이 오래 걸렸지. 하지만 난 여기 있어. 캐리, 너밖에 없어.

Carrie: Kiss me you big crybaby. I miss New York. Take me home.
다 큰 울보쟁이야. 키스해줘. 뉴욕이 그리워. 집에 데려다 줘.

117

How+do 동사

How did you~로
시작하는 문장들 - 2

How did you know that?

그걸 어떻게 알게 된거야?

Key Point

How did you know+N?	하우디쥬노우	
How did you know S+V?	하우디쥬노우	know 다음에 절이 오는 경우
How did you find~ ?	하우디쥬파인드	어떻게 찾았냐
How did you find out~ ?	하우디쥬파인다웃	어떻게 알게 됐냐

Listen carefully and Check it Out!

- How did you know that?

  그걸 어떻게 알게 된거야?

- How did you even know that I was here?

  내가 여기 있다는걸 어떻게 알았어?

- How did you know it was him?

  그게 걔라는걸 어떻게 알게 됐어?

- How did you know about his date?

  개의 데이트 상대에 대해서 어떻게 알았어?

- How did you find out about this?

  이거에 대해 어떻게 알아낸거야?

- How did you find out about it, anyway?

  어찌됐건, 이거 어떻게 알아낸거야?

- How did you find us?

  어떻게 우리를 찾아냈어?

미드·스크린에서 확인해보기

Friends

Monica: You can not play bagpipes at the wedding!! 결혼식에서 백파이프 불 생각마!!

Ross: How did you know about that?! 그걸 어떻게 알았어?!

Chandler: We heard you play all the way from your apartment!
네 아파트에서 계속 부는게 들리거든.

How did you get **in** here?
너 어떻게 여기로 온거야?

Key Point

| How did you get~ ? | 하우디쥬겟 | |
| How did you let~ ? | 하우디쥬렛 | |

Listen carefully and Check it Out!

- How did you get so good at this?
  get good at~는 …을 잘하다.

- How did you get my dad's computer?

- How did you get them past customs?
  get A past customs는 A를 통관시키다

- How did you get that bruise?

- How did you get involved with all this?

- How'd you get in here?

- How did you let this happen?

어떻게 이거를 그렇게 잘하게
된거야?

내 아빠의 컴퓨터를 어떻게
네가 갖게 된거야?

어떻게 그것들을 통관시킨거
야?

어떻게 그 타박상을 입은거
야?

넌 어떻다 이 모든 일에 연
루된거야?

너 어떻게 여기로 온거야?

어쩌다가 이렇게 되도록 방치
한거야?

 미드·스크린에서 확인해보기

 Desperate Housewives

Lynette: Mrs. McClusky. You all right? 맥컬스키 부인. 괜찮으세요?

Mrs. McClusky: How did you get **in** here? 여기는 어떻게 들어왔어요?

How have you **been?**

어떻게 지냈어?

Key Point

How have I~ ?	하우해바이	
How have I not~ ?	하우해바이낫	
How have I never~ ?	하우해바이네버	
How have you~ ?	하우해뷰	
How have you not~ ?	하우해뷰낫	강조하려면 not 대신에 never를 쓴다.
How have you been+ ~ing?	하우해뷰빈	어떻게 ~ing했는지 물어보는 문장

Listen carefully and Check it Out!

- How have I never **been here before?**
  어떻게 난 여기에 전에 와본 적이 없지?

- How have I not **kicked your ass yet?**
  kick one's ass는 ...을 혼내다
  어떻게 내가 아직 너를 혼내지 않았지?

- How have you not **heard of them?**
  /버어들/
  어떻게 걔네들 얘기를 듣지 못한거야?

- How have you never **heard of Chris Suh?**
  어떻게 크리스 서에 대한 얘기를 못들어본거야?

- How have you not **learned that by now?**
  어떻게 지금까지 그것을 배우지 못했어?

- How have you **been?**
  어떻게 지냈어?

- How have you been **feeling?**
  기분이 어땠어?

미드·스크린에서 확인해보기

Big Bang Theory

Priya: How have you been? 어떻게 지냈어요?

Penny: Fine. You? 좋아요. 당신은요?

Priya: Very well, thank you. 아주 잘 지내요. 고마워요.

120
How+have+pp

How has~로
시작하는 문장들

How has she lost her way?

어떻게 걔가 길을 잃었을까?

Key Point

How has he+pp?	하우해지	How has~는 How's~로 축약된다.
How has she+pp?	하우해쉬	축약된 How's~는 다음에 주어, 그리고 pp가 이어진다.
How has it+pp?	하우해짓	
How has that+pp?	하우해즈댓	

Listen carefully and Check it Out!

- How has your relationship been with your husband lately?
  네 남편과의 사이가 최근 어때?

- Mike, how has the Nicole been treating you so far?
  마이크, 지금까지 니콜이 널 어떻게 대접하니?

- How has a kid gotten 40-some miles all by himself?
  어떻게 아이가 혼자서 40마일 가량을 온거야?

- How has it hurt you, personally?
  개인적으로 그게 어떻게 네게 상처를 준거야?

- How's that been with Nate?
  네이트와는 어땠어?

- How has she lost her way?
  어떻게 걔가 길을 잃었을까?

- How has Cindy felt since she retired?
  신디는 퇴직 후에 어때?

미드·스크린에서 확인해보기

Desperate Housewives

Charles: And how's that supposed to work? We live four hours away. What's he gonna do, go to two different schools?
그게 어떻게 되겠어요? 4시간 떨어진 곳에서 사는데요. 그가 어떻게 할건가요. 고등학교 두군데를 다녀요?

Carlos: I don't know what to tell you, man. I'm sorry. 뭐라고 말해야 할지 모르겠네요. 미안해요.

121
How+will

How will I~로
시작하는 문장들

How will I find you?

내가 널 어떻게 찾지?

Key Point

How will I~ ?	하우윌라이	
How will we~ ?	하우윌위	"우리가 어떻게 …을 할까?"라는 의미

Listen carefully and Check it Out!

- How will I remember that?
  내가 어떻게 그걸 기억하지?

- How will I tell her family?
  걔 가족에게 뭐라고 말하지?

- How will I ever pay you for that tennis lesson?
  그 테니스 강의료를 어떻게 지불하지?

- Where are you? How will I find you?
  너 어디있어? 내가 어떻게 널 찾지?

- How will we get there?
  우리가 어떻게 거기에 도착을 할까?

- How will we know when it arrives?
  그게 도착했을 때 우리가 어떻게 알지?

- How will we recognize each other?
  서로 어떻게 알아보지?

eachother와 oneanother을 구분없이 사용.

미드·스크린에서 확인해보기   **Game of Thrones**

Archmaester: When Robert's Rebellion was raging, people thought the end was near. The end of the Targaryen dynasty. "How will we survive?"
로버트의 반란이 거세졌을 때 사람들은 종말이 가까워졌다고 생각했지. 타르가르옌 왕조의 종말에, "우리가 생존할 수 있을까?"라고 생각했지.

122

How+will

How will you~로
시작하는 문장들

How will you pay for this?

이거 어떻게 지불하시겠어요?

Key Point			
How will you~ ?	하우윌유	you는 약화되어 /야/ 정도로 들린다.	
How will he~ ?	하우윌히		
How will she~ ?	하우윌쉬		
How will they~ ?	하우윌데이		
How will it~ ?	하우윌릿		

Listen carefully and Check it Out!

- How will you **pay for this?**

  이거 어떻게 지불하시겠어요?

- How will you **protect us?**

  넌 어떻게 우리를 보호할거야?

- How will you **know when you get there?**

  네가 언제 거기에 도착할지를 어떻게 네가 알아?

- How will you <u>**get all that done**</u> **before you leave?**

  get A done의 표현

  네가 떠나기 전에 그걸 다 어떻게 끝낼거야?

- How will he **to be <u>defeated</u>?**

  ~ted=[티드]

  걔는 어떻게 지게 될까?

- How will they **know if you're ready?**

  네가 준비되었는지 걔네들이 어떻게 알아?

- How will that **lead us to him?**

  그게 어떻게 우리를 걔한테로 연결을 시켜줄까?

Friends

Rachel: You do know that I will be here when he comes over.
네가 여기 오면 내가 있다는 것을 넌 알고 있어.

Phoebe: Oh? And how will you know what time to come over?
그래? 언제 올지 넌 어떻게 알건대?

Rachel: You just said it! 네가 방금 말했잖아!

123

How+will

How would I~로
시작하는 문장들

How would I even do it?

내가 어떻게 그렇게 하겠어?

Key Point

How would I~ ?	하우다이	How와 would는 서로 잘 어울리는 쌍이다.
How would I not~ ?	하우다이낫	
How would I even~ ?	하우다이이븐	"내가 어떻게 …만이라도 할 수 있겠어?"라는 의미. 실현가능성이 없을 때

Listen carefully and Check it Out!

- How would I stop him?

  내가 어떻게 걔를 멈추게 하겠어?

- How would I go about doing that?

  그걸 하려면 내가 어떻게 해야 하지?

- How would I go about hiding your assets from John?

  낫모듬에 강에가 있어 잘 둥진다

  존으로부터 네 자산을 내가 어떻게 숨겨야 돼?

- How would I not remember that happening to them?

  그게 걔네들에게 일어났다는 것을 어떻게 내가 기억을 못하겠어?

- How would I not rent it willingly?

  rent는 임대[차]하다라는 동사

  어떻게 내가 그걸 자발적으로 빌려주지 못하겠어?

- How would I even do it?

  내가 어떻게 그것을 하겠어?

- How would I even get something like that?

  내가 어떻게 그와 같은 것을 얻기라도 하겠어?

 미드·스크린에서 확인해보기

Desperate Housewives

Susan: I play the piano. You know that.   나 피아노 쳐. 알잖아.

Julie: How would I know that? I've never seen you play.

내가 어떻게 알겠어요? 피아노 치는거 본 적이 없는데.

Susan: Well, I played in high school.   저기, 고등학교 때 피아노쳤어.

124

How+will

How would you~로
시작하는 문장들 – 1

How would you like
that?

그거 어때?

Key Point

How would you~ ?	하우우쥬	"네가 어떻게 …을 하겠어?"라는 의미
How would you like+N?	하우우쥬라잌	How would you~가 가장 좋아하는 동사는 like이다.
How would you like to+V?	하우우쥬라잌투	
How would you like it if~ ?	하우우쥬라잇이프	

Listen carefully and Check it Out!

- How would you **protect our country?**

  우리 나라를 어떻게 방어를 하겠어?

- How would you **advise the police?**

  명사형은 advice. 모두 첫 /ə/는 잘 들리지 않아

  네가 어떻게 경찰에 조언을 하겠어?

- How would you **suggest I do that?**

  내가 그걸 어떻게 하기를 제안하겠어?

- How would you like **that?**

  그거 어때?

- How would you like to **join me?**

  나와 함께 하는게 어때?

- How would you like to **continue?**

  계속하는게 어때?

- How would you like it if **I moved into your house?**

  내가 네 집을 이사 들어가면 어떻겠어?

 미드 스크린에서 확인해보기

Desperate Housewives

Susan: All right, I promise. 좋아요, 약속해요.

Bill: Hey listen, I'm about to break for lunch. How would you like to **join me?**
저기, 지금 점심먹으려 하는데 함께 하면 어때요?

125

How+will

How would you~ 로
시작하는 문장들 – 2

How would you know?
네가 어떻게 알고 있겠어?

Key Point

How would you know~ ?	하우우쥬노우	
How would you feel about~ ?	하우우쥬필어바웃	
How would you characterize~ ?	하우우쥬캐릭터라이즈	characterize 대신에 describe를 써도 된다.

Listen carefully and Check it Out!

- How would you know?

  네가 어떻게 알고 있겠어?

- How would you know **how to ruin it?**

  그거 어떻게 망가트리는지를 네가 어떻게 알고 있겠어?

- How would you know **if she's fine?**

  걔가 괜찮은지 어떻게 알고 있겠어?

- How would you feel if **I interfered in your personal life?**

  네 사생활에 내가 간섭을 한다면 어떻게겠어?

- How would you characterize **his behavior?**

  걔 행동을 어떻게 묘사하겠어?

- How would you characterize **your relationship?**

  네 관계를 어떻게 묘사하겠어?

- How would you describe **your childhood? Was it happy or unhappy?** /워짓/으로 연음

  네 어린시절을 어떻게 묘사하겠어? 행복했니 아니면 불행했니?

미드·스크린에서 확인해보기

Desperate Housewives

Barton: Well, the doctor told Rex he was being poisoned and Rex believed him.
의사가 렉스에게 독살당하고 있다고 말했고 렉스는 그 말을 믿었죠.

Bree: How would you know **that?** 당신이 그걸 어떻게 알고 있는거죠?

126
How+can

How can I~로
시작하는 문장들 - 1

How can I say no to that?

내가 어떻게 그걸 거절할 수 있어?

Key Point

How can I~ ?	하우캔아이	can이 제일 좋아하는 의문사는 How 이다.
How can I not~ ?	하우캔아이낫	
How can I be~ ?	하우캔아이비	be 다음에는 명사나 형용사가 온다.
How can I not be~ ?	하우캔아이낫비	

Listen carefully and Check it Out!

- How can I help you? — 뭘 도와드릴까요?

- How can I forgive her? — 내가 어떻게 걔를 용서할까?

- How can I say no to that? — 내가 어떻게 그거를 거절할 수 있어?

- How can I get in touch with you tomorrow? — 내일 너한테 어떻게 연락할 수 있어?

- How can I break up with you? — 어떻게 내가 너와 헤어질 수 있을까?

- How can I be sure she's still alive? — 걔가 살아있다는걸 내가 어떻게 확신해?
  역시 /ʌ/는 잘 안들려

- How can I be the father of her baby? — 내가 어떻게 걔 아이의 아빠가 될 수 있어?

미드·스크린에서 확인해보기

Friends

Monica: All right, you ready? 좋아. 준비 됐지?

Rachel: No. No, no, I'm not ready! How can I be ready?
아니. 아니. 아니. 난 아직 준비가 안 됐어! 어떻게 준비가 될 수 있겠어?

How can I make this clear?

어떻게 내가 이걸 분명하게 할 수 있을까?

 Key Point

How can I make it~ ?	하우캐나이메이킷	it 대신에 this 등을 써도 된다.
How can I make you+V?	하우캐나이메이큐	여기서 make는 사역동사

Listen carefully and Check it Out!

- How can I make you **understand**?

  내가 어떻게 너를 이해시킬 수 있을까?

- How can I make you **happy today**?

  오늘 내가 어떻게 너를 행복하게 해줄 수 있을까?

  make sb~다음에는 동사나 형용사가 온다.

- How can I make you **believe me**?

  어떻게 해야 네가 나를 믿을 수 있을까?

- How can I make **more money**?

  어떻게 돈을 더 벌 수 있을까?

- How can I make this **clear**?

  어떻게 내가 이걸 분명하게 할 수 있을까?

- How can I make it **better**?

  어떻게 내가 그걸 더 낫게 만들 수 있을까?

 미드·스크린에서 확인해보기

Game of Thrones

Daenerys: How can I rule seven kingdoms if I can't control Slaver's Bay? Why should anyone trust me? Why should anyone follow me?

노예상의 만도 통치못하는 내가 어떻게 칠왕국을 통치하겠소? 사람들이 왜 나를 신뢰하고 왜 나를 따르겠소?

How can we be **sure?**
어떻게 우리가 확신할 수 있어?

Key Point

How can we~ ?	하우캔위	
How can we be~ ?	하우캔위비	
How can we get~ ?	하우캔위겟	
How can we do that if~ ?	하우캔위두댓이프	"우리가 …을 어떻게 할 수 있겠어?" 라는 의미
How can we see if~ ?	하우캔위씨이프	

Listen carefully and Check it Out!

- How can we get **some pancakes?**   어떻게 우리가 팬케익을 먹을 수 있어?

- How can we **go out?**   우리가 어떻게 외출할 수 있어?

- How can we **hurt you?**   우리가 어떻게 네게 상처를 줄 수 있어?
  떠듬하여 /뉘르늂/

- How can we be **sure?**   어떻게 우리가 확신할 수 있어?

- How can we be **sure it's him?**   그게 걔라는 걸 어떻게 확신할 수 있어?

- How can we be **friends?**   우리가 어떻게 친구가 될 수 있어?

- How can we get **her to leave him?**   어떻게 우리가 걔가 그로부터 떠나게 할 수 있어?

미드·스크린에서 확인해보기

Big Bang Theory

Howard: Then don't say anything.   그럼 아무 말도 하지마.

Sheldon: I have to. How can we ever hope to have a healthy relationship if I don't tell her how disappointed I am, and that I'll never forgive her?
해야 돼. 내가 얼마나 실망했고 그리고 용서하지 않을거라는 것을 말하지 않고 어떻게 그녀와 건강한 관계를 유지할거라고 희망할 수 있겠어?

How can you treat me like this?

어떻게 나를 이렇게 대접할 수 있어?

Key Point

How can you+V?	하우캔유	연음하면 /하우캐뉴/가 된다.
How can you be~ ?	하우캔유비	be 동사 다음에는 명사나 형용사가 온다.
How can you not~ ?	하우캔유낫	

Listen carefully and Check it Out!

- How can you **do this?**

  어떻게 이럴 수가 있는거야?

- How can you **treat me like this?**

  어떻게 나를 이렇게 대접할 수 있어?

- How can you **ask me that?**

  어떻게 내게 그걸 부탁할 수 있어?

- How can you be **so sure?**

  어떻게 네가 확신할 수 있어?

- How can you be **friends with her?**

  어떻게 네가 걔와 친구가 될 수 있어?

- How can you not **think it's awkward?**

  어떻게 네가 그게 어색하다고 생각하지 않을 수 있어?

  /k/는 받침으로 들어가 단독으로 발음이 되지 않아

- How can you not **know?**

  네가 어떻게 모를 수 있어?

미드·스크린에서 확인해보기

The Walking Dead

Laurie: You want me to bring a baby into this? To live a short, cruel life?

이런 상황에서 아기를 낳으라고? 잔인하게 짧게 살다 가라고?

Rick: How can you **think like that?** 어떻게 그렇게 생각해?

Laurie: We can't even protect the son we already have.

우린 이미 있는 아이조차도 보호하지 못하잖아.

130
How+can

How can you~로
시작하는 문장들 – 2

How can you tell she likes me?

걔가 나를 좋아하는지 어떻게 알아?

Key Point

How can you say~ ?	하우캔유세이	How can you~ 다음에 오는 동사로는 주로 say, tell, 그리고 know 등이다.
How can you tell~ ?	하우캔유텔	
How can you know~ ?	하우캔유노우	

Listen carefully and Check it Out!

- How can you say that?

  어떻게 그렇게 말할 수 있어?

- How can you say that she's competent to stand trial?

  재판받다라는 의미. /tr/은 /츄/에 가까운 소리가...

  걔가 어떻게 재판을 받을 능력이 된다고 말할 수 있어?

- How can you say God hates you?

  /헤이츠/

  어떻게 신이 너를 싫어한다고 말할 수 있어?

- How can you tell? This place is a mess.

  왜 그렇게 생각해? 이곳은 아주 엉망인데.

- How can you know this?

  넌 어떻게 이걸 알 수가 있어?

- How can you know the truth?

  넌 어떻게 사실을 알 수 있어?

- How can you tell she likes me?

  걔가 나를 좋아하는지 어떻게 알아?

 미드·스크린에서 확인해보기

 Desperate Housewives

Rex: I'm telling you, it doesn't matter. 정말이지, 그건 문제가 안돼.

Bree: How can you say that it doesn't matter? Of course it matters.

그게 어떻게 문제가 안된다고 말할 수 있어? 당연히 문제가 돼.

How could I have missed that?

어떻게 내가 그걸 놓칠 수가 있었을까?

Key Point

How could I~ ?	하우쿠다이	이해하기 힘들고 납득하기 쉽지 않은 일들이 자기에게 생겼을 때
How could I not~ ?	하우쿠다이낫	
How could I have+pp?	하우쿠다이해브	

Listen carefully and Check it Out!

- How could I not have **known it was you!**

  그게 너였다는 것을 어떻게 내가 모를 수가 있어?

- How could I not **be sure?**

  어떻게 내가 확신하지 않을 수 있어?

- How could I not have **known that?**

  어떻게 내가 그걸 몰랐을 수가 있겠어?

- How could I have **missed that?**

  어떻게 내가 그걸 놓칠 수가 있었을까?

- How could I have **been so blind!**

  어떻게 내가 그렇게 모를 수가 있었을까?

- How could I have **never found this?**
  /d/는 거의 발음하지 않아

  어떻게 내가 그걸 발견하지 못할 수가 있었을까?

- How could I have **taken it the wrong way?**

  어떻게 내가 그걸 잘못알 수가 있었을까?

미드·스크린에서 확인해보기

Notebook

Noah: Do you remember me? 나 기억해요?

Allie: Yeah, sure, Mr. Underwear, was it? How could I forget?
그럼요, 속옷씨, 그거였죠? 어떻게 잊겠어요?

How could you not tell her?

어떻게 걔한테 말하지 않을 수 있어?

Key Point	How could you~ ?	하우쿠쥬	"넌 어떻게 …을 할 수가 있는거야"라는 의미
	How could you not~ ?	하우쿠쥬낫	

Listen carefully and Check it Out!

- How could you **cheat on Chris again?** — 넌 어떻게 또 크리스를 속이고 바람을 필수가 있어?

  cheat on sb는 …몰래 바람피다

- How could you **possibly know that?** — 넌 어떻게 그것을 알 수 있는 거야?

- How could you **betray me like this?** — 넌 어떻게 날 이렇게 배신할 수가 있어?

- How could you not **know that?** — 어떻게 넌 그걸 모를 수가 있어?

- How could you not **say it?** — 넌 어떻게 그걸 말하지 않을 수가 있어?

- How could you not **tell her?** — 어떻게 넌 걔한테 말하지 않을 수 있어?

미드·스크린에서 확인해보기 Friends

Joey: How could you **do this to me Chandler?!** This part could've turned my whole career around! 챈들러, 어떻게 내게 이럴 수 있어? 이 역은 내 커리어 전체를 반전시킬 수도 있는건데.

Chandler: I messed up. Okay? I'm sorry, I really messed up.
내가 망쳤어. 미안해. 내가 정말 망쳤어.

Joey: Hey, you don't even live here anymore! What are you doing answering my phone? I have my machine!
너 여기 살지도 않잖아! 뭐하러 내 전화를 받은거야? 자동응답기도 있는데!

133

How+can

How could you~ 로
시작하는 문장들 - 2

How could you do that?

어떻게 그럴 수가 있어?

Key Point

How could you be~ ?	하우쿠쥬비	"How could you~ 다음에 be나 do 동사가 오는 경우
How could you do~ ?	하우쿠쥬두	

Listen carefully and Check it Out!

- How could you be **so selfish?** 넌 어떻게 그렇게 이기적일 수 있어?

- How could you be **so reckless?** 너 어떻게 그렇게 부주의할 수 있어?

- How could you still be **upset about that?** 넌 어떻게 아직도 그 때문에 화를 낼 수가 있어?

- How could a woman be **so cold and yet so hot?** 어떻게 여자가 그렇게 차가운 동시에 그렇게 섹시할 수가 있어?

- How could it be **my fault?** 어떻게 그게 내 잘못일 수가 있어?

- How could you do **this to me?** 어떻게 내게 이렇게 할 수가 있어?

- How could you do **that?** 어떻게 그럴 수가 있어?

 미드·스크린에서 확인해보기

Big Bang Theory

Amy: Sheldon, how could you do this? It's our second anniversary.
쉘든. 어떻게 이럴 수가 있어. 우리 2주년이잖아.

Raj: It's your anniversary? Oh, my God, I had no idea. Amy, please, let me make this right. 너희들 기념일이라고? 맙소사, 난 몰랐네. 에이미, 내가 바로 잡아줄게.

134

How+can

How could you~로
시작하는 문장들 – 3

How could you get
lost?

넌 어떻게 길을 잃을 수가 있어?

Key Point	How could you have+N?	하우쿠쥬해브	have 다음에 명사가 오는 경우로 아래의 have+pp와 구분해야 한다.
	How could you have+pp?	하우쿠쥬해브	
	How could you get~ ?	하우쿠쥬겟	

Listen carefully and Check it Out!

- How could you have a girlfriend? You can't even speak to women.

  네가 어떻게 여친이 있을 수가 있어? 여자한테 말도 못하잖아.

- How could you have sex with her? You're gay!

  어떻게 네가 걔와 섹스를 할 수가 있어? 넌 게이잖아!

- How could you have told her?

  어떻게 넌 걔한테 말을 할 수가 있어?

- How could you get lost?

  넌 어떻게 길을 잃을 수가 있어?

- How could you get involved with a woman like this?
  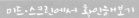

  넌 어떻게 이런 여자와 엮일 수가 있어?

- How could you have not gotten sick?

  어떻게 아프지 않을 수가 있었어?

미드·스크린에서 확인해보기   **Friends**

Ross: How could you have told her? 어떻게 걔한테 말을 할 수가 있어?

Rachel: Ross, I didn't think it would that big of a deal. 로스, 그게 그렇게 큰 일이 아니라고 생각했었어.

135

How+can

How could you~로
시작하는 문장들 − 4

How could you lie to us?

넌 어떻게 우리에게 거짓말을 할 수가 있어?

Key Point

How could you say~ ?	하우쿠쥬세이	상대방이 엉뚱한 말이나 거짓말을 했을 때
How could you lie~ ?	하우쿠쥬라이	
How could you leave~ ?	하우쿠쥬리브	"넌 어떻게 …을 …한 상태로 놔둘 수 있냐?"라는 말

Listen carefully and Check it Out!

• How could you <u>say</u> no to that?
  say no to~는 거절하다

• How could you say that to Clyde?

• How could she lie like that?

• How could you lie to us?

• How could you leave me like that?

• How could you leave her at home with his crazy mother?

• How could you leave a 5-year-old all alone?

어떻게 그걸 거절할 수가 있어?

어떻게 넌 클라이드에게 그말을 할 수가 있어?

걘 어떻게 그렇게 거짓말을 할 수가 있어?

네가 어떻게 우리에게 거짓말을 할 수가 있어?

어떻게 넌 나를 그렇게 내버려 둘 수가 있어?

어떻게 넌 그녀를 그의 미친 엄마와 함께 집에 남겨둘 수가 있어?

넌 어떻게 다섯살 아이를 혼자 내버려둘 수가 있어?

 미드·스크린에서 확인해보기

Desperate Housewives

Danielle: She's fine. Gloria's watching her. 엄마는 괜찮아. 글로리아가 돌보고 있어.

Andrew: What? I told you Mom's ready to go to the cops about Orson. How could you leave her at home with his crazy mother?
뭐라고? 엄마보고 올슨관련해서 경찰에 갈 준비하고 있다고 너한테 말했는데, 어떻게 그의 미친 엄마와 함께 남겨둘 수가 있어?

136
How+can
How could you~로
시작하는 문장들 – 5

How could you know
my wife?
네가 어떻게 내 아내를 알겠어?

Key Point	How could you think S+V?	하우쿠쥬씽크	상대방의 생각이 맘에 안 들고 어처구니 없을 때
	How could you know+N?	하우쿠쥬노우	
	How could you know (that) S+V?	하우쿠쥬노우	

Listen carefully and Check it Out!

- How could you think **that this guy is right for me?**
  넌 어떻게 이 사람이 내짝이라고 생각할 수가 있어?

- How could you think **that this would work?**
  넌 어떻게 이게 먹힐거라고 생각할 수가 있어?

- How could you think **I would do something like that?**
  넌 어떻게 내가 그런 일을 할 거라 생각할 수가 있어?

- How could you know **my Dad? He left when I was a baby.**
  네가 어떻게 내 아빠를 알겠어? 내가 아기였을 때 떠나셨는데.

- How could you know, **I don't even know!**
  네가 어떻게 알아. 나도 모르는데!

- How could he possibly know **unless you told somebody?**
  unless= if ~ not
  네가 누군가에게 말하지 않았다면 걔가 어떻게 알 수 있겠어?

- How could she not know? **What is she, headless?**
  걔가 어떻게 모를 수가 있겠어? 걔 뭐야, 머리가 없어?

미드·스크린에서 확인해보기

Friends

Ross: How could you know, I don't even know! 네가 어떻게 알아, 나도 모르는데!

Monica: Carol called me to thank me for the lasagna, I asked, she told me.
 캐롤이 라자냐 고맙다고 전화했길래, 물어보니까 말해줬어.

137

How+can

How could I~로
시작하는 문장들

How should I know?

내가 어떻게 알아?

Key Point

How could it~ ?	하우쿠딧	주로 동사 happen가 어울린다.
How should I~ ?	하우슈다이	"내가 어떻게 …하겠어?"라는 말이다.
How should we~ ?	하우슈위	

Listen carefully and Check it Out!

- How could it **not be?**   어떻게 그게 아닐 수 있어?

- How could that **still bother you?**   어떻게 그 때문에 아직도 시달리고 있어?

- How could that **happen?**   어떻게 그런 일이 있지?

- How could this **happen to me?!**   어떻게 이런 일이 내게 생기는거야?!

- How should I **know?**   내가 어떻게 알겠어?

- How should we **break it down?**   우리가 어떻게 설명을 하겠어?

- How should I **approach him?**   어떻게 내가 걔한테 접근하겠어?

/ɑ/욱 약음, 연음해서 /어프로칭/처럼 들려

미드·스크린에서 확인해보기   Friends

Carol: Ross, you remember Susan.   로스, 수잔 기억하지.

Ross: How could I **forget?**   어떻게 잊겠어?

138

Which

Which~로
시작하는 문장들 - 1

Which do you prefer?
뭘 더 좋아하는데?

Key Point

Which do you~ ?	위치두유	
Which one of you~	위치워너브	one of~는 연음하여 /워너브/로 들린다.
Which way is+N ?	위치웨이즈	길을 물을 때 사용하면 된다.
Which way do~ ?	위치웨이두	
Which way did~ ?	위치웨이딛	

Listen carefully and Check it Out!

- Which do you **recommend**?

  뭘 추천하는거야?

- **No problem,** which do you **prefer?**

  문제없어, 뭘 더 좋아하는데?

- Which do you **think you're going to be?**

  넌 어느쪽이 될거라 생각해?

- Which one of you **is the FBI agent?**

  너희들 중 누가 FBI요원이야?

- Which one of them **belongs to you?**

  belong to~는 …에 속하다

  그것들 중에서 어떤게 네꺼야?

- Which one **are you talking about?**

  넌 지금 어느 쪽에 대해 말하고 있어?

- Which way **did they go?**

  걔네들은 어느 쪽으로 갔어?

미드·스크린에서 확인해보기

Sex and the City

Carrie: Excuse me, Hi. Which way is the Stock Exchange?

실례지만, 어디로 가야 증권거래소조?

Man: There. 저기요.

139

Which

Which~로
시작하는 문장들 – 2

Which is why **I have great sex**

그래서 내가 멋진 섹스를 하는거지

Key Point

Which is why~	위치즈와이	의문사는 아니지만 많이 나오는 패턴이다.
Which means~	위치민즈	
Which explains~	위치익스플레인즈	
Which leaves~	위치리브즈	

Listen carefully and Check it Out!

- Which is why he rents a car when he's in town.

  이것이 바로 걔가 시내에 있을 때 차를 렌트한 이유야.

- Which is why I don't have time for theories.

  이것이 바로 내가 탁상공론할 시간이 없는 이유야.

- Which is why I also need to see some ID.

  이것이 바로 내가 일부 ID를 봐야 하는 이유야.

- Which means she was alive when she was entombed.

  이말은 걔가 매몰되었을 때 생존하였다는 것을 말해주고 있어.

- Which explains the absence of his prints.

  이것은 걔의 지문이 없는 것을 말해주고 있어.

- Which leaves our missing waitress Libby still unaccounted for.

  그래서 실종자인 웨이트리스 리비를 여전히 행방불명으로 남겨두게 되는거야.

   leave ~ unaccounted for는 ...를 행방불명으로 남겨두다

미드·스크린에서 확인해보기

Sex and the City

Charlotte: But you don't have relationships. 하지만 너 사귀는 사람이 없잖아.

Miranda: Which is why I have great sex. 그래서 내가 멋진 섹스를 하는거지.

SECTION 3
자주 쓰는 기본동사 듣는 법

미드 . 스크린영어
단숨에 따라듣기

001

want

I want to~로
시작하는 문장 – 1

I wanna be your wife

네 아내가 되고 싶어

Key Point

I want to~	아이원투	want to~는 /t/가 중복되어 하나만 발음하면 된다.
I wanna~	아이워너	
I want to know~	아이원투노우	빨리 발음하면 /아워너/가 된다.

Listen carefully and Check it Out!

- I want to thank you for inviting me to lunch. — 날 점심에 초대해서 감사하다는 말을 하고 싶어.

- I want to go to the comic book store. — 만화가게에 가고 싶어.

- I love you and I wanna be your wife. — 널 사랑하고 네 아내가 되고 싶어.
  /l/을 /r/로 발음해서 rub하면 발음하면 속도위반 모녀를 받을 수도

- I want to know who to be angry at. — 누구한테 화를 내야 하는지 알고 싶어.

- I want to know what he did to my Susan. — 걔가 내 수잔에게 무슨 짓을 했는지 알고 싶어.

- I wanna know why everybody's always staring at me. — 왜 다들 항상 나를 빤히 쳐다보는지 알고 싶어.

- I want to go talk to Peter for a minute. — 가서 피터와 잠시 이야기하고 싶어.

미드·스크린에서 확인해보기

Friends

Gary: You look very pretty today. 오늘 무척 예쁘네.

Phoebe: Thanks! Okay. 고마워! 그래.

Gary: Here's the thing. Y'know I really want to move this relationship forward.
실은 말야. 난 정말 우리의 관계를 좀 더 발전시켰으면 해.

002

want

I want to~로
시작하는 문장 - 2

I want to say **how sorry I am**

내가 얼마나 미안한지 말하고 싶어

Key Point	I want to say~ ?	아이원투세이	세 패턴 다 I wanna~로 발음해도 된다.
	I want to talk to~	아이원투톡투	
	I want you to~	아이원츄투	상대방에게 부탁이나 요청을 할 때

Listen carefully and Check it Out!

- First I want to say that it's not her fault.

  먼저 그건 걔의 잘못이 아니라고 말하고 싶어.

- I want to say how sorry I am.

  내가 얼마나 미안한지 말하고 싶어.

- I want to say something to you before you go.

  네가 가기 전에 너한테 뭐 좀 말하고 싶어.

- I wanna talk to Vicky, I wanna talk to her, now!

  난 비키에게 말하고 싶어. 난 지금 걔한테 말하고 싶어.

- Andrew, come here. I want you to see this.

  앤드류, 이리와봐. 이것 좀 봐봐.

- I want you to stay away from that guy.

  그 사람 가까이 가지마.

  stay away from는 …를 멀리하다, stay out of는 …에 끼어들지 않다

- I want you to tell me the truth.

  사실을 말해봐.

미드·스크린에서 확인해보기

Desperate Housewives

Bree: Well, I definitely meant what I said. Whatever you need, consider it done.
내 말은 진심이에요. 뭐가 필요하던지 그렇게 할게요.

Karen: Good. I want you to help kill me. 좋아. 내가 죽는 걸 도와줘.

003

want

I wanted to~로
시작하는 문장

I wanted to talk to
you in person
너와 사적으로 말하고 싶었어

Key Point

I wanted to~	아이원니투	wanted는 빨리 발음하면 /원니드/가 된다. /d/ 발음은 거의 들리지 않는다.
I wanted to know~	아이원니투노우	
I wanted to say~	아이원니투세이	say 다음에는 명사나 S+V를 이어쓰면 된다.
I wanted to talk to~	아이원니투톡투	
I wanted you to~	아이원닛유투	부탁이나 요청의 표현

Listen carefully and Check it Out!

- I wanted to **protect my baby, but I didn't get there in time.**

  in time은 제시간에, on time은 정해진 시간에

  내 아이를 보호하고 싶었지만, 제 시간에 도착하지 못했어.

- I wanted to know **if you had plans this weekend.**

  네가 이번주말에 계획이 있는지 알고 싶었어.

- I wanted to say **I love you too.**

  나도 널 사랑하고 싶다고 말하고 싶었어.

- I wanted to talk to **you about something.**

  난 네게 뭐 좀 얘기하고 싶었어.

- I wanted to talk to **you in person.**

  난 너와 사적으로 말하고 싶었어.

- I wanted you to **be there.**

  난 네가 거기 가기를 바랬어.

- I just wanted you to **know I had nothing to do with this.**

  난 그거와 아무런 관련이 없다는 것을 네가 알았으면 했어.

미드·스크린에서 확인해보기

House

House: **Perfect.** 완벽하군.

Wilson: I wanted to **be nice. That's all. I mean it.** 난 친절하게 대하고 싶었어. 그게 다야. 정말야.

House: **You always do. It's part of your charm.** 넌 항상 그렇지. 네 매력의 일부지.

004

want

We want to~로
시작하는 문장

We want you to be happy

우린 네가 행복하기를 바래

 Key Point

We want to~	위원투	빨리 발음하면 /위워너/가 된다.
We want to say~	위원투세이	
We want to talk to~	위원투톡투	
We want you to~	위원츄투	

Listen carefully and Check it Out!

- We want to have dinner with you.

  우리는 너와 식사를 하고 싶어.

- We want to have sex with a woman.

  우리는 여자와 섹스를 하고 싶어.

- We want to talk to you about your marriage.

  우리는 네 결혼식에 대해 얘기하고 싶어.

- We want you to meet with the press.

  우린 네가 언론과 접촉하기를 바래.

- We want you to know we're doing everything we can.

  우리는 최선을 다하고 있다는 것을 네가 알아주길 바래.

- We want you to be part of the family.
  /파트브/

  네가 우리 가족의 일원이 되길 바래.

- We want you to be happy.

  우린 네가 행복하기를 바래.

 Friends

미드·스크린에서 확인해보기

Ross: Open up. We want to talk to you. 문열어. 우리 너와 얘기 좀 해.

Joey: I don't feel like talking. 얘기하고 싶지 않아.

005

want

We wanted to~로
시작하는 문장

We wanted to **wish you good luck!**

우리는 너에게 행운이 있기를 바랬어!

Key Point

We wanted to~	위원티루	
We wanted to talk to~	위원|투톡투	
We wanted you to~	위원|닛유투	

Listen carefully and Check it Out!

- We wanted to **explore all the possibilities.**
  우리는 모든 가능성을 살펴보고 싶었어.

- We wanted to **talk to her first.**
  우리는 걔하고 먼저 얘기를 하고 싶었어.

- We want to **talk to him with you.**
  우리는 너와 함께 걔에게 얘기를 하고 싶어.

- We wanted to **wish you good luck!**
  우린 네게 행운이 있기를 바랬어!

- We wanted to **ask you about a gift for Ron.**
  론에게 줄 선물에 관해 물어보고 싶었어.

- We wanted you to <u>**find out**</u> about this.
  연흔네비 /파인다웃/
  우리는 네가 이거에 관해 알아내기를 바랬어.

- We wanted to **get him to his family.**
  우리는 그를 그의 집에 데려다주고 싶었어.

미드·스크린에서 확인해보기 CSI

Winston: He killed my wife. 그가 내 아내를 살해했습니다.

Catherine: We just came from your house. We wanted to tell you that your wife's death was an accident.
당신 집에서 방금 왔습니다. 아내분의 죽음은 사고였다고 말씀드리고 싶었습니다.

006

want

I don't want to~로
시작하는 문장

I don't want to **talk about it**

그거에 대해 얘기하고 싶지 않아

Key Point

I don't want to~	아이돈원투	빨리 발음하면 /아돈워너/가 된다.
I don't want you to~	아이돈원츄투	
We don't want to~	위돈원투	
We don't want you to~	위돈원츄투	

Listen carefully and Check it Out!

- I don't want to **see Jane at school.**

  난 학교에서 제인을 보고 싶지 않아.

- I don't want to **talk about it.**

  난 그거에 대해 얘기하고 싶지 않아.

- I don't want to **see you anymore.**

  난 더이상 너를 보고 싶지 않아.

- I don't want you to **think I'm a total asshole.**

  /ㅂ/+/l/=/ㄹ/서럼 발음한다. /토들/

  내가 완전히 또라이라고 생각하지 않길 바래.

- I don't want you to **give up your career.**

  네가 네 캐리어를 포기하지 않기를 바래.

- We don't want to **wake up Jeremy.**

  우리는 제레미를 깨우기를 원치 않아.

- We don't want you to **get it.**

  우리는 네가 그걸 갖는 것을 원치 않아.

미드·스크린에서 확인해보기   **Me Before You**

Will: That is why I can't have you tied to me. I don't want you to **miss all the things that someone else could give you. And selfishly** I don't want you to **look at me one day and feel even the tiniest big of regret or pity.**

바로 그래서 당신을 내게 얽매이게 할 수 없어요. 누군가 당신에게 해줄 수 있는 것들을 당신이 놓치는 것을 원치 않아요. 그리고 이기적이게도, 난 어느날 당신이 날 보고 조금이나마 후회나 연민을 느끼는 것을 원치 않아요.

I didn't want to **hurt anyone**

누구에게도 해를 끼치고 싶지 않았어

Key Point

I didn't want to~	아이디른원투	want to~는 /워너/로도 발음된다.
I didn't want you to~	아이디른원유투	want you~는 /원유/ 혹은 /원츄/로 연음되기도 한다.
We didn't want to~	위디른원투	didn't~은 /디든/에서 /디른/으로 음이 변절된다.
We didn't want you to~	위디른원유투	

Listen carefully and Check it Out!

- I didn't want to **spoil our anniversary.**

  우리 기념일을 망치고 싶지 않았어.

- I didn't want to **make you uncomfortable.**

  너를 불편하게 만들고 싶지 않았어.

- I didn't want you to **lose your job.**

  네가 직장을 잃지 않기를 바래.

- I didn't want you to **think that I was hiding anything.**

  내가 뭔가 숨기고 있다고 네가 생각하지 않았으면 해.

- I didn't want to **hurt anyone.**

  누구에게도 해를 끼치고 싶지 않았어.

- I didn't want to **say anything in front of him.**

  난 걔 앞에서는 아무런 말도 하고 싶지 않았어.

- We didn't want to **bother you.**

  우리는 당신을 번거롭게 해드리려는 것은 아니었습니다.

 미드·스크린에서 확인해보기

No Strings Attached

Emma: I don't know why I wasted so much time pretending I didn't care. I guess I just didn't want to feel like this. It hurts. But I love you. I'm totally and completely in love with you.

내가 왜 관심없는 척하면서 그렇게 많은 시간을 낭비했는지 모르겠어. 이런 기분이 들기 원치 안했던 것 같아. 마음이 아파. 하지만 널 사랑해. 난 완전히 너를 사랑해.

008
want

Do you want to~로
시작하는 문장

You always wanna
have sex with me

넌 항상 나랑 섹스를 하고 싶어하지

Key Point

Do you want to~ ?	두유원투	그냥 Do를 빼고 물어봐도 된다.
You want to~ ?	유원투	빨리하면 /유워너/
Don't you want to~ ?	돈츄원투	"…하고 싶지 않냐?"라는 말로 단순한 질문 혹은 당연히 그렇지 않고 강조하는 문장.

Listen carefully and Check it Out!

* Do you want to <u>get back together</u> with her?
  다시 만나다, 합치다라는 말
* Do you wanna **be my friend?**
* Do you wanna **be with this woman?**
* You want to **tell me what happened here?**
* You wanna **tell me why you need Jack?**
* You always wanna **have sex with me.**
* Don't you want to **look a little fatter?**
  /ㅌ/+/l/=[ㄹ], /ㅌ/+/약모음/=/ㄹ/ 혹은 /ㄷ/

개랑 다시 합치고 싶어?

내 친구가 될래?

넌 이 여자와 함께 하고 싶어?

여기 무슨 일이 있었는지 말해볼래?

네가 왜 잭을 필요로 하는지 말해볼래?

넌 항상 나랑 섹스를 하고 싶어하지.

너 좀 살이 쪄보이지 않아?

미드·스크린에서 확인해보기

No Strings Attached

Emma: You want to **go with me to this stupid thing?** 이 한심한 행사에 나와 함께 갈래?
Adam: **Your sister's wedding thing?** 네 동생 결혼하는거?

009
want

Do you want me to~로
시작하는 문장

You want me to get married?

내가 결혼하기를 바래?

Key Point

Do you want me to~ ?	두유원미투	상대방 의중을 확인하거나 내가 상대방에게 해주고 싶은 걸 제안하는 문장
You want me to~ ?	유원미투	"…하라구?," "내가 …해줄까?"라는 의미

Listen carefully and Check it Out!

- Do you want me to **go in there with you?**   너와 같이 거기에 들어갈까?

- Do you want me to <u>turn off</u> the lights?   불을 끌까?
  반대는 turn on

- You want me to **kick his ass?**   내가 걔를 혼낼까?

- You want me to **call her right now?**   지금 당장 걔한테 전화를 할까?

- You want me to **get married?**   내가 결혼하기를 바래?

- Do you want me to **stay with you?**   내가 함께 있을까?

- You want me to **wash my hands first?**   먼저 손 씻으라고?

 미드·스크린에서 확인해보기   **No Strings Attached**

Emma: Adam, this is an emergency.   아담, 비건 비상상황이야.
Adam: So you just want me to **go?**   그럼 내가 가길 바래?
Emma: Yeah.   응
Adam: Just have sex with a random woman?   아무 여자하고나 섹스하라고?

010
want

You don't want to~로
시작하는 문장

You don't want to **do that**

그렇게 하지마

Key Point

You don't want to~ ?	유돈워투	끝을 내려 평서문처럼 발음하면 …하지 마라라는 충고의 문장이 된다.
You didn't want to~ ?	유디든워투	
Did you want to~ ?	디쥬원투	과거 상대방의 의향을 물어보는 문장
Did you want me to~ ?	디쥬원미투	
You wanted to~ ?	유원니투	
You wanted me to~ ?	유원닌미투	

Listen carefully and Check it Out!

- You don't want to **be my date?**

너 나랑 데이트하기 싫다는 말야?

- You don't want to **piss me off.**
  화나는 것 be pissed off

나 열받게 하지마라.

- You don't want to **do that.**

그렇게 하지마.

- You didn't want to **talk about it?**

그거에 대해 얘기하고 싶지 않았어?

- Did you want to **bring them to the dinner?**

걔네들을 저녁식사에 데려오고 싶었어?

- Did you want to **say something?**

뭐 좀 얘기하고 싶었어?

- You wanted to **see me?**

나를 보고 싶어했어?

미드·스크린에서 확인해보기

The Good Wife

Will: Yeah, the women like me until they discover the real me.
그래, 여자들은 내가 어떤 사람인지 알기 전까지는 나를 좋아하지.

Alicia: Which is? 어떤 사람인데?

Will: You don't want to **know.** 모르는게 나아.

Alicia: Oh, come on. I'm constantly spilling it. What's the real you?
그러지마. 난 다 털어놓잖아. 진짜 어떤 사람인데?

You like to **play computer games?**
컴퓨터 게임하는 걸 좋아해?

Key Point

I like to~	아이라잌투	나의 성향이나 취미를 말할 때. 지금 …하고 싶다(I'd like to~)는 얘기는 아니다.
I don't like to~	아이돈라잌투	like to+V가 많이 쓰이기는 하지만 like+N도 쓰인다는 점을 알아둔다.
You don't like to~	유돈라잌투	"너 …하는거 싫어하잖아"라는 의미
Do you like to~ ?	두유라잌투	
You like to~ ?	유라잌투	위에서 You를 생략한 표현

Listen carefully and Check it Out!

- I like to **date more than one person at once.**

  난 동시에 한 명이상과 데이트하는걸 좋아해.

- You like to **make me wait, don't you?**

  넌 나를 기다리게 하는 걸 좋아하지. 그렇지 않아?

- So we like to **look at the ladies.**

  그래 우리는 여자들 쳐다보는 것을 좋아해.

- I like to **watch baseball games.**

  난 야구경기 관람하는 걸 좋아해.

- I don't like to **do that.**

  그렇게 하는거 싫어해.

- Do you like to **go shopping?**

  쇼핑가는 거 좋아해?

- You like to **play computer games**, Chris?

  크리스, 컴퓨터 게임하는 걸 좋아해?

항상 복수로 사용된다.

미드·스크린에서 확인해보기

Desperate Housewives

Bree: Why not? Rex, please tell me. Let me prove to you how much I love you.
왜 안돼? 렉스, 제발 얘기해줘. 내가 당신을 얼마나 사랑하는지 증명하게 해줘.

Rex: I like to **be dominated.** 난 복종당하는 것을 좋아해.

012

like

I would like to~로
시작하는 문장

I'd like to **ask you something**

뭐 좀 물어볼게

Key Point

I would like to~	아우드라잌투	I like to~와 달리 would가 들어가면 지금 …을 하고 싶다는 말
I'd like to~	아드라잌투	I would~를 줄이면 I'd가 된다.
We'd like to~	위드라잌투	
You'd like to~ ?	유드라잌투	

Listen carefully and Check it Out!

- I'd like to order some takeout.
  동사구가 붙어서 명사화된 경우
  포장음식 좀 주문하려구요.

- I'd like to ask you something.
  뭐 좀 물어볼게.

- We'd like to ask you a few questions.
  몇가지 질문을 할게.

- We'd like to have a few words with you.
  너와 얘기 좀 나누고 싶어.

- You would like to see my receipts?
  /p/는 똥만 갖고 있어
  내 영수증을 볼래요?

- Peter, is there something you'd like to say?
  피터야, 너 뭔가 얘기하고 싶은게 있어?

- Anything else you'd like to tell us?
  우리에게 얘기하고 싶은 뭐 다른게 있어?

미드·스크린에서 확인해보기

No Strings Attached

Adam: I don't want to freak you out, but... I'd love to hang out with you in the daytime sometime. 놀래키려는 것은 아닌데, 언제 한번 낮시간에 만나고 싶어.

Emma: It's not really possible. I have no time. 정말 안돼. 나 시간이 없거든.

I'd like you to **talk** with him

개하고 얘기를 좀 해봐

Key Point

I'd like you to~	아드라익유투	상대방에게 …을 해달라고 부탁할 때
I'd like you to meet sb	아드라익유투밑	사람소개할 때 쓰는 전형적인 패턴
We'd like you to~	위드라익유투	

Listen carefully and Check it Out!

- I'd like you to **talk with him.** — 개하고 얘기를 좀 해봐.

- I'd like you to meet **my boyfriend, Carlo.** — 내 남친 카를로를 만나봐.

- I'd like you to **be there with me.** — 나와 함께 거기에 있어줘.

- I'd like you to **be my best man.** — 내 신랑들러리가 되어 줘.
  /H/발음은 잘 안들려

- We'd like you to **think about that.** — 네가 그에 대해 생각을 해봐.

- We'd like you to **take a look at this.** — 네가 이것 좀 한번 봐줘.

- We'd like you to **stay.** — 너 가지말고 여기 남아있어.

미드·스크린에서 확인해보기
Friends

Monica: So what did you do today Pete? 그래, 피트, 오늘 뭐했어?

Pete: I bought a restaurant and I would like you to **be the head chef.**
식당을 하나 매입했어. 그리고 네가 주방장을 맡아줬으면 해.

014

like

Would you like to~ 로
시작하는 문장

Would you like to stay with me?

나와 함께 있어줄래?

Key Point

Would you like to~ ?	우쥬라잌투	
Would you like me to~ ?	우쥬라잌미투	"내가 …할까?"라는 말로 상대방의 의향을 확인하거나 혹은 제안할 때

Listen carefully and Check it Out!

- Would you like to **go out to dinner with me tonight?**   오늘밤 나와 함께 저녁먹으러 나갈래?

- Would you like to **see my present?**   내 선물을 볼래?
  동사는 /프리젠트/

- Would you like to **focus on the case?**   사건에 집중할래?

- Would you like to **get married today?**   오늘 결혼할래?

- Would you like to **stay with me?**   나와 함께 있어줄래?

- Would you like me to **wear a dress?**   내가 드레스를 입을까?

- Would you like me to **go with you?**   내가 너와 함께 갈까?

미드·스크린에서 확인해보기

Friends

Steve: Look, I think I know the answer to this question, but... Would you like to make love to me? 저기, 이 질문에 대한 답은 알고 있다고 생각하지만 그래도… 나랑 섹스할래?

Rachel: Really, really not. 정말이지 안돼.

I know you really liked him

네가 걔를 정말로 좋아했다는걸 알아

Key Point

I know+N	아이노우	
I know (that) S+V	아이노우댓	that은 접속사로 약하게 발음되거나 생략된다.
I know what to~	아이노우왓투	/t/는 중복되어 하나만 발음된다.
I know when to~	아이노우웬투	
I know how to~	아이노우하우투	

Listen carefully and Check it Out!

- I know the perfect place to take him.
  /테이큼/

  걔를 데려갈 최적의 장소를 알아.

- I know nothing about Yale.

  난 예일대에 대해 아는게 하나도 없어.

- I know you're gonna understand this.

  난 네가 이걸 이해할거라는걸 알아.

- I know you really liked him.

  네가 걔를 정말로 좋아했다는 걸 알아.

- I know you're a little upset with me.

  네가 나한테 좀 화가 났다는 걸 알고 있어.

- I know how to get a woman out of a dress.

  난 여자의 옷을 벗기는 방법을 알아.

- I know how to conduct an interview.

  면접을 어떻게 해야 하는지를 알고 있어.

미드 · 스크린에서 확인해보기   **Desperate Housewives**

Mrs. McCluskey: Can I help you with her? 걔 돌보는거 도와줄까?

Andrew: No. No, it's okay. I, uh, I know how to take care of her.

아뇨, 괜찮아요. 어떻게 돌보는지 알고 있어요.

I know how **you feel**

네 심정이 어떤지 알아

Key Point

I know what S+V	아이노우왓	I know~ 다음에 의문사절이 오는 경우
I know when S+V	아이노우웬	
I know where S+V	아이노우웨어	
I know who S+V	아이노우후	what의 경우와 더불어 주어로 자주 사용되기 때문에 I know who+V의 형태로도 쓰인다.
I know why S+V	아이노우와이	
I know how S+V	아이노우하우	

Listen carefully and Check it Out!

- I know why she's not here.

  왜 걔가 여기에 없는지 알아.

- I know what she's doing.

  걔가 뭘하고 있는지 알아.

- I know what's going on here.

  무슨 일인지 알아.

- I know what you're thinking.

  네가 무슨 생각을 하고 있는지 알아.

- I know what your problem is.

  네 문제가 뭔지 알아.

- I know what you meant.

  무슨 말이었는지 알아.

- I know how you feel.

  네 심정이 어떤지 알아.

미드·스크린에서 확인해보기

No Strings Attached

Adam: Now I know why you never wanted to have breakfast with me.
이제야 네가 왜 나와 아침을 먹지않으려고 하는지 알겠어.

Emma: What? 왜?

Adam: You eat like a baby dinosaur. 아기공룡처럼 먹네.

You know **what I mean**

내 말뜻을 알겠지

Key Point

You know~	유노우	know의 주어로 'I'가 아닌 You, we, he 등이 오는 경우이다.
We know~	위노우	know 다음에는 명사나 의문사구 혹은 의문사절이 온다.
He knows~	히노우즈	
She knows~	쉬노우즈	
They know~	데이노우	

Listen carefully and Check it Out!

- You know what I mean.

  내 말뜻을 알겠지.

- You know I changed my mind.

  알겠지만 내 맘을 바꿔먹었어.

- You know exactly what it means.

  그게 뭘 의미하는지 정확히 알고 있지?

- You know the answer to that.

  넌 그 문제에 대한 답을 알고 있지.

- We know all about her.

  걔에 대해 다 알아.

- He knows when to say goodbye.

  걔는 헤어져야 할 때는 알아.

- They know you're straight, right?
  gay가 아닌

  걔네들은 네가 게이가 아닌 걸 알고 있지?

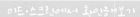 미드·스크린에서 확인해보기

Desperate Housewives

Carlos: God, what a nightmare. 와, 정말 악몽이네.

Gabrielle: You know what the weird part is? 가장 이상한 부분이 뭔지 알아?

Carlos: What? 뭔데?

018

know

I don't know~로
시작하는 문장 − 1

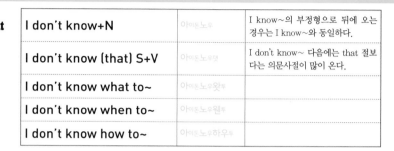

I don't know that I can do that

내가 그걸 할 수 있을지 모르겠어

Key Point

I don't know+N	아이돈노우	I know~의 부정형으로 뒤에 오는 경우는 I know~와 동일하다.
I don't know (that) S+V	아이돈노우댓	I don't know~ 다음에는 that 절보다는 의문사절이 많이 온다.
I don't know what to~	아이돈노우왓투	
I don't know when to~	아이돈노우웬투	
I don't know how to~	아이돈노우하우투	

Listen carefully and Check it Out!

- I don't know about **you but I'm tired of waiting.**
  be tired of~다음에는 ~ving.

- I don't know what to **tell you.**

- I don't know where to **find his house.**

- I don't know how to **repair it.**

- I don't know anything about **her until today.**

- I don't know what to **say to that.**

- I don't know that **I can do that.**

넌 어떤지 모르겠지만 난 기다리는데 지쳤어.

너한테 무슨 말을 해야 할지 모르겠어.

난 걔 집을 어디서 찾아야 할지 모르겠는데.

난 어떻게 수리해야 하는지 몰라.

오늘까지 난 걔에 대해서 아무것도 몰랐어.

내가 그거 뭐라고 해야 될지 모르겠어.

내가 그걸 할 수 있을지 모르겠어.

미드·스크린에서 확인해보기

Desperate Housewives

Susan: An apology. For the way you ended our marriage. You never took any responsibility for your behavior.
사과. 네가 우리 결혼을 끝낸 방식에 대해서. 넌 너 행동에 대해 책임을 지지 않았어.

Karl: I don't know what to **say, Susan.**
수잔, 뭐라고 말해야 할지 모르겠네.

019

know

I don't know~로
시작하는 문장 - 2

I don't know what you're talking about

무슨 말하는지 모르겠네

Key Point

I don't know what S+V	아이돈노우왓	I don't know~ 다음에 의문사절이 오는 경우
I don't know when S+V	아이돈노우웬	
I don't know where S+V	아이돈노우웨어	
I don't know who S+V	아이돈노우후	what의 경우와 더불어 주어로 자주 사용되기 때문에 I know who+V의 형태로도 쓰인다.
I don't know why S+V	아이돈노우와이	
I don't know how S+V	아이돈노우하우	I don't know if S+V의 형태도 자주 쓰인다.

Listen carefully and Check it Out!

- I don't know if **I can do it.**

  내가 그걸 할 수 있는지 모르겠어.

- I don't know what **she's talking about!**

  걔가 무슨 말을 하는지 모르겠어.

- I don't know when **I'm gonna see you again.**

  언제 너를 다시 볼 수 있을지 모르겠어.

- I don't know why **we didn't think to check there!**

  우리가 거기 확인하는 생각을 못했는지 모르겠어.

- I don't know if **I can come to the celebration.**

  축하연에 갈 수 있을 지 모르겠어.

- I don't know what **it is. I'm strangely drawn to him.**

  원지 모르겠지만. 이상하게 걔한테 끌렸어.

  be drawn to sb는 ~에게 끌리다

- I don't know where **they're going.**

  걔네들이 어디로 가고 있는지 모르겠어.

미드·스크린에서 확인해보기

Big Bang Theory

Sheldon: **Something's wrong.** 원가 이상해.

Leonard: **What do you mean?** 그게 무슨 말이야?

Sheldon: **I'm not sure. It doesn't feel right.** 잘 모르겠어 하지만 뭔가 느낌이 달라.

Leonard: I don't know what **you're talking about. Oh, that. Penny did that.**
무슨 말하는지 모르겠어. 어 그거. 페니가 그랬어.

020
know

You[We, He] don't
know~로
시작하는 문장

You don't know why he got angry?

왜 걔가 화를 냈는지 몰라?

Key Point

You don't know~	유돈노우	know의 주어로 'I'가 아닌 You, we, he 등이 오는 경우들이다.
We don't know~	위돈노우	know 다음에는 명사나 의문사구 혹은 의문사절이 온다.
He doesn't know~	히더즌노우	
She doesn't know~	쉬더즌노우	
They don't know~	데이돈노우	

Listen carefully and Check it Out!

- You don't know **the first thing about men.**

  너 남자에 대해 아무것도 몰라.

- You don't know **what that means to me.**

  그게 내게 무슨 의미인지 넌 몰라.

- You don't know **why he got angry?**

  왜 걔가 화를 냈는지 몰라?

- He doesn't know **how to play golf.**

  악기 앞은 우리사

  걘 골프치는걸 모르거든.

- They don't know **that we know they know we know!**

  개네들은 우리가 개네들이 우리가 알고 있다는 것을 안다는 것을 몰라!

- She doesn't know **what she's talking about.**

  걘 자기가 무슨 말을 하는지도 몰라.

미드 스크린에서 확인해보기

Friends

Girl: **Really?** You don't know **what that means to me.**
저에게 그것이 어떤 의미인지 당신은 모를거에요.

Joey: **Ooh, you smell great tonight. What're you wearing?** 오늘도 향기가 좋은데요. 뭘 뿌렸죠?

I knew what she wanted

개가 뭘 원하는지 알고 있었어

Key Point

I knew+N	아이뉴	
I knew (that) S+V	아이뉴댓	
I knew what~	아이뉴왓	what 이외에 when, where 등이 오기도 한다.
We knew what~	위뉴왓	
You knew what~	유뉴왓	
He knew what~	히뉴왓	

Listen carefully and Check it Out!

- I knew a guy like that once.

  한때 저 같은 사람을 알았었지.

- I knew that it might not happen.

  그런 일이 일어나지 않을거라는걸 알고 있었어.

- I knew we couldn't talk about this.

  우리는 그거에 대해 얘기할 수 없다는 걸 알고 있었어.

- I knew we'd get back together.

  우리는 다시 합칠거라는 것을 알고 있었어.

- I knew who had done it.

  /d/는 중복되어 빗음되지 않는다.

  누가 그랬는지 알고 있었어.

- I knew what he did, of course.

  물론 걔가 뭘했는지 알고 있었어.

- I knew what she wanted.

  걔가 뭘 원하는지 알고 있었어.

미드·스크린에서 확인해보기　　　　　　　　　　**Desperate Housewives**

Lynette: Were you ever gonna tell me? 내게 말을 할 생각은 하고 있었던거야?

Tom: I wanted to, but I kept putting it off. I knew how you'd react.

말하고 싶었지만 계속 미뤄왔지. 당신이 어떻게 반응할지 아니까.

022
know

I didn't know~로
시작하는 문장

I didn't know you were married

네가 결혼했다는걸 난 몰랐어

I didn't know what~	아이디론노우왓	I know~의 과거부정형이다 *I didn't know that~절도 많이 쓰인다.
I didn't know when~	아이디론노우웬	
I didn't know where~	아이디론노우웨어	
I didn't know who~	아이디론노우후	
I didn't know why~	아이디론노우와이	
I didn't know how~	아이디론노우하우	I didn't know if S+V도 자주 쓰인다.

Listen carefully and Check it Out!

- I didn't know you were married.　　　　네가 결혼했다는걸 난 몰랐어.

- I didn't know you guys were friends.　　너희들이 친구라는걸 몰랐어.

- I didn't know that you knew that.　　　네가 그걸 알고 있다는걸 몰랐어.

- I didn't know you were a gay man.　　　난 네가 게이라는걸 몰랐어.

- I didn't know what the hell was going on there.　거기에서 도대체 무슨 일이 벌어지고 있는지 몰랐어.

- I didn't know if it was suicide or not.　그게 자살인지 아닌지 몰랐어.
  homicide에서 보통 ~cide는 죽음, 살해를 뜻하는 것이다

- I didn't know what to do.　　　　　난 어떻게 해야 할지 몰랐어.

미드·스크린에서 확인해보기　　　　　　　　　　**Desperate Housewives**

Lynette:　All right. I didn't know it was that important to you. I will talk to my boss and I will see what I can do. 그래. 그게 그렇게 너에게 중요한지 몰랐어. 사장에 말해서 어떻게 좀 해보마.
Parker:　Thank you, mommy. 고마워요, 엄마.

Do you know **how to get there?**

거기 어떻게 가는지 알아?

Key Point

Do I know~ ?	두아이노우	
Don't I know~ ?	돈아이노우	
Do you know~ ?	두유노우	Do you~는 빨리 발음하면 /드야/
Don't you know~ ?	돈추노우	"몰랐냐"라고 나무랄 때
Does he know~ ?	더지노우	Does he~는 연음되어 발음된다.
Does she know~ ?	더쉬노우	Does she~는 동음회피현상으로 /s/가 하나만 발음된다.

Listen carefully and Check it Out!

- Do you know when they'll be back?   걔네들이 언제 돌아올지 알아?

- Do you know how much I love you?   내가 얼마나 너를 좋아하는지 알아?

- Do you know who did it?   누가 그랬는지 알아?

- Do I know her? What's her name?   내가 아는 여자야? 이름이 뭔데?

- Don't you know how much your mother loves you?   네 엄마가 널 얼마나 사랑하는지 몰라?

- Does he know that you like him?   걔가 네가 자길 좋아한다는 걸 아니?

- Does she know you killed your wife?   걔가 네가 아내살해한 걸 알고 있어?

미드·스크린에서 확인해보기   **Law and Order : SVU**

Fin: Do you know a Cassie Adams?   캐시 아담스라는 사람 압니까?

Man: How's that concern you?   그게 당신하고 무슨 상관예요?

Fin: Take that as a yes.   안다는 걸로 알아들을게요.

Man: Why are you asking about my daughter?   왜 내 딸에 대해서 묻는 겁니까?

024
know

You know~로
시작하는 문장

You don't know **where she is?**

걔가 어디 있는지 모르지?

Key Point			
You know~ ?	유노우	평서문 형태로 뒤만 올려서 의문문을 만드는 경우이다.
You don't know~ ?	유돈노우	don't에서 /t/발음은 거의 나지 않는다.

Listen carefully and Check it Out!

- You know what's weird?
  이상한 사람은 weirdo

  뭐가 이상한지 몰라?

- You know what the good news is?

  좋은 소식이 뭔지 알아?

- You don't know who she is.

  넌 걔가 누구인지 몰라.

- You don't know the whole story.

  넌 자초지종을 알지 못해.

- You know I'm not a rich man.

  내가 부자가 아니라는 걸 알잖아.

- You know what I'm realizing about you?

  내가 너에 대해 깨달은게 뭔지 알아?

- You don't know where she is?

  걔가 어디 있는지 모르지?

Friends

Monica: You know how much I love listening to your music, you know, but...
내가 네 노래 듣는 것을 얼마나 좋아하는지 넌 알거야. 그렇지만...

Phoebe: But what? 그렇지만 뭔데?

Monica: This is kind of a classy place. 여기는 좀 클래식한 곳이잖아.

Phoebe: OK, say no more. 알았어. 무슨 말인지 알아들었어.

025

think

I think~로
시작하는 문장

I think we should see a doctor

우리 병원에 가야겠어

Key Point

I think (that) S+V	아이씽크댓	
I think you should~	아이씽크유슈드	
I think we should~	아이씽크위슈드	you 대신에 we를 쓴 경우이다.

Listen carefully and Check it Out!

- I think that you kidnapped Nick.

  네가 닉을 납치한 것 같아.

- I think it's really sexy when you lightly touch your lips to mine.

  /ㅏ/+/l/=/ㅣ/

  네 입술을 내 입술에 살짝 댈 때가 정말 섹시한 것 같아.

- I think we're just friends who kiss occasionally.

  우리는 종종 키스를 하는 단순한 친구사이같아.

- I think you should be Rita's maid of honor.

  네가 리타의 신부들러리가 되어야 할 것 같아.

- I think you should go and check the bedroom.

  go check이라고 써도 됨

  가서 침실을 확인해봐야 될 것 같아.

- I think we should separate for a while.

  동사로 쓰이는 것은, ate는 /레ㅌ/로 소리내야 해

  우리 잠시동안 떨어져 있어야 될 것 같아.

- I think we should see a doctor.

  우리 병원에 가야겠어.

Desperate Housewives

Susan: I think we should show Paul the note. 폴에게 그 쪽지를 보여주는게 낫겠어.

Lynette: Are you sure? He's gonna freak. 정말? 질겁을 할텐데.

Bree: Well, it's now or never. I mean, I saw what he's asking for the place. It's gonna sell quickly. 지금 아니면 영영 기회가 없어. 내 말은 집을 내놓은 조건을 봤는데 금방 팔릴거야.

026

think

I think~로
시작하는 문장 – 2

I think I have to **call the cops**

경찰을 불러야 될 것 같아

Key Point

I think I have to~	아이씽ㅋ아이해브터	
I think you have to~	아이씽ㅋ유해브터	
I think I will~	아이씽ㅋ아이윌	I will~ 이라는 주어의 의지를 좀 약화시키기 위해 감싼 경우
I think I'd rather~	아이씽ㅋ아드래더	"차라리 …하는게 낫겠어"라는 문장이다.

Listen carefully and Check it Out!

- I think I have to **break up with Henry.**
  break it off라고도 한다.
  난 헨리와 헤어져야 될 것 같아.

- I think I have to **call the cops.**
  난 내가 경찰을 불러야 될 것 같아.

- I think I have to **divorce him.**
  난 걔와 헤어져야 될 것 같아.

- I think I will **be all right!**
  난 괜찮을 것 같아!

- I think I can **take a shower by myself.**
  혼자서 샤워를 할 수 있을 것 같아.

- I think you can **do anything.**
  네가 뭐든지 할 수 있다고 생각해.

- I think you can **see through her dress.**
  넌 걔 드레스 속을 볼 수 있을 것 같아.

미드·스크린에서 확인해보기

No Strings Attached

Emma: And I think you thought you were at home, because you started taking off all your clothes. 그리고 내 생각에 넌 집에 왔다고 생각한 것 같아. 옷을 다 벗기 시작했거든.

Adam: Oh, God. 오 맙소사.

027

think

We[You, He] think~로
시작하는 문장

She thinks **I'm crazy**

걘 내가 미쳤다고 생각해

Key Point

We think~	위씽크	think의 주어로 We, You, He, She, They 등이 오는 경우들
You think~	유씽크	평서문의 경우로 "넌 …라고 생각하는구나"라는 뜻. You think~?가 훨씬 많이 쓰인다.
He thinks~	히씽스	thinks는 /씽크스/가 아니라 /씽스/로 발음한다.
She thinks~	쉬씽스	
They think~	데이씽크	

Listen carefully and Check it Out!

- We think he ran away with a girl.

  우린 걔가 여자와 달아난 것 같아.

- We think the baby's getting better.

  /게링 베러/→/게린 베러/

  아기가 점점 좋아지는 것 같아.

- You think it's easy giving birth to five children?

  다섯 애를 낳는 게 쉬운 일이라고 생각해?

- You think I'm too young to be married

  제가 너무 일찍 결혼했다고 생각하는군.

- You think I'm an idiot?

  내가 바보라고 생각해?

- She thinks you're about to propose.

  걔는 네가 프러포즈할 걸로 생각하고 있어.

- He thinks I'm the best.

  걘 내가 최고라고 생각해.

미드·스크린에서 확인해보기   **Desperate Housewives**

Julie: She doesn't hate you. My mom just worries.   엄마는 널 싫어하지 않으셔. 걱정을 하실 뿐이야.

Zach: She thinks I'm crazy.   네 엄마는 내가 미쳤다고 생각하셔.

I'm thinking of
leaving my wife

아내를 떠날 생각이야

Key Point

I'm thinking of+N	아임씽키너브	of 대신에 about을 쓰기도 한다.
I'm thinking of+ ~ing	아임씽키너브	"…할 생각[예정]이다"라는 의미
I'm thinking that S+V	아임씽킨댓	"…하는게 좋겠어," "…할까 생각중이야"라는 문장
I was thinking that S+V	아이워즈씽킨댓	

Listen carefully and Check it Out!

- I'm thinking of **someone else. Just confused.**

  난 다른 사람을 생각했어. 그냥 헷갈렸어.

- I'm thinking of **leaving my husband.**

  남편을 떠날 생각이야.

- I'm thinking about **getting a perm.**

  원래는 permanent

  파마를 할 생각이야.

- I'm thinking about **moving to New York.**

  뉴욕으로 이사갈 생각이야.

- I was thinking about **what you said, and you were right.**

  네가 한 말을 생각했는데, 네가 맞았어.

- I'm thinking that **maybe another vehicle was involved.**

  다른 차량이 연루되었을거라 생각중이야.

- I'm thinking that **the wife might be in on this.**

  그 아내가 이거에 관련되었을 수도 있다고 생각하고 있어.

미드·스크린에서 확인해보기

Desperate Housewives

Carlos: **No reason. Hey,** I was thinking, **we should look into adoption.**

이유없어. 내가 생각해봤는데, 우리 입양을 생각해보자.

Gabrielle: **Seriously? But I thought you wanted a kid with your own D.N.A.**

정말? 하지만 당신은 자신의 핏줄인 아이를 원하는 줄 알았는데.

Carlos: **Blood isn't everything.** 핏줄이 전부는 아니잖아.

I thought you were my friend

난 네가 친구인줄 알았어

Key Point

I thought S+V	아이쏘트	단순히 과거의 생각을 말하지만 주로 과거에 그렇게 생각했지만 실제로는 그렇지 않은 경우
I thought I told you~	아이쏘트아이톨쥬	told you~는 연음되어 /톨쥬/처럼 들린다.
I thought I said~	아이쏘트아이세드	
We thought~	위쏘트	

Listen carefully and Check it Out!

- I thought it was over.   극 끝난줄 알았어.

  be over는 줄 나다

- I thought he was in jail.   걔가 감방에 있는 줄 알았어.

- I thought you'd be home all day.   네가 온종일 집에 있을거라 생각했어.

- I thought I told you everything.   네게 모든 것을 말했던 것 같아.

- I thought I told you to stay away.   가까이 하지 말라고 했던 것 같은데.

- We thought you were single!   우린 네가 독신인 줄 알았다구!

- I thought you were my friend.   난 네가 친구인 줄 알았어.

미드·스크린에서 확인해보기   **Sex and the City**

Curt: I was pissed off the way you left.   네가 휙 가버려서 화가 났었어.

Carrie: You were?   그랬어?

Curt: Yeah. Then I thought how great! You finally understand that we can have sex without commitment.

어. 그리고 나서 아주 좋았다고 생각했어. 네가 드디어, 서로 얽매임없이 섹스를 할 수 있다는 것을 이해했잖아.

030
think

You[He] thought~로
시작하는 문장

She thought you were cute

갠 네가 귀엽다고 생각했어

Key Point

You thought	유쏘트	평서문으로 "넌 …라 생각했구나"라는 의미
He thought~	히쏘트	
She thought~	쉬쏘트	
They thought~	데이쏘트	

Listen carefully and Check it Out!

- You thought he was a murderer.

  갠가 살인범이라고 생각하는구나.

- You thought I couldn't handle this news.

  넌 내가 이 소식을 감당할 수 없을거라 생각한거지.

- You thought there was something missing.

  넌 뭔가 놓친게 있다고 생각했지.

- They thought I was a bad influence.

  걔네들은 내가 악영향을 끼쳤다고 생각해.

- She thought you were somebody else

  갠 너를 다른 사람으로 생각했어.

- She thought you were cute.

  갠 네가 귀엽다고 생각했어.

- They thought John was a child?

  걔네들은 존이 아이라고 생각했다고?

Desperate Housewives

Susan: I cannot believe you are still coming onto him. 네가 아직도 그에게 집적대고 있다는게 놀라워.

Edie: You said you two were finished. You thought he was a murderer.

둘 끝났다고 말했잖아. 넌 그가 살인자라고 생각하고 있고.

I don't think **you'd come**

네가 올거라고 생각하지 않았어

Key Point

I don't think~	아이돈씽크	don't에서 /t/발음은 거의 들리지 않는다.
I do not think~	아이두낫씽크	I don't think~보다 의미가 강하다.
We don't think~	위돈씽크	
I didn't think~	아디돈씽크	빨리 발음하면 /디든/은 /디른/으로 발음난다.

Listen carefully and Check it Out!

- I don't think that was my point!

  그건 내가 말하는 핵심이 아냐!

- I don't think that's the problem.

  난 그게 문제가 아니라고 생각해.

- I don't think you're gonna like this.

  네가 이걸 좋아하지 않을 것 같아.

- I do not think that that is a good idea.

  그게 좋은 생각이라고는 생각하지 않아.

- I didn't think you'd come.

  네가 올거라고 생각하지 않았어.

- I didn't think you were here.

  네가 여기 있다고 생각하지 않았어.

- I didn't think you would take it personally.

  네가 그걸 개인적으로 받아들일거라 생각하지 않았어.

미드·스크린에서 확인해보기

Desperate Housewives

Mike: I don't think he meant to hurt anybody. 걔가 누군가를 해칠 생각을 했던 것은 아닌 것 같아.

Susan: Uh, hello! Uh, he was waiting there for you to come home so he could kill you. 이것봐요! 걘 거기서 당신을 죽일 수 있게 당신이 오길 기다리고 있었다구요.

032

think

Do you think~로
시작하는 문장

Did you think **I was cheating?**

내가 바람피고 있다고 생각했어?

Key Point

Do you think~ ?	두유씽크	상대방의 의견을 묻는 문장
Don't you think~ ?	돈츄씽크	"…하는 것 같지 않아?"라는 말로 자기 생각을 전달하거나 억양에 따라 질책과 책망의 표현
Did you think~ ?	디쥬씽크	
Didn't you think~ ?	디든츄씽크	Didn't you~는 연음된다.

Listen carefully and Check it Out!

- Do you think I'm proud of all this?
  /프라머브/

  내가 이 모든 것에 자부심을 느낀다고 생각해?

- Do you think there really is a God?

  정말 신이 있다고 생각해?

- Don't you think you should pay now?

  지금 돈을 내야 될 것 같지 않아?

- Don't you think that's a bit obsessive?

  한것어구는 '조금'이라는 뜻. a little bit이라고 해도 돼

  그거 좀 집착이 심하다고 생각하지 않아?

- Did you think I was cheating?

  내가 바람을 피고 있다고 생각했어?

- Did you think he was going to stab her?

  걔가 그녀를 칼로 찌를거라 생각했어?

- Did you think it was fun?

  그게 재미있다고 생각했어?

미드·스크린에서 확인해보기   **Sex and the City**

Miranda: So do you think we should get dressed?   옷을 입어야 할까?

Steve: I plan on being naked for the next four days.   앞으로 4일간 옷을 벗고 있을거야.

Miranda: I'm gonna unpack.   난 짐을 풀게.

Steve: Knock yourself out.   그렇게 하세요.

033
think

You think~로
시작하는 문장
- 의문의 경우

You really think I did it?

내가 정말 그랬다고 생각해?

Key Point

You think~ ?	유씽크	"넌 …라고 생각하는거야?"라는 의미로 Do가 생략된 경우이다.
You thought~ ?	유쏘ㅌ	역시 뒤를 올리는 경우로 "넌 …라고 생각한거야?"라는 의미

Listen carefully and Check it Out!

- You think we should do something?

  우리가 뭐 좀 해야 된다고 생각해?

- You think it's okay to cheat?

  바람을 펴도 괜찮다고 생각해?

- You really think this is gonna work?

  이게 통할거라고 정말 생각해?

- You really think I did it?

  내가 그랬다고 정말 생각해?

- You thought you saw the sniper?

  넌 저격범을 본 것 같아?

- You thought maybe that's why he died?

  그 때문에 걔가 죽었을지도 모른다고 생각했던거야?

- You thought she had one leg?

  걔 다리가 하나라고 생각했어?

 미드·스크린에서 확인해보기   **Desperate Housewives**

Carlos: You think that's the guy she's having the affair with?

              저 녀석이 그녀가 바람피는 놈이라고 생각해요?

Mama Solis: Carlos, don't be stupid. A guy she talks to in public isn't someone
              you're gonna worry about.

              카를로스야, 어리석게 굴지 마라. 여자가 공개장소에서 얘기를 나누는 사람은 네가 걱정할 사람이 아니다.

034

guess

I guess~로
시작하는 문장 – 1

I guess it really is a small world

정말 세상 좁은 것 같아

Key Point

I guess~	아이게스	어떤 일이 사실일거라 생각하거나 혹은 어떤 일이 아마도 생겼을거라고 추측할 때
I'm guessing~	아임게싱	I guess~, I think와 같은 의미

Listen carefully and Check it Out!

- I guess we're both gonna have a problem.   우리 모두 문제가 생길 것 같아.

- I guess we can make the most of it.   우리가 그것을 최대한 활용할 수 있을 것 같아.

- I guess it'd be weird if we hugged.   우리가 껴안으면 이상할 것 같아.

- I guess it really is a small world.   정말 세상 좁은 것 같아.

- I guess I'm feeling a little more down than usual.   기분이 평소보다 좀 더 안좋은 것 같아.

- I'm guessing you had something to do with it.   네가 이거와 뭔가 관련이 있다고 생각해.

- I'm guessing he's trying to create an alibi.   내 생각에 걔는 알리바이를 만들려는 것 같아.

  알리바이를 만드는 것 조작한다는 말

 미드·스크린에서 확인해보기   **La La land**

Sebastian: And I guess we're just gonna have to wait and see.
그리고 우리는 상황이 돌아가는 것을 지켜보는게 나을 것 같아.

Mia: I'm always gonna love you.   항상 널 사랑할거야.

Sebastian: I'm always gonna love you, too.   나도 항상 널 사랑할거야.

035
guess
I guess~로
시작하는 문장 - 2

I guess I should call Emily
에밀리에게 전화해야겠어

Key Point

I guess I should~	아이게스아이슈드	I think I should~와 같다고 생각하면 된다. "…해야겠어"라는 의미
I guess that means~	아이게스댓민즈	여기서 that은 지시대명사로 원발음을 살려준다. "…하는 것 같아"라는 의미

Listen carefully and Check it Out!

- I guess I should **look on the bright side.**
  난 긍정적으로 생각해야 될 것 같아.

- I guess I should **give you the keys back.**
  네게 열쇠를 돌려줘야 될 것 같아.

- I guess I should **let you finish this.**
  연음체어 /렛츄/
  네가 이걸 끝내도록 해야 될 것 같아.

- I guess I should **be ready to tell you the truth.**
  네게 사실을 말할 준비가 된 것 같아.

- I guess that means **I saved your life.**
  그건 내가 네 목숨을 구했다는거지.

- I guess that means **you heard about Jack.**
  보아하니 잭에 대한 일을 들은 것 같아.

- I guess that means **we're all alone.**
  그 얘기는 우린 모두 혼자라는 말인 것 같아.

Friends

Ross: Right. I guess, I guess I should **call Emily.**   맞아. 에밀리에게 전화해야겠어.
Rachel: Okay, no, that's not the right decision.   좋아. 아니. 그건 옳은 결정이 아냐.

I believe in right and wrong

난 선과 악이 있다고 믿어

Key Point

I believe in~	아이빌리빈	believe in~은 …가 옳다고 믿다, …의 존재를 믿다라는 의미
I believe S+V	아이빌리브	
I believed S+V	아이빌리브드	

Listen carefully and Check it Out!

- I believe in **right and wrong.** / 난 선과 악이 있다고 믿어.

- I believe **this is yours.** / 이건 네꺼 같은데.

- I believe **you know my husband.** / 너는 내 남편을 알고 있을걸.

- I believe **you remember** Samantha. / 너 사만다 기억할 걸.

   줄여서 Sam하면 남녀공용 이름.

- I believe **he'll try his best.** / 난 걔가 최선을 다할거라 생각해.

- I believed **you were saving this seat for someone.** / 다른 누구 앉으라고 이 자리 잡아놓았던 것 같은데.

- I believe **he caused these problems.** / 걔가 이 문제들을 야기했다고 생각해.

미드·스크린에서 확인해보기   **Desperate Housewives**

Nora: All I'm saying is that I know what you're capable of and I believe in you.
내가 하는 말은, 당신이 무엇을 할 수 있는지 알고 있고 당신이 그러리라고 믿는다는거야.

Tom: I really needed to hear that. Thanks.   난 정말 그 말을 들어야 했어. 고마워.

037

believe

I can't believe~로
시작하는 문장

I can't believe she's gone

걔가 가다니 믿을 수가 없어

Key Point

I can't believe (that)~	아이캔빌리브댓	뭔가 놀라운 이야기를 들었을 때
I don't believe (that)	아이돈빌리브댓	사실여부의 믿음에 초점이 있다.
I don't believe in~	아이돈빌리빈	

Listen carefully and Check it Out!

- I can't believe he's gone.

  걔가 가다니 믿을 수 없어.

- I can't believe that he's dead.

  걔가 죽다니 믿기지 않아.

- I can't believe you came back. Why did you?

  어떻게 네가 돌아온거야. 왜 그랬어?

- I can't believe you're saying that.

  네가 그런 말을 했다니 놀라워.

- I couldn't believe he was interested in me.

  be interested in = have interst in

  걔가 나한테 관심을 가졌다니 믿기지 않았어.

- I don't believe the investigation should go that way.

  수사가 그방향으로 가다니 말도 안돼.

- I didn't believe that Cindy was gonna kill herself.

  신디가 자살할거라고는 도저히 믿어지지 않았어.

미드·스크린에서 확인해보기   Sex and the City

Miranda: Hey. I'm in love with Steve. Hold this. 나 스티브를 사랑하고 있나봐. 얘 좀 들어줘.

Carrie: Oh my god I can't believe it. 맙소사, 놀랄 일이네.

Miranda: Come on, are you seriously telling me you didn't know?

그러지마, 정말 너 몰랐다고 말하는거야?

038

__believe__

You don't believe~로
시작하는 문장

You don't believe in fate

넌 운명이 있다고 믿지 않는구나

Key Point

You don't believe~	유돈빌리브	"넌 …을 믿지 않는구나"
You don't believe~ ?	유돈빌리브	"넌 …을 믿지 않는거야?" 평서문으로 뒤만 올려 의문문을 만드는 경우.
You can't believe~	유캔빌리브	"넌 …가 …하는지 믿기지 않을거야"라는 감정의 정도를 표현하는 패턴

Listen carefully and Check it Out!

- You don't believe in **fate**.
  뭔가 신념이나 존재를 믿는다고 할 때는 believe in을

넌 운명이 있다고 믿지 않는구나.

- You don't believe in **anything**

넌 아무 것도 안 믿는구나

- You don't believe **I'm better?**

내가 더 낫다는 걸 너 믿지 않는거야?

- You don't believe **Peter was raped, do you?**

넌 피터가 강간당했다는 걸 믿지 않아, 그지?

- You can't believe **I'm some cold-blooded killer.**

내가 냉혹한 살인마라는 걸 믿는건 아니겠지.

- You can't believe **how sorry I am.**

뭐라 사과해야 할지 모르겠어.

- You can't believe **how mad Chris was.**

크리스가 얼마나 화를 냈는지 믿지 못할거야.

미드·스크린에서 확인해보기   Friends

Phoebe: Ok, don't get me started on gravity. 됐어. 중력얘기는 꺼내지도마.

Ross: You uh, you don't believe in gravity? 어. 중력도 안 믿는단 말야?

Can you believe **she got pregnant?**

걔가 임신했다는게 믿겨져?

Key Point

Do you believe~ ?	두유빌리브	
Can you believe~ ?	캔유빌리브	놀라운 사실이나 말도 안되는 것을 알았을 때. "…라는게 믿겨져?"
Can you believe how~ ?	캔유빌리브하우	

Listen carefully and Check it Out!

- Do you believe in past lives? · 넌 전생이 있다고 믿어?

- Do you believe that Sam killed her? · 샘이 걔를 죽였다고 생각해?

- Did you believe the defendant's claim? · 피고인의 주장을 믿었어?

- Can you believe how much she's freaking out? · 걔가 얼마나 기겁을 했는지 믿을 수 있겠어?

- Can you believe he's only had sex with one woman? · 걔가 오직 한 여자와만 섹스를 했다는게 믿겨져?

- Can you believe she actually thought that? · 걔가 실제로 그런 생각을 했다는게 믿겨져?

- Can you believe she got pregnant? · 걔가 임신했다는게 믿겨져?
  임신시키다는 get sb pregnant

- Can you believe she had a date with the teacher? · 걔가 선생님이랑 데이트했다는게 믿겨져?

Friends

Chandler: Okay, so now do you believe that she's attracted to me?
그래, 그럼 이제 피비가 내게 끌렸다는 것을 믿어?

Monica: Oh my God! Oh my God! She knows about us! 맙소새 걔가 우리들에 대해서 아는거야!

040

need

I need+N~ 으로
시작하는 문장

I need some more time

시간이 좀 더 필요해

Key Point

I need some~	아이니썸	/d/ 음은 약화된다.
I need someone to~	아이니썸원투	
We need some~	위니썸	

Listen carefully and Check it Out!

- I need someone to **take care of me.**
  돌보다, 처리하다

  누군가가 나를 돌봐줘야 돼.

- I need some **more time.**

  시간이 좀 더 필요해.

- I need some **help here!**

  여기 좀 도움이 필요해.

- I needed some **small talk.**

  잡담을 좀 해야 했어.

- I need some **advice from a professional.**

  난 프로로부터 자문이 좀 필요해.

- We need someone to **make some copies.**

  누가 좀 카피 좀 해줘.

미드·스크린에서 확인해보기

Me Before You

Will: And what if I said I didn't want you here? 당신이 오지 않기를 바란다고 내가 말하면 어쩔거예요?

Lou: I'm not employed by you, I'm employed by your mother. So unless she says she doesn't want me here anymore, I'm staying. Not because I care about you, or particularly enjoy your company. But because I need the money. I really need the money.
당신이 아니라 당신 어머님이 날 고용하셨어요. 어머님이 그만두라고 하지 않으시면 전 여기 있을거예요. 당신을 신경쓰거나 당신과 함께 있는게 좋아서가 아니라, 돈이 필요하기 때문예요. 난 정말 돈이 필요하다구요.

041

need

I need to~로
시작하는 문장

You need to stop this

너 이제 이거 그만해야 돼

Key Point

I need to~	아이니투	need to+V가 다양한 주어와 합체하여 만드는 패턴들
We need to~	위니투	need to~는 동음회피현상으로 /d/는 거의 발음하지 않는다.
You need to~	유니투	
He needs to~	히니ㅈ투	
She needs to~	쉬니ㅈ투	
They need to~	데이니투	

Listen carefully and Check it Out!

- I need to know the truth.

  난 진실을 알아야 돼.

- I need to speak to my husband.

  난 남편에게 말을 해야 돼.

- I need to see his DNA from the crime scene.

  범죄현장에 걔의 DNA가 있어야 돼.

- You need something to drink.

  넌 뭐 좀 마셔야 돼.

- You need to stop this.

  넌 이걸 그만 둬야 돼.

- You need to get a girlfriend.

  넌 여자친구를 사귀어야 돼.

- You need to learn to stand on your own.

  스스로 서있다는 건 독립하다

  너 스스로 독립하는 법을 배워야 돼.

미드·스크린에서 확인해보기   Me Before You

Lou: Sorry, I'm being chatty again. And you, you need to rest.

        미안해요. 제가 또 수다를 떨었네요. 그리고 당신은 좀 쉬어야 해요.

Will: No. stay. Tell me Tell me something good.   아뇨. 가지마요. 말해줘요. 뭔가 기분 좋은 말을 해줘요.

042

need

I need you to~로
시작하는 문장

I need you to step back

뒤로 물러나세요

Key Point

I need you to~	아이니쥬투	need you는 연음되어 /니쥬/가 된다.
I need him to~	아이니힘투	
I need her to~	아이니허투	

Listen carefully and Check it Out!

- I need you to **do just one more thing.**   네가 하나 더 일을 해줘야겠어.

- I need you to **step back.**   뒤로 물러나세요.

- I need you to **tell me what happened.**   무슨 일인지 내게 말해봐.

- I need you to not **talk to me for one whole hour.**   한 시간동안 절대 내게 말을 걸지마.

- I need you to **understand that.**   네가 이해해주기를 바래.

- I need her to **move to Seattle.**   걔가 시애틀로 이사왔으면 해.

  이사오다는 move in, 이사가다는 move out

- I need him to **stop talking to Chris.**   걔가 크리스와 얘기를 안했으면 해.

미드·스크린에서 확인해보기

Desperate Housewives

Bree: Oh, Andrew. I know you blame me for what's happening with your father, but it's not entirely my fault and I need you to understand that.
앤드류, 아버지 일로 날 비난하는건 알겠는데, 온전히 내 잘못만은 아니다. 네가 그 점을 이해해주기 바래.

Andrew: I do. I just don't want him to leave.   알아요. 아버지가 떠나지 않았으면 해서요.

043

need

I needed to~로
시작하는 문장

I needed to **get home early**

일찍 집에 가야 됐어

 Key Point

I needed to~	아이니리투	needed to~는 발음이 약화되고 연음되어 /니리투/가 된다.
We needed to~	위니리투	
You needed to~	유니리투	He needed to~, She needed to~ 그리고 They needed to~ 등도 쓰인다는 정도만 알아둔다.

Listen carefully and Check it Out!

- I needed to **take a walk to clear my head.**
  머리를 식히려고 산책을 해야 했어.

- **I told him** I needed to **think about it.**
  여를돼어 /씽커봐둣/
  그걸 생각해봐야 한다고 걔한테 말했어.

- **That's all** I needed to **hear.**
  내가 듣고 싶은 건 그게 다야.

- I needed to **get home early.**
  일찍 집에 가야 됐어.

- We needed to **hear your ideas on the project.**
  우리는 그 프로젝트에 대한 너의 생각을 들어야 했어.

- You needed to **be in surgery yesterday.**
  너는 어제 수술을 받았어야 했어.

미드·스크린에서 확인해보기 **Desperate Housewives**

Carlos: **John? Did my wife ask you to lie for her?** 존? 내 아내가 너한테 거짓말해달라고 했니?

John: **Mr. Solis, uh, I really don't want to get in the middle of anything.**
솔리스 씨, 어, 정말이지 방해가 되고 싶지 않아요.

Carlos: **Thank you. It's all** I needed to **know.** 고맙네. 내가 알고 싶었던 건 그게 다야.

I don't need you to **protect me**

네가 나를 보호할 필요는 없어

Key Point	I don't need to~	아혼니투	don't에서 /d/는 두모음사이에서 유성음화된다.
	I don't need you to~	아혼니쥬투	
	I didn't need to~	아이든니투	

Listen carefully and Check it Out!

- I don't need **a warrant.**

  난 영장이 필요없어.

- I didn't need to **hear about that!**

  난 그걸 들을 필요가 없어!

- I don't need to **explain anything.**

  난 아무것도 설명할 필요가 없어.

- I don't need to **tell you what that means.**

  그게 무슨 의미인지 네게 말할 필요가 없어.

- I don't need you to **protect me.**

  네가 나를 보호할 필요는 없어.

- I don't need you to **take care of it.**

  네가 그걸 처리할 필요는 없어.

- I don't need you to **defend me.**

  네가 나를 변호할 필요는 없어.

  defend와 depend를 구분해야 한다.

Friends

미드·스크린에서 확인해보기

Rachel: No, come on, I'm totally OK. I don't need you to **come! I can totally handle this on my own.** 아니, 난 전혀 아무렇지 않아. 넌 오지 않아도 돼. 이건 나 혼자 처리할 수 있어.

Ross: Still-still, let me come... for me. 그래도, 나를 위해 따라가게 해줘.

Do I need to **make a reservation?**

예약을 해야 합니까?

Key Point

| Do I need to~ ? | 두아이니투 | |
| Do we need to~ ? | 두위니투 | |

Listen carefully and Check it Out!

- Do I need to **sign something?** 내가 뭐 사인해야 돼?

- Do I need to <u>**meet with her alone?**</u> 내가 걔를 혼자서 만나야 돼?
  meet과 같지만 주로 비즈니스 상 만날 때

- Do I need to **make a reservation?** 예약을 해야 되나요?

- Do I need to **have a lawyer present?** 변호사 입회해야 돼?

- Do I need to **know this?** 내가 이걸 알아야 돼?

- Do we need to **talk about this?** 우리가 이거에 관해 얘기를 해야 될까?

- Do we need to **call the police?** 우리가 경찰을 불러야 될까?

 미드·스크린에서 확인해보기

Desperate Housewives

Lynette:　　　　I was helping Bree with her recycling. 저는 브리가 재활용하는거 도와주고 있었어요.

Mr. Bormanis:　Do I need to **remind you of the potential consequences of perjury?**
　　　　　　　위증의 잠재적 결과가 어떤지 상기시켜줘야 될까요?

046

need

Do you need to~로
시작하는 문장

Do you need to **take a look?**

한번 둘러봐야 돼?

Key Point

Do you need to~ ?	두유니투	상대방에게 "…을 해야 하나?"라고 물어볼 때
Don't you need to~ ?	돈츄니투	
Do you need me to~ ?	두유니c미투	상대방에게 "내가 …을 하는게 필요 하나?"라고 의향을 묻는 패턴이다.

Listen carefully and Check it Out!

- Do you need to **be here for this?**

  이것 때문에 여기에 와야 돼?

- Do you need to **take a look?**

  한번 둘러봐야 돼?

- Don't you need to **get back to your newsstand?**

  다시 돌아가다, 다시 연락하다

  네 뉴스 가판대로 돌아가야 되지 않아?

- Do you need to **take some time?**

  시간이 좀 더 필요해?

- Do you need to **get up early?**

  너 일찍 일어나야 돼?

- Do you need me to **train somebody new?**

  내가 새로 들어온 사람을 교육시켜야 돼?

- Do you need me to **go with you?**

  내가 너와 함께 가야 돼?

 미드·스크린에서 확인해보기

 Friends

Gunther: Do you remember when you first came here, how you spent two weeks getting trained by another waitress?

네가 여기 처음 왔을 때, 다른 종업원에게 2주간 교육받았던거 기억해?

Rachel: Oh, sure! Do you need me to **train somebody new?**

그럼! 내가 신입직원 교육시켜야 돼요?

You don't need to **do this**

넌 이런 필요가 없어

Key Point	You don't need to~	유돈니투	상대방에게 "…할 필요가 없다"라는 빈출패턴
	You didn't need to~	유디든니투	

Listen carefully and Check it Out!

- You don't need to do this.

  넌 이걸 할 필요가 없어.

- You don't need to answer that.

  넌 그거에 대답할 필요가 없어.

- You don't need to be nervous. You're not gonna die.

  초조해할 필요가 없어. 너 죽지 않아.

- You don't need to explain to me.

  넌 내게 설명할 필요가 없어.

- You don't need to make excuses for him, okay?

  걔를 위해 변명을 할 필요가 없어, 알았어?

- He had nothing to do with this. You didn't need to kill him.

  걘 이거와 아무런 관련이 없었어. 걔를 죽일 필요는 없었어.

- You didn't need to add "Jack."

  잭을 붙여서 말할 필요는 없었어.

미드·스크린에서 확인해보기   **Modern Family**

Claire: Last night, I know I got kind of carried away...   지난밤에 내가 좀 지나쳤어…

Phil: No, no, no. You don't need to apologize.   아냐. 사과할 필요없어.

048

mean

I mean~으로
시작하는 문장

I mean **at your place**
내 말은 네 집에서

Key Point

I mean~	아민	뒤에는 절이 오거나 구가 와도 된다.
You mean~	유민	뒤를 내려서 평서문으로 쓰면 "…란 말이구나"라는 뜻이 된다.
You mean~ ?	유민	뒤를 올려서 의문문으로 쓰면 "…란 말이야?"라는 뜻이 된다.

Listen carefully and Check it Out!

- I mean he's a disaster.

  내 말은 걔는 완전 실패자라는거야.

- I mean aren't you worried about the results?

  내 말은 그 결과에 대해 걱정되지 않아?

- I mean for me?

  내 말은 나를 위해라는 말야?

- I mean at your place.

  소유격+ place는 …의 집

  내 말은 네 집에서.

- You mean they kidnapped her?

  걔네들이 그녀를 납치했다는거야?

- You mean you've crush on our director?

  have a crush on은 이성으로 반하는 지나는 열병

  네가 우리 감독에게 홀딱 반했다는거야?

- You mean you threatened her.

  /t/+/n/은 /은/으로 막음돼 두번째 /t/은 윗새음은 거의 상실

  네 말은 네가 걔를 협박했다는거야?

미드·스크린에서 확인해보기

Big Bang Theory

Penny: You heard what I did? 내가 무슨 짓을 했는지 들었어?

Amy: Well, I heard who you did. 네가 누구랑 했는지 들었지.

Penny: Oh, my God, I screwed up everything. I hurt Leonard, I hurt Raj, I mean, what is wrong with me?

맙소사. 내가 다 망쳤어. 레너드에게 상처를 주고, 라지에게 상처를 주고, 내 말은. 난 도대체 왜 이럴까?

You mean **like this?**

이렇게 하라는 말이야?

Key Point

You mean like+N	유민라임	
You mean like+부사구	유민라임	명사만 오는게 아니라 자유로운 형태들이 이어진다.

Listen carefully and Check it Out!

- You mean like on a date?   데이트할 때처럼 말야?

- You mean like outside the hospital?   병원 밖에서처럼 말야?

- You mean like his DNA?   걔의 DNA처럼 말야?

- You mean like my mother, Emily?   에밀리, 내 엄마처럼 말야?

- You mean like this?   이렇게 하라는 말이야?

- You mean like a doctor?   네 말을 의사처럼?

- You mean like a hooker?   네 말은 창녀같은거?

hook up하면 주로 섹스하다라는 의미가 된다.

미드·스크린에서 확인해보기   Sex and the City

Samantha: If you're a successful woman in this city, you can either struggle to find a relationship. or just go out and have sex like a man.
이 도시에서 성공한 여인이 되려면, 관계를 맺으려고 사력을 다하거나 아니면 나가서 그냥 남자처럼 섹스를 해.

Charlotte: You mean with dildos?   네 말은 딜도로?

Samantha: No. I mean without feeling.   아니. 감정없이.

050

mean

I don't mean to~ 으로
시작하는 문장

I didn't mean to
disturb you

넬 방해할 생각은 없었어

Key Point

I don't mean to~	아돈민투	"…할 생각이 없어"라는 의미
I didn't mean to~	아디론민투	
You mean to~ ?	유민투	"너 …할 작정이야?"라는 의미의 패턴

Listen carefully and Check it Out!

- I don't mean to **say that he was easy.**

  걔가 쉽다고 말할 생각은 없다고

- I didn't mean to **scare you.**

  너를 겁줄 생각은 없었어.

- I don't mean to **make you feel bad.**

  너를 기분나쁘게 할 생각은 아냐.

- I didn't mean to **disturb you.**

  넬 방해할 생각은 없었어.

- You mean to **live with you?**

  나랑 함께 살 생각이야?

  live with sth을 …을 견디다

- You mean to **imply that I killed her?**

  내가 걔를 죽였다고 말하는거야?

- You mean to **tell me you can't find a room?**

  방을 구할 수 없다는 거야?

Desperate Housewives

Charles: I don't know. Um...I'll have to check my schedule.

모르겠는데요. 음, 일정 좀 확인해봐야야어요.

Carlos: I don't mean to **sound pushy.** 밀어부치려는 건 아녜요.

051

mean

It means that~으로
시작하는 문장

It means you're free to go

그 말은 네가 가도 된다는거야

Key Point

It means that~	잇민즈댓	"그건 …라는 뜻이야"라는 의미이다.
Which means~	위치민즈	

Listen carefully and Check it Out!

- It means you're free to go. / 그 말은 네가 가도 된다는거야.

- It means she wasn't killed in Hawaii. / 그건 걔가 하와이에서 살해되지 않았다는 뜻이야.

- It means that you and I are biologically related. / 그건 너와 내가 생물학 적으로 친척이라는 말야.

- It means a lot to me that you came. / 네가 왔다는 게 나한테는 큰 의미가 있어.

- It means he got in trouble. / 그건 걔가 곤경에 빠졌다는거지.

- I think it means that we shouldn't go. / 그 얘기는 우리가 가면 안된다는 것 같은데.

- I think it means we should stop drinking. / 그 얘기는 우리가 술을 그만 마셔야 된다는 것 같은데.

stop ~ing는 …하는 것을 그만두다

 미드·스크린에서 확인해보기

La La land

Mia: It's pretty strange that we keep running into each other.
우리가 계속 마주치는게 신기해요.

Sebastian: It is strange. Maybe it means something. 신기하죠. 뭔가 의미가 있는 것 같아요.

Mia: I doubt it. 아닐걸요.

Let me call you back
내가 전화 다시 할게

Key Point

Let me+V	렛미	미드자막 등에서는 표기를 lemme로 하기도 한다.
Let me see if~	렛미씨이프	

Listen carefully and Check it Out!

- Let me see your hands.

  두 손을 보여줘.

- Let me call you back, okay?

  내게 전화 다시 할게, 응?

- Let me get you some coffee.
  /겟유/

  내가 커피 갖다줄게.

- Let me prove it to you.

  내가 네게 그걸 증명해보일게.

- Let me remind you that I am the boss here.

  여기서 내가 보스라는 것을 알려줄게.

- Let me see if I understand this correctly.

  내가 제대로 이해했는지 볼게.

 미드 스크린에서 확인해보기

Friends

Joey: Hey, Rach, did you know that during pregnancy, your hands can swell up to twice their size and never go back?

레이첼, 임신하게 되면 손이 두배로 부어올라 예전으로 다시 안돌아간다는거 알고 있어?

Rachel: Oh my God, lemme see that!! 맙소사, 어디 보자!!

Joey: You fall for it every time! 넌 매번 넘어가더라!

153

let

Let me know~로
시작하는 문장

Let me know what you want

네가 뭘 원하는지 알려줘

Key Point

Let me know what~	렛미노우왓	
Let me know when~	렛미노우웬	
Let me know where~	렛미노우웨어	
Let me know why~	렛미노우와이	
Let me know how~	렛미노우하우	
Let me know if~	렛미노우이프	

Listen carefully and Check it Out!

- Let me know when **they're finished.**
  개네들이 언제 끝나는지 알려줘.

- Let me know how **the party goes.**
  파티가 어떻게 되어가고 있는지 알려줘.

- Let me know if **anything's changed.**
  뭔가 변화되면 내게 알려줘.

- Let me know when **you drop the case.**
  소송을 포기하게 되면 알려줘.

- Let me know what **you want.**
  네가 뭘 원하는지 알려줘.

- Let me know when **you can come.**
  언제 올 수 있는지 알려줘.

- Let me know where **you go.**
  어디로 가는지 알려줘.

미드·스크린에서 확인해보기

Desperate Housewives

Gabrielle: I'm engaged to Victor Lang. Ring a bell? The mayor? Your new boss?
난 빅터 랭과 약혼한 사이야. 기억나시나? 시장님? 당신의 새로운 보스?

Meter Man: I don't follow politics. 난 정치는 모릅니다.

Vern: Let me know when **the carnage begins so I can shield my eyes.**
아수라장이 언제인지 알려줘요. 눈을 감게요.

054

let

Let me tell you~로
시작하는 문장

Let me tell you what I mean

내가 무슨 말을 하는 건지 말해줄게

Key Point

Let me tell you about~	렛미텔유어바웃	상대방에게 뭔가 정보를 전달할 때
Let me tell you what~	렛미텔유왓	
Let me tell you something,	렛미텔유썸씽	

Listen carefully and Check it Out!

- Let me tell you about **this chick I scored with last night!**
  두단어의 뭐차음 /t/는 다 잘 안들린다
  내가 어젯밤에 한건한 여자에 대해 말해줄게!

- Let me tell you what **else I can prove.**
  내가 뭘 증명할 수 있는지 말해줄게.

- Let me tell you about **the first time I brought a girl over.**
  내가 처음으로 여자를 데려온 거에 대해 말해줄게.

- Let me tell you about **my plan to open a restaurant.**
  식당을 개업할 내 계획을 말해줄게.

- Let me tell you where **this is going.**
  이게 어떻게 돌아가는지 내가 말해줄게.

- Let me tell you what **I mean.**
  내가 무슨 말을 하는 건지 말해줄게.

- Let me tell you what **the boss said.**
  사장이 뭐라고 했는지 말해줄게.

 미드·스크린에서 확인해보기

 Friends

Rachel: Even so, I think I'm gonna pick Ross. 그렇다해도, 난 로스를 선택할 것 같아.

Chandler: Let me tell you why **you need to pick me.** 왜 네가 나를 선택해야 하는지 말해줄게.

055

let

Don't let ~으로
시작하는 문장

Don't let it happen again

다시는 그런 일 없도록 해

Key Point

Don't let me~	돈렛미	"날 …시키지마"라는 표현
Don't let him~	돈렛힘	"그가 …하지 못하도록 해"라는 의미
Don't let it~	돈레릿	

Listen carefully and Check it Out!

- Don't let it **happen again.**

  다시는 그런 일 없도록 해.

- Don't let **my son be Jason's last victim.**

  내 아들이 제이슨의 마지막 희생자가 되지 않도록 해줘요.

- Don't let **this man beat you this way.**

  이 사람한테 이런 식으로 얻어맞지마.

- Don't let him **fool you.**

  걔한테 속지말라고.

- Don't let him **do this to another family.**

  걔가 다른 가족에게 이렇게 하지 못하도록 해.

- Randy, don't let it **bug you.**

  랜디야 그것때문에 신경쓰지 마.

- Don't let it **get you** down.

  그거 때문에 괴로워하지마.

  연음해서 /게츄/

미드•스크린에서 확인해보기

Game of Thrones

Brienne: I tried to run away, but Renly Baratheon took me in his arms. "Don't let them see your tears," he told me. "They're nasty little shits and nasty little shits aren't worth crying over."

난 도망치려고 했는데 렌리 바라테온이 팔로 나를 안았어. "그들에게 눈물을 보이지 마세요"라고 그가 말했어. "저들은 비열하고 저급한 놈들이고 그런 놈들 때문에 울 가치는 없다"고.

056

let

Let's~로
시작하는 문장

Let's give it a try

한번 해보자

Key Point

Let's~	렛츠	Let us+V를 축약한 표현
Let's say~	렛츠세이	뭔가 가정을 할 때
Let's make sure~	렛츠메익슈어	뭔가 확실히 하고자 할 때
Let's go+V	렛츠고	

Listen carefully and Check it Out!

- Let's make sure she's getting the whole truth.

  걔가 모든 자초지종을 알 수 있도록 해.

- All right. Let's get him to the OR.

  operating room

  좋아. 걔를 수술실로 옮기자.

- Let's go get some more beer.

  가서 맥주 좀 더 먹자.

- Let's say you're right.

  네 말이 맞다고 하자.

- Let's make sure it never happens again.

  다시는 그런 일이 절대로 없도록 확실히 하자.

- Let's say we leave him here three more weeks.

  3주 더 걔를 여기에 놔둔다고 가정해보자.

- Let's go out tonight If you're free.

  너 시간되면 저녁에 외출하자.

 미드·스크린에서 확인해보기

Desperate Housewives

Rex: I don't know. I think we may be making a huge mistake.

모르겠어. 우리가 큰 실수를 하는 것 같아.

Bree: We made our decision. Let's just stick to it. 우리 결정을 했잖아. 고수하자고.

Rex: Let's say we leave him here three more weeks. What's the worst that could happen? 앤드류를 여기에 3주 더 둔다고 하자고. 무슨 나쁜 일이 있겠어?

057

tell

I'm telling you~로
시작하는 문장

I'm telling you **I had no choice**

정말이지 난 선택의 여지가 없었어

Key Point

I'm telling you,	아임텔링유	"정말이야"라는 강조어구
I'm telling you S+V	아임텔링유	"…은 틀림없어"라는 의미의 패턴
I'm not telling you~	암낫텔링유	"…라 말하는게 아냐"라는 의미

Listen carefully and Check it Out!

- I'm telling you, you've got the wrong guy!

  정말이지 넌 엉뚱한 사람을 잡았어!

- I'm telling you I think Betty thinks I'm foxy.

  내 생각에 베티는 나를 섹시하다고 생각하는게 틀림없어.

- I'm telling you. Dad didn't come home last night.

  정말이야. 아빠는 지난밤에 안 들어오셨어.

- I'm not telling you the whole story.

  전박적인 자초지종

  난 너한데 자초지종을 말하지 않을거야.

- I'm telling you I had no choice.

  정말이지 난 선택의 여지가 없었어.

- You've got it all wrong. I'm telling you. Nothing happened.

  완전 오해야. 정말이야. 아무 일도 없었어.

- I'm telling you, Chris, she's not right for me!

  잘 들어봐, 크리스, 갠 나하고 안맞아!

미드·스크린에서 확인해보기   No Strings Attached

Emma: I don't care if you think it's too late, I'm telling you anyway. Will you please say something? 네가 너무 늦었다고 생각해도 상관없어. 그래도 너에게 얘기하는거야. 뭐라고 얘기 좀 할테야?

Adam: Wait. You should know... ...if you come any closer, I'm not letting you go.
잠깐. 넌 알아야 돼… 내게 더 가까이 온다면, 난 널 놔주질 않을거야.

058
tell
Are you telling me~ 로
시작하는 문장

Are you telling me
you're in love?

네가 사람에 빠졌다는 말이야?

Key Point

Are you telling me~ ?	아류텔링미	놀랍고 믿기 어려운 이야기를 들었을 때
You're telling me~ ?	유어텔링미	평서문의 형태로 뒤만 올려서 의문문화한 경우
You telling me~ ?	유텔링미	첫번째 의문문에서 'Are'를 생략한 경우

Listen carefully and Check it Out!

- Are you telling me Stacy's death was an accident?
  역음해서 /워전/

  스테이시의 죽음이 사고란 말이야?

- Are you telling me we arrested the wrong guy?

  우리가 엉뚱한 사람을 체포했다는거야?

- You're telling me she works on Wall Street?

  걔는 월가에서 근무한다는 말이야?

- You're telling me to be independent?

  나보고 독립적으로 살라는 말이야?

- You telling me there were two different shooters?
  /슈거스/

  총을 쏜 사람이 두명이라고 말하는거야?

- Are you telling me that you're in love?

  네가 사랑에 빠졌다고 말하는거야?

- Are you telling me you don't remember at all?

  네가 전혀 기억을 하지 못한다고 말하는거야?

 미드·스크린에서 확인해보기

Big Bang Theory

Bernadette: Wait a minute. Are you telling me your mother usually takes you to the dentist? 잠깐. 자기 엄마는 보통 자기를 치과에 데려다주셨다는거야?

Howard: It's not weird. There's lots of kids there with their moms.
이상하지 않아. 엄마와 함께 온 아이들이 많아.

Bernadette: I can't believe this. 말도 안돼.

059

tell

I didn't tell~로
시작하는 문장

I didn't tell him **what to do**

난 걔한테 어떻게 하라고 하지 않았어

Key Point

I didn't tell you~	아디른텔유	didn't에서 /t/발음은 거의 들리지
I didn't tell him~	아디른텔임	않는다.
I didn't tell her~	아디른텔허	
You didn't tell me~	유디른텔미	

Listen carefully and Check it Out!

- I didn't tell her **to go to your place naked!**

- I didn't tell you **because I knew you'd kill him.**

- I didn't tell her **to do drugs.**
  마약하다는 do drugs

- You didn't tell me **she was sick.**

- I didn't tell him **what to do.**

- I didn't tell **Vicky that he was my husband.**

- I didn't tell her **Brian was cheating.**

난 걔보고 다벗고 네집에 가
라고 하지 않았어!

난 네가 걔를 죽일거라는걸
알았기 때문에 네게 말하지
않았어.

난 걔한테 마약을 하라고 하
지 않았어.

넌 걔가 아프다는 걸 말하지
않았어.

난 걔한테 어떻게 하라고 말
하지 않았어.

난 비키에게 걔가 나의 남편
이라고 하지 않았어.

브라이언이 바람피고 있다고
말하지 않았는데.

미드·스크린에서 확인해보기

Sex and the City

Big: I didn't tell you **I was married because it was a long time ago.**
오래 전 일이어서 내가 결혼했다는 말을 네게 하지 않았어.

Carrie: **What happened?** 무슨 일이 있었는데?

Don't tell me you're not coming

기억 안 난다고 하지마

 Key Point

Don't tell me you~	돈텔미유	"..라는 것은 아니겠지"라는 말로 놀
Don't tell me he~	돈텔미히	람의 감정을 나타낸다.
Don't tell me she~	돈텔미쉬	

Listen carefully and Check it Out!

- Don't tell me you're pregnant.

  너 임신했다는 것은 아니겠지.

- Don't tell me you met another woman.

  너 다른 여자를 만났다는 것은 아니겠지.

- Don't tell me she has a crush on you.

  단기간에 홀딱 반하는 것을 뜻함.

  걔가 너한테 반했다는 것은 아니겠지.

- Don't tell me you're not coming?

  너 설마 안온다는 말은 아니겠지?

- Don't tell me you don't remember.

  기억 안 난다고 하지마.

- Don't tell me she's already asleep.

  설마 걔 벌써 잠든건 아니겠지.

- Don't tell me that you're in trouble again already.

  너 또 사고쳤다는 말은 아니겠지.

 미드·스크린에서 확인해보기

Desperate Housewives

Lynette: Tom, you know how I feel about this pizza thing.
  톰, 내가 피자가게 하는거에 대해 어떻게 생각하는지 알잖아.

Tom: Well, hopefully, it'll grow on you. 당신 마음에 점점 들거야.

Lynette: Don't tell me you didn't sign a lease. 임대계약을 했다는 말은 아니겠지.

I can't tell you what I know

내가 알고 있는 걸 네게 말할 수 없어

Key Point

I can tell you what~	아이캔텔유왓	뭔가 정보를 공유하거나 혹은 "너 …하구나"라는 의미
I can tell you (that)~	아이캔텔유	
I can't tell you~	아이캔텔유	
You can tell me~	유캔텔미	상대방에게 "…을 말해보라"고 하는 말

Listen carefully and Check it Out!

- I can tell you what **they're saying.**

  개네들이 뭐라하는데 말해줄 수 있어.

- I can tell **you're very upset.**

  너 많이 화났구나.

- I can tell you **she never came back.**

  갠 다시는 돌아오지 않았다고 말해줄 수 있어.

- I can't tell you **something I don't know.**

  내가 모르는 것을 네게 말해 줄 수 없어.

- I can't tell you what **I know.**

  내가 알고 있는 걸 네게 말할 수 없어.

- You can tell me **anything you want.**

  너 하고 싶은 말 뭐든 해봐.

- You can tell me **what you want to do.**

  뭐하고 싶은지 내게 말해봐.

미드·스크린에서 확인해보기

Friends

Rachel: I can't tell you **until you tell me what you know.** 네가 아는 것을 말하기 전에는 말못해.

Joey: I can't tell you what **I know.** 내가 아는 것을 네게 말못해.

Rachel: Well then I can't tell you what **I know.** 그럼. 내가 아는 것을 말못해.

Can you tell me **who did?**

누가 그랬는지 말해줄래?

Key Point	Can you tell me~ ?	캔유텔미	"…을 내게 말해달라"고 하는 패턴이다.
	Could you tell me~ ?	쿠쥬텔미	

Listen carefully and Check it Out!

- Can you tell me **who did?** 누가 그랬는지 말해줄래?

- Can you tell me **what you did overseas?** 해외에서 뭐를 했는지 말해줄래?

- Can you tell me **where you're going to stay?** 어디서 머물지 말해줄래요?

- Can you tell me **what's going on in there?** 거기 무슨 일인지 말해줄래?

- Could you tell me **when to get off?** 어디서 내려야 하는지 알려주세요

  반대로 …에 타다는 get on

- Could you tell me **where I can find Sam Jones?** 샘 존스를 어디서 찾을 수 있는지 말해줄래?

- Could you tell me **how to fill out this form?** 이 양식서 어떻게 적는지 알려줄래요?

미드·스크린에서 확인해보기   Friends

Phoebe: Excuse me! Can you tell me **where I can find Earl? He's the supply manager around here.** 실례합니다! 얼이 어디 계신지 알려주실래요? 여기 부품매니저인데요.

Marge: Sorry, I don't know any Earl. 미안해요. 얼이라는 사람 모르겠는데요.

063
tell

I told him~ 으로
시작하는 문장

I told her **it was a secret**

개한테 그건 비밀이라고 말했어

Key Point

| I told him (that) ~ | 아이톨딤 | told him은 연음된다. |
| I told her (that)~ | 아이톨더 | told her 역시 빨리 발음하면 연음된다. |

Listen carefully and Check it Out!

- I told him Chris was bad in bed, which isn't even true.
  반대는 good in bed

  난 개한테 크리스는 섹스를 잘 못한다고 말했는데 그건 전혀 사실이 아냐.

- I told him he must be mistaken.

  난 개한테 걔의 실수라고 말했어.

- I told her I'm not a relationship person!

  개한테 난 관계맺는 것을 잘 못하는 사람이고 말했어!

- I told her it was a secret.

  그건 비밀이라고 개한테 말했어.

- I told her it was Bob that sent the IMs.

  그 메신저를 보낸건 바로 밥이었다고 내가 개한테 말했어.

- I told her the cops were coming to get her.

  경찰들이 걔를 잡으러 오고 있다고 말했어.

- I told her it was stupid to put off the wedding.

  결혼식을 미루는 것은 어리석은 짓이었다고 말했어.

미드·스크린에서 확인해보기 you can eat the restaurant about now   **Sex and the City**

Woman: I told him you're the most beautiful, talented, fascinating woman in New York. 난 그에게 네가 뉴욕에서 가장 아름답고 재능있고 멋진 여성이라고 말했어.

Man: And single. How is this possible? 그리고 미혼이라. 그게 어떻게 가능하죠?

Carrie: I get it. You're an architect and a comedian. 알겠어요. 당신은 건축가이고 코메디언이군요.

064

tell

I told you~로
시작하는 문장

I told you to get out of here

나가라고 했잖아

Key Point

I told you (that) S+V	아이톨쥬댓	"내가 …라고 말했잖아?"라는 의미
I told you to+V	아이톨쥬투	
I told you not to~	아이톨쥬낫투	혹은 I told you to not+V라고 해도 된다.
I thought I told you~	아이쏘아이톨쥬	좀 점잖게 말하는 표현으로 "…라고 말한 것 같은데"라는 의미

Listen carefully and Check it Out!

- I told you **I was going out.** 나 외출할거라 말했잖아.

- I told you **I'd do my best** 내가 최선을 다할거라고 말했잖아.

- I told you **he was a bachelor.** 걘 총각이라고 내가 말했잖아.

- I told you to **stop calling me.** 내게 전화하지 말라고 말했잖아.

- I told you not to **go fast!** 그렇게 빨리 가지 말라고 했잖아!
  fast와 past도 귀로 구분할 줄 알아야

- I told you to **have sex with Chris!** 크리스와 섹스를 하라고 했잖아!

미드·스크린에서 확인해보기   **Sex and the City**

Miranda:	I told you **there'd be something.** 뭔가 있을거라고 말했잖아.
Samantha:	He's a legend. He's just amazing at eating pussy.
	걘 전설이야. 커너링스하는데 아주 뛰어나.
Charlotte:	Would you please just stop calling it that? 그걸 그렇게 부르지마.
Samantha:	Oh, fine. Going down, giving head. 좋아. 밑으로 내려가서 오랄해주는거.

065
tell

You told me~로
시작하는 문장

You told me you liked it

네가 좋다고 했잖아

Key Point

You told me (that) S+V	유톨미댓	"네가 …라고 말했잖아"라는 의미. told me에서 /d/발음은 약화된다.
You told me to~	유톨미투	

Listen carefully and Check it Out!

- You told me it was safe.

  그게 안전하다고 했잖아.

- You told me you got an apartment.

  넌 아파트를 구입했다고 했잖아.

- You told me you were divorced.

  너 이혼했다고 내게 말했잖아.

- You told me that you didn't like Jack.

  잭을 싫어한다고 내게 말했잖아.

- You told me you liked it.

  역음해서 /라잌딧/

  네가 좋다고 했잖아.

- You told me to trust you.

  너를 믿으라고 했어.

- You told me to get back in the game.

  넌 다시 뛰겠다고 말했잖아.

 미드·스크린에서 확인해보기

No Strings Attached

Adam: Jesus. I don't know where to start. My dad's... My dad's dating my ex-girlfriend. 맙소사. 어디서부터 말해야 할지 모르겠어. 아버지가 내 전 여친과 데이트해.

Emma: You told me about it last night. 어젯밤에 그 얘기했어.

066

tell

You never told me~로
시작하는 문장

You never told me I had a son

내게 아들이 있다고 말한 적이 없어

Key Point

You never told me (that) S+V	유네버톨미댓	"너는 절대로 …을 내게 말한 적이 없어"라는 말
You never told me why~	유네버톨미와이	that 절 대신에 why 절이 온 경우

Listen carefully and Check it Out!

- You never told me I had a son.

  내게 아들이 있다고 말한 적이 없어.

- You never told me why you're up so early.

  네가 왜 그렇게 일찍 일어나는지 절대로 말하지 않았어.

- You never told me you were a sperm donor.

  actor처럼 …하는 사람을 만드는데 –er대신 –or를 썼다

  네가 정자를 기증했다는 것을 내게 말한 적이 없어.

- You never told me you had a son.

  너한테 아들이 있다는걸 내게 말한 적이 없어.

- You never told me where you're from.

  네가 어디 출신인지 내게 말한 적이 없어.

- You never told me Tom is your brother.

  톰이 네 동생이라고 내게 말한 적이 없어.

- You never told me what you got for your birthday.

  생일선물로 뭘 갖고 싶은지 내게 말하지 않았어.

 미드·스크린에서 확인해보기

Desperate Housewives

Tom: You never told me I had a daughter. 내게 딸이 있다고 말한 적이 없잖아.

Nora: My lawyer thinks that I have a very good case. 변호사가 그러는데 내게 승산이 많이 있데요.

Lynette: We can't afford this. We have four kids. Tom just lost his job.
우리는 여유가 없어요. 아이가 넷이고 톰은 방금 실직했어요.

I just wanted to tell you I'm a big fan
내가 열렬한 팬이라는걸 너에게 말하고 싶었어

Key Point

I just wanted to tell you~	아이저숫원나투텔유	뒤에는 명사나 S+V를 이어 쓰면 된다.
We just wanted to tell you~	위저숫원나투텔유	wanted to~에서 /d/와 동음 회피현상으로 거의 발음되지 않는다.

Listen carefully and Check it Out!

- I wanted to tell you the good news.

  네게 좋은 소식을 전하고 싶었어.

- I just wanted to tell you I'm a big fan.
  좋아하는 대상은 ~of sb[sth]라고 하면 된다.

  내가 열렬한 팬이라는걸 네게 말하고 싶었어.

- I just wanted to tell you how great you were last night.

  지난밤에 네가 얼마나 멋졌는지 네게 말하고 싶었어.

- I just wanted to tell you that dinner was ready.

  단지 저녁이 준비되었다고 말하고 싶었어.

- I just wanted to tell you I'm sorry I said something to your mother.

  네 엄마에게 내가 뭐라고 말해서 미안하다고 말하고 싶었어.

- We just wanted to tell you we love Rick.

  우리가 릭을 사랑한다는 걸 네게 말해주고 싶었어.

미드·스크린에서 확인해보기

Big Bang Theory

Bernadette: Can we talk? 우리 얘기해.

Howard: You can. I have nothing to say. 해. 난 할 말이 없어.

Bernadette: All right. I just wanted to tell you I'm sorry I said something to your mother. 좋아. 네 엄마에게 내가 뭐라고 말해서 미안하다고 말하고 싶었어.

068

say

I said~로
시작하는 문장

I never said **it was easy**

그게 쉽다고 말한 적이 없어

Key Point

I said S+V	아이세드	"난…라고 말했어"(단순사실 전달) 혹은 "내가 …라고 했잖아"(비난)라는 의미
I never said S+V	아이네버세드	

Listen carefully and Check it Out!

- I said I'll be back. With cash.

  내가 돌아온다고 했잖아. 현금 갖고.

- I said get down on your knees!

  무릎꿇으라고 했다!

- I said I was having a bad time at home.

  나 집에서 별로 좋지 않다고 했어.

- I never said I was ashamed of you!

  단어 첫 모음이 약음이면 거의 들리지 않아

  내가 널 부끄러워한다고 말한 적이 없어.

- I never said it was easy.

  그게 쉽다고 말한 적이 없어.

- I never said I was perfect.

  내가 완벽하다고 전혀 말한 적이 없어.

- I never said it was a man.

  그게 남자였다고 말한 적이 절대로 없어.

미드·스크린에서 확인해보기 **Desperate Housewives**

Paul: I told you a private detective had come to take you away from us. I never said it was a man. 사립탐정이 널 데려가려고 왔다고 했지, 그게 남자라고는 말 안했어.

Zach: You didn't? 그랬어요?

069

say

You said~로
시작하는 문장

You said you **two were finished**
너희 둘 이제 끝난 사이라고 말했잖아

Key Point

You said (that) you~	유세ㄷ댓유	"너 …라고 말했잖아"라고 상대방의 말을 재확인하거나 따질 때
You never said S+V	유네버세ㄷ	
You never said anything about~	유네버세ㄷ애니씽어바웃	

Listen carefully and Check it Out!

- You said you **two were finished**.

  너희 둘 이제 끝난 사이라고 말했잖아.

- You said you **loved me! I can't believe this!**

  넌 날 사랑한다고 말했잖아! 믿을 수가 없어!

- You said you **found me by chance?**

  네가 날 우연히 찾았다고 말했지?

- You said you **didn't want to go**.

  넌 가고 싶지 않다고 말했어.

- You said you **were a stewardess**.

  넌 네가 스튜어디스였다라고 말했어.

- You never said anything about **prostitutes**.

  넌 매춘부에 대해 전혀 언급하지 않았어.

- You never said anything about **her being adopted**.

  ted=[tid]

  넌 걔가 입양된 것에 대해 전혀 말하지 않았어.

미드·스크린에서 확인해보기

Friends

Estelle: So, how did your audition go today? 그래, 오늘 오디션은 어땠어?

Joey: What audition? 무슨 오디션요?

Estelle: The one I told you about last week? 지난주에 내가 말한 거.

Joey: What? You never said anything about an audition!

너 매춘부에

라구요? 오디션에 관해서는 아무 말도 안했는데요!

070

say

Did you say~로
시작하는 문장

Did you say she was dead?

걔가 죽었다고 말했어?

Key Point

Did you say (that) you~ ?	디쥬세이댓유	상대방에게 과거에 "…라고 말했 냐?"라고 묻는 문장
Did you say he~ ?	디쥬세이히	say he~는 빨리 발음하면 /세이/로 들리기도 한다.
Did you say she~ ?	디쥬세이쉬	

Listen carefully and Check it Out!

- Did you say that you **were a lawyer?**   네가 변호사라고 말했어?

- Did you say you **read this?**   너 이거 읽었다고 말했어?
  과거로 /레드/로 읽어야 한다.

- Did you say she **was dead?**   걔가 죽었다고 말했어?

- Did you say that you **were in therapy?**   넌 상담받고 있다고 했어?

- Did you say I **was ugly?**   내가 못생겼다고 말했어?

- Did you say that you **represent Chris?**   당신이 크리스를 대변한다고
말했어요?

미드·스크린에서 확인해보기

Big Bang Theory

Bernadette: What did you tell Howard? Did you say there was something going on between us? Because he thinks there is. He's completely freaking out!
하워드에게 뭐라고 말했어? 우리 사이에 뭔가 있다고 말했어? 걔가 그렇게 생각하기 때문에 지금 완전히 방방 뛰고 있다고!

Raj: Please, come in. 어서 들어와.

071
say

I didn't say~로
시작하는 문장

I didn't say **it was a good plan**

그게 좋은 계획이라고 말하지 않았어

 Key Point

I didn't say (that) S+V	아이디른세이댓	"나는 …라고 말한 적이 없다"고 항변할 때
We didn't say (that) S+V	위디른세이댓	didn't은 /디른/으로 발음된다.
You didn't say~	유디른세이	

Listen carefully and Check it Out!

- I didn't say you were wrong.

  네가 틀렸다고 말한 적이 없어.

- I didn't say it was funny, Molly.

  몰리야, 난 그게 재미있다고 말한 적이 없어.

- I said I'd have sex. I didn't say I'd make love.

  난 섹스를 할거라 말했지, 사랑을 나눌거라고는 말하지 않았어.

- I didn't say you couldn't see him.

  넌 걔를 볼 수 없을거라 말하지 않았어.

- I didn't say you were stupid.

  네가 멍청하다고 말한 적이 없어.

- I didn't say it was a good plan.

  그게 좋은 계획이라고 말하지 않았어.

- I didn't say it was all right.

  난 그게 괜찮다고 말하지 않았어.

미드・스크린에서 확인해보기
Desperate Housewives

Tom: What, you would rather have sex with me than talk to me? Ow, that hurts. 뭐야, 내게 말하기 보다는 섹스를 하겠다고? 아, 아프네.

Lynette: I said I'd have sex. I didn't say I'd make love.
섹스를 하겠다고 했지, 사랑을 나눈다고 하지 않았어.

072
have
I have~로
시작하는 문장

I had so much fun last night
지난 밤에 정말 재미있었어

Key Point

I have~	아이해브	have가 일반동사로 쓰인 경우로 I've~로 축약되지 않는다.
I'm having~	아임해빙	
I had~	아이해드	

Listen carefully and Check it Out!

- I have a really early class in the morning.

  내일 아침 일찍 수업이 있어.

- I'm having an operation at midnight.

  난 자정에 수술이 잡혀있어.

- I'm having a real bad day.

  오늘 정말 힘들어.

- I'm having a little chat with her about it.

  그거에 대해 걔하고 잠깐 이야기하는 중이야.

- I had this urge to call but I'd just left him.

  전화하고픈 충동이 들었지만 그냥 걔를 떠났어.

- I had a threesome once in college.

  난 대학교 때 쓰리섬을 한 번 한 적이 있어.

- I had so much fun last night.

  지난 밤에 정말 재미있었어.

미드·스크린에서 확인해보기

Big Bang Theory

Penny: Oh. Oh, okay, well, you know, like I said, I have plans, so.
알았어. 저기. 내가 말했듯이. 나 계획이 있어.

Amy: Shame. Since you're my best friend, I thought it would be a good bonding opportunity. 안됐네. 넌 나의 절친이니까 친해질 수 있는 좋은 기회가 될거라 생각했거든.

I have something to tell you

너한테 뭐 좀 말할게 있어

Key Point	I have some~	아이해브썸	"좀 …가 있다"라고 할 때
	I had some~	아이해드썸	

Listen carefully and Check it Out!

- I have something to tell you.

너한테 뭐 좀 말할게 있어.

- I have some work to do in my studio.

내 작업실에서 해야 할 일이 좀 있어.

- I have some good news and some bad news.

좋은 소식도 있고 나쁜 소식도 있어.

- I have some questions for you.

너한테 질문이 좀 있어.

- I have some information that will be of use to you.

네게 유용할 정보가 좀 있어.

- I had some time to think while I was away.

내가 떠난 동안 생각할 시간이 있었어.

- I had some trouble with it at first.

난 처음에 그거에 좀 문제가 있었어.

미드·스크린에서 확인해보기   Friends

Monica: Why don't you just call her? 네가 그냥 전화를 걸지 그래?

Chandler: I can't call her, I left a message! I have some pride.
           그럴 순 없지, 메세지를 남겼잖아! 나도 자존심이 있다구.

074

have

I don't have~ 로
시작하는 문장

I don't have time for this

나 이럴 시간이 없어

Key Point	I don't have~	아이돈해브	I have~의 부정형
	I didn't have~	아디든해브	

Listen carefully and Check it Out!

- I don't have **time to make a phone call.**
  전화를 받는 것은 take the call
  전화를 걸 시간이 없어.

- I don't have **the money for a house.**
  집 살 돈이 없어.

- I don't have **enough money for a new car.**
  난 차 바꿀 돈도 없는데.

- I don't have **what it takes.**
  난 소질이 없나 봐.

- I don't have **time to tell you the whole story.**
  자초지종을 다 말할 시간이 없어

- I didn't have **sex with the judge to get my husband out.**
  남편을 빼내기 위해 판사와 잠을 자지 않았어.

- I didn't have **anything to do with this.**
  난 그거와 아무 관련없어.

미드·스크린에서 확인해보기

Notebook

Allie: I'm busy, you know, I don't have a lot of time. 저기 내가 바빠. 시간이 많지 않아.

Noah: You're busy? 바쁘다고?

Allie: Mm-hmm. I have a very strict schedule. My days are all planned out.
음. 일정이 빡빡해. 하루하루 할 일들이 다 정해져 있고.

075

have

I have no~로
시작하는 문장

I have nothing to **hide**

난 하나도 숨기는게 없어

Key Point

I have no~	아이해브노	I don't have~의 또다른 표현. no 다음에는 명사가 온다.
I have nothing to~	아이해브낫씽투	"…할게 아무 것도 없다"라는 뜻
I had no~	아이해드노	

Listen carefully and Check it Out!

- I have no **idea what you're talking about.**

  네가 무슨 말을 하는지 모르겠어.

- I have no **doubt that her breasts are perfect.**

  걔 가슴이 완벽한 것은 의심할 여지가 없어.

- I have no **choice but to pay her the money.**

  걔한테 돈을 갚을 수밖에 없어.

- I have nothing to **say without my attorney present.**

  without ~ present는 …가 없이는

  난 내 변호사 입회없이는 아무런 말도 하지 않을거야.

- I have nothing to **complain about.**

  아무 불만 없어.

- I have nothing to **hide.**

  나 하나도 숨기는게 없어.

- I had no **part in it.**

  난 전혀 모르는 일이야.

미드·스크린에서 확인해보기 **Friends**

Rachel: We went back the house and we got really silly and we made out.

우리는 집으로 돌아가서 바보같이 굴면서 애무를 했어.

Melissa: Oh wow, I have no **idea what you're talking about.**

와. 난 네가 무슨 말을 하는지 모르겠어.

076

have

I don't have any~로
시작하는 문장

I don't have any
feelings left

아무런 감정도 남아 있지 않아

Key Point

I don't have any~	아이돈해브애니	하나도 없음을 강조할 때
I don't have anything to~	아이돈해브애니씽투	
I didn't have any~	아이디론해브애니	

Listen carefully and Check it Out!

- I don't have any **personal issues.**
  난 전혀 개인적인 문제들이 없어.

- I don't have anyone else to **talk to.**
  난 얘기를 나눌 사람이 하나도 없어.

- I don't have any **extra money to give.**
  줄 여분의 돈이 없어.

- I don't have anything to **cover up. I like Susan.**
  난 숨길게 하나도 없어. 난 수잔을 좋아해.

- I don't have anything else to **lose.**
  잃을게 아무 것도 없어.

- I didn't have any **friends.**
  난 친구가 하나도 없었어.

- I didn't have any **clothes on.**
  걸칠 옷이 하나도 없었어.

미드·스크린에서 확인해보기

Sex and the City

Standford: I don't have the patience to comfort you a fourth time.
4번씩이나 너를 위로해 줄 인내심은 없어.

Carrie: Relax. I don't have any **feelings left.** 진정해. 아무런 감정도 남아 있지 않아.

Do I have **a choice?**

내게 선택권이 있어?

Key Point

Do I have~ ?	두아이해브	"내게 …가 있냐?"라고 물어볼 때
Do we have~ ?	두위해브	

Listen carefully and Check it Out!

- Do I have lipstick on my teeth?   내 이에 립스틱이 묻어있어?

- Do I have a minute to go to the bathroom?   화장실 갈 시간 돼?

- Do I have food in my teeth or something?   이에 음식이 끼었거나 뭐 그 런거야?

- Do I have a choice?   내게 선택권이 있어?

- Do I have time to get a coffee before we go?   가기 전에 커피 한잔 마실 시 간 있을까요?

- Do we have a problem?   문제가 있어?

- Do we have anything else to talk about?   다른 논의할 게 있나요?

 미드·스크린에서 확인해보기

Big Bang Theory

Sheldon: I've taken the liberty of scripting your appearance on the witness stand because, let's face it, you're somewhat of a loose cannon. Now, don't worry, it's written in your vernacular. So shall we rehearse?
증언대에서의 네 역할에 대해 스크립트를 임의로 준비했어. 인정하자고, 넌 좀 통제불능이잖아. 걱정마, 이건 네 수준에 맞게 적은거야. 자, 예행연습을 시작할까?

Penny: Do I have a choice?   내게 선택권이 있어?

078

have

You have~로
시작하는 문장

You have **the wrong number**

전화 잘못거셨어요

Key Point

You have~	유해ㅂ	"네게 …가 있어"라는 의미
You're having~	유어해빙	일반동사이기 때문에 진행형이 가능하다.
You had~	유해ㄷ	

Listen carefully and Check it Out!

- You have the right to be happy. 넌 행복할 권리가 있어.

- You have the right to remain silent 묵비권을 행사할 권리가 있다.

- You have an escape plan? 넌 탈출계획이 있어?

- You're having sex with your best friend's mother?! 네 절친의 엄마하고 섹스를 하고 있다고?!

  best의 /t/는 거의 안들려

- You're having trouble in school? Talk to me. 학교에서 어려움을 겪고 있다고? 말해봐.

- You're having a heart attack. 심장마비가 오고 있어.

- You had a fling with Jim, and then you dumped him? 짐하고 즐기고 나서 버렸단 말야?

 미드·스크린에서 확인해보기　　　　　　**Desperate Housewives**

Lady: Listen, it seems to me like you have some anger management issues.
내게는 당신이 분노장애가 좀 있는 것 같아요.

Lynette: I have four kids under the age of six. I absolutely have anger management issues. 여섯살 미만인 아이가 넷이예요. 당연히 분노장애가 있죠.

You don't have time to think

넌 생각할 시간이 없어

Key Point	You don't have~	유돈해브	You have~ 의 부정형
	You don't have any~	유돈해브애니	

Listen carefully and Check it Out!

- You don't have **a choice.**

  넌 선택권이 없어.

- You don't have **much time.**

  넌 시간이 많지 않아.

- You don't have **time to think.**

  넌 생각할 시간이 없어.

- You don't have any **friends, do you?**

  넌 친구가 하나도 없지, 그지?

- You don't have any **proof I killed my son.**

  넌 내가 내 아들을 죽였다는 증거가 하나도 없어.

- You don't have any **money, so what's the story?**

  돈이 한 푼도 없다고, 어떻게 된거야?

- You don't have any **problem getting laid.**

  넌 섹스하는데 아무런 문제가 없어.

  get laid는 섹스하다는 숙어

미드·스크린에서 확인해보기

Desperate Housewives

Mike: Susan, wait, wait. Look, I'm sorry. My life is just really complicated right now. 수잔. 잠깐만. 이봐. 미안해. 내 인생은 정말이지 지금 복잡해.

Susan: You don't have **to explain.** 설명할 필요없어.

080

have

You have no~로
시작하는 문장

You have no idea
what my life is like

내 인생이 어떤지 넌 몰라

Key Point	You have no~	유해브노	You have~의 또다른 부정형으로 no 다음에는 명사가 온다.
	You had no~	유해ㄷ노	

Listen carefully and Check it Out!

- You have no idea what this money is for, do you?

  이 돈을 어디에 쓸건지 넌 몰라, 그지?

- You have no idea what I've been through.

  <u>be through는 경험하다, 겪다</u>

  내가 뭘 겪었는지 짐작도 못할거야.

- You have no idea how sexy you are, do you?

  네가 얼마나 섹시한지 넌 몰라, 그지?

- You have no need to show me around.

  넌 날 구경시켜줄 필요가 없어.

- You have no right to bring her here.

  넌 걔를 이리로 데려올 권리가 없어.

- You had no right to touch my things.

  넌 내 물건들에 손댈 권리가 없어.

- You had no right to take it from them.

  넌 그걸 걔네들로부터 가져갈 권한이 없어.

 미드 스크린에서 확인해보기

Desperate Housewives

Susan: You were right there. How could you do the same thing?

넌 바로 거기에 있었잖아. 어떻게 똑 같은 짓을 할 수 있는거야?

Gabrielle: How can compare me to Carl? It's not fair. You have no idea what my life is like. 어떻게 나를 칼과 비교할 수 있어? 공정하지 않아. 내 인생이 어떤지 넌 모르면서.

081

have

Do you have~로
시작하는 문장

Do you have feelings for him?

개를 좋아하는 감정이 있는거야?

Key Point

Do you have~ ?	두유해브	
Do you have a~ ?	두유해버	have a~는 연음된다.
Do you have any~ ?	두유해브애니	
Do you have any idea~ ?	두유해브애니아이디어	Do you have any~의 대표적 패턴

Listen carefully and Check it Out!

- Do you have feelings for this man?   너 이 사람에게 감정있어?

- Do you have a daughter named Vicky?   비키라는 이름의 딸이 있어?
  gh는 묵음

- Do you have a physical problem or something?   몸에 문제가 있거나 뭐 그래?

- Do you have any proof?   무슨 증거라도 있어?

- Do you have any coins in your pocket?   주머니에 동전있어?

- Do you have any luggage with you?   짐은 있으신가요?

- Do you have any idea what you've done?   네가 무슨 짓을 했는지 알아?

 미드·스크린에서 확인해보기   **Desperate Housewives**

Tom: Do you have feelings for him, Lynette? Do you have feelings for Rick?
      르넷, 그 남자한테 맘이 갔었어? 릭에게 감정이 생겼어?

Lynette: I would never cheat on you. You know that.   난 부정을 절대 저지르지 않았어. 그거 알잖아.

Tom: That's not what I asked. Did you fall for him?
      내가 묻는 것은 그게 아냐. 그 남자를 사랑했냐고?

082
__have__

Did you have~ 로
시작하는 문장

Did you have too much coffee this morning

오늘 아침 커피를 너무 많이 마셨어?

Key Point

Did you have~ ?	디쥬해브	"과거에 …가 있었냐?"라고 물어볼 때
Don't you have~ ?	돈츄해브	
Don't you have any~ ?	돈츄해브애니	

Listen carefully and Check it Out!

- Did you have a sexual relationship with Chris? — 크리스와 성적인 관계를 가졌어?

- Did you have a beef with the victim, or what? — 피살자와 다투거나 뭐 그런거야?
  …와 다투다란 의미

- Did you have too much coffee this morning? — 오늘 아침에 커피를 너무 많이 마셨어?

- Don't you have a secret to share with me now? — 나와 공유할 비밀없어?

- Don't you have a dentist appointment today? — 오늘 치과 예약되어 있지 않아?

- Don't you have something else to do today? — 오늘 할 다른 일 있지 않아?

- Don't you have any friends to hang out with? — 함께 놀 친구가 없는 거야?

 미드·스크린에서 확인해보기

 Desperate Housewives

Rick: I like being here. It beats going home to an empty apartment.
여기 있는게 좋아요. 빈 아파트에 가는 것보다 나아요.

Lynette: Don't you have any friends to hang out with? 같이 놀 친구도 없어요?

I got **a new tattoo**

문신 새롭게 했어

Key Point

I got+N	아이갓	I have~와 같은 의미
I got there	아이갓데어	I got+장소명사가 오면 '…에 도착하다'라는 의미

Listen carefully and Check it Out!

- I got some beer for you.

  너먹으라고 맥주 사왔어.

- I got us tickets to a Knicks game tonight.

  오늘밤 우리가 갈 닉스게임 표 구했어.

- I got a great partner to pick up girls with!

  연음해서 /피컵/

  함께 여자를 낚을 훌륭한 파트너를 구했어!

- I got a new tattoo, want to see it?

  문신 새롭게 했는데, 볼래?

- When I got home, I found him in the bathroom.

  내가 집에 왔을 때 걔를 욕실에서 발견했어.

- When I got there, she was in bed -- naked.

  거기 도착했을 때, 걔는 침대에서 다 벗고 있었어.

- When I got there, he poured me a drink.

  도착했을 때 걘 음료수를 부어줬어.

미드·스크린에서 확인해보기

Sex and the City

Miranda: He left a message on my machine when I got home. He wants to go out this week. 집에 오니까 메시지를 남겨놨더라고. 이번주에 데이트하고 싶대.

Carrie: That's fantastic! 잘됐다!

084

get

I'm getting~ 으로
시작하는 문장

I'm getting you a lawyer

변호사를 구해줄게

Key Point

I'm getting~	암게린	getting에서 /tt/는 두 모음사이에서 유성음화되어 /팅/이 아니라 /링/이 된다.
I'm getting a~	암게린어	

Listen carefully and Check it Out!

- I'm getting **you out of here.**
  먹음해서 /아러브/
  널 여기에서 빼내줄게.

- I'm getting **married in three weeks.**
  난 3주 후에 결혼해.

- I'm getting a **little tired of this okay?**
  이거에 신물이 나. 알았어?

- I'm getting a **headache.**
  나 두통이 와.

- I'm getting a **warrant for Tim.**
  팀에 대한 영장을 받았어.

- I'm getting **you a lawyer.**
  변호사를 구해줄게.

- I'm getting a **little tired of this.**
  나 이거 좀 지겨워져.

미드·스크린에서 확인해보기　　　　　　　**Sex and the City**

Woman:　Carrie, you bitch, what are you doing?　캐리, 너 뭐해?

Carrie:　Actually, I'm getting ready to go to sleep.　실은 자려고 준비하고 있어.

Woman:　Why don't you come and join us?　이리 와서 함께 하자.

We've got **bigger fish to fry**

우리에게는 더 큰 문제가 있어

Key Point

I have got~	아이해브갓	have가 '갖고 있다'라는 의미인 경우에 한하여 I have = I have got 등식이 성립한다.
I've got~	아브갓	
We've got~	위브갓	

Listen carefully and Check it Out!

- I have got no obvious cause of death on either.

  /아더/라고 발음되기도 한다

  두 경우다 명확한 사인이 안 나왔어.

- I have got another call coming in.

  다른 전화가 걸려오고 있다는 거야.

- I've got nowhere to go this morning. I'm unemployed!

  오늘 아침 갈 데가 없어. 나 잘렸어!

- I've got nothing to hide.

  난 숨길게 하나도 없어.

- I've got a witness who saw you hit that child.

  네가 저 아이를 때리는 걸 본 목격자가 있어.

- I've got something that might help.

  내게 도움이 될지도 모르는게 있어.

- We've got a meeting with Paul.

  우린 폴과의 회의가 있어.

 미드·스크린에서 확인해보기

Breaking Bad

Mike: What is it with you guys? Honest to God. 도대체 너희 둘은 왜 그러는거야?

Walter: May I? Look. Whatever differences you and I have, they'll keep. Right now we've got bigger fish to fry.

내가 말해도 될까? 자, 우리 서로 다른 점은 무엇이든 접어두고, 현재는 더 큰 문제가 있어.

086

get

I have got to~로
시작하는 문장

I gotta **get out of here**
나 그만 갈게

Key Point

I have got to+V	아해브갓투	I have = I have got이듯 I have got to+V는 I have to+V의 의미가 된다.
I've got to+V	아브갓투	빨리 발음하면 I've gotta~
I gotta+V	아이가라	더 빨리 발음하면 've를 생략하고 I gotta+V로 발음한다.

Listen carefully and Check it Out!

- I have got to **tell you something!**   네게 뭐 좀 얘기를 해야 돼!

- I have got to **put a stop to this.**   이거 그만둬야 돼.

- I have got to **get out of this house sometime.**   언젠가 이 집에서 나가야 돼.
  ~s가 놓으면 때때로

- I've got to **go. I'm running late.**   나 가야 돼. 늦었어.

- I've got to **get back to work.**   나 다시 일 시작해야 돼.

- I gotta **get out of here.**   나 그만 갈게.

- I gotta **get an early start tomorrow.**   내일 일찍 일 시작해야 돼.

 미드·스크린에서 확인해보기   **Sex and the City**

Carrie: Absolutely. Listen, I've got to go. I'm running late.   물론이지. 이봐. 나 가봐야 돼. 늦었어.
Laney: Where you off to?   어디로 가는데?

087

get

You got a problem?

너 문제있어?

Key Point

You got~	유갓	"네게 …가 있네"
You got~ ?	유갓	"…가 있어?"라는 의미

Listen carefully and Check it Out!

• You got anything to add?   뭐 덧붙일게 있어?

• You got a problem?   너 문제있어?

• You got a point there, my friend.   친구야, 네 말이 맞아.

• You look pretty. You got a date later?   너 이쁘다. 나중에 데이트있어?

• You got a better idea?   더 좋은 생각이 있어?

• You got any advice for me?   나한테 조언해 줄거 없니?

• You got no grounds to hold him.   걜 잡아둘 근거가 없어.

미드·스크린에서 확인해보기

Breaking Bad

Walter: You mind if I have one?   나도 하나 주게나.
Hank: You think it's a good idea?   그래도 괜찮겠어?
Walter: Hank, I've already got lung cancer.   행크, 난 이미 폐암에 걸렸잖아.
Hank: Okay. You got me there.   좋아, 내가 졌네.

088

get

You have got~으로
시작하는 문장

You've got a lot of nerve

참 뻔뻔하군

Key Point

You have got~	유해브갓	You have+N와 같은 의미
You've got~	유브갓	
You got~	유갓	빨리 발음하면 have는 생략되어 버린다.

Listen carefully and Check it Out!

- You have got the wrong idea. That man is my pharmacist. 네 생각이 틀렸어. 저 사람은 약사야.

- You've got my number, give me a call. 내 전번 알잖아. 전화해.

- You've got a nice, healthy relationship. 넌 멋지고 건전한 관계를 맺고 있어.

- You've got the right attitude. 너는 자세가 올바라.

- You've got something to say, then just say it. 너 뭐 할 말 있구나. 그럼 그냥 얘기해.

- You've got a lot of nerve. 참 뻔뻔스럽군.

- You've got something to say, then just say it. 말할 게 있으면 그냥 말해.

 **Desperate Housewives**

Bree: It means you should stop worrying about my marriage and start worrying about your own. 내 말은 내 결혼생활 걱정은 그만두고 네 결혼생활이나 걱정하기 시작하라고.

Carolyn: Don't play coy with me. You've got something to say, then just say it.
내숭떨지 말고, 할 말이 있으면 그냥 말하라고.

089
get
You have got to~로
시작하는 문장

You've got to **stop doing that**
넌 그 일을 그만둬야 돼

Key Point

You have got to~	유해브갓투	You have to+V와 같은 의미
You've got to~	유브갓투	빨리 발음하면 You've gotta~가 된다.
You gotta~	유가라	빨리 발음하면 have는 생략되어 버린다.

Listen carefully and Check it Out!

- You have got to get me out of here.
  out of는 /아으려/ 정도하고 흘다닫

  넌 날 여기서 빼내야 돼.

- You've got to stop doing that.

  넌 그 일을 그만둬야 돼.

- You've got to do better than that!

  넌 그보다는 더 잘 해야 돼!

- You've got to be more careful from now on.

  넌 지금부터 더 신중해야 돼.

- You've got to tell me something. You've got to tell me what side you're on.

  말 좀 해봐. 너 어느 편이지 말해봐.

- You've gotta come downstairs and see this.

  넌 밑에 층으로 내려와서 이걸 봐야 돼.

- You gotta calm down now!

  넌 이제 조용히 좀 해!

미드·스크린에서 확인해보기

La La Land

Sebastian: When you get this, you gotta give it everything you got. Everything. It's your dream. 이 배역을 따내면 넌 가진 모든 것을 바쳐야 돼. 모든 것을. 그게 네 꿈이잖아.

Mia: What are you gonna do? 너는 어떻게 할건데?

090
get

Did you get~으로
시작하는 문장

Have you got **my number?**
너 내 번호 갖고 있어?

Key Point			
Did you get~ ?	디쥬겟	"…가 있었나?"라고 묻는 패턴
Have you got~ ?	해뷰갓	"…가 있나?"라고 물어보는 문장

Listen carefully and Check it Out!

- Did you get **your money back?**   돈은 돌려받았어?

- Did you get **enough sleep?**   잠은 충분히 잤어?

- Did you get **her pregnant?**   너 걔 임신시켰어?

- Have you got **my number?**   너 내 번호 갖고 있어?

- Have you got **a warrant?**   영장을 받았어?

- Have you got **a better idea?**   더 좋은 생각이 있어?

  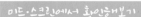
  /ㅌ/가 /ㄷ/나 /ㄹ/으로 변절되는 경우

- Have you got **a minute?**   시간이 좀 있어?

미드·스크린에서 확인해보기   Friends

Ross: Did you get Monica's authorization to move all of her stuff?
       모니카한테 그녀 물건 치우는거 허락받았어?

Chandler: Authorization? I don't need that. I'm gonna put everything back.
       허락이라고? 그런거 필요없어. 다 원상복귀할거야.

Let's go get some ice cream

가서 아이스크림 먹자

Key Point	go get~	고겟	두 동사 사이에 and나 to가 생략된 것으로 보면 된다.
	go take~	고테익	
	come get~	컴겟	

Listen carefully and Check it Out!

- Let's go get some ice cream. / 가서 아이스크림 먹자.

- Mom, we're gonna go get your luggage. / 엄마, 우리가 가서 엄마 짐 가져올게.

- If you finish this page, we'll go get some ice cream. / 네가 이 페이지를 끝내면, 우리는 가서 아이스크림 먹을거야.

- Go take care of your grandmother, we can do this. / 가서 네 할머니 돌봐드려, 우리가 이거 할테니.

- When did he come get it? / 걔가 언제 와서 그걸 가져갔어?

- Can you please come get him? / 제발 좀 와서 걔를 데려갈래요?
  주로 get sb는 데려오다,잡다,차지하다

- I'll come get my stuff tomorrow. / 내일 와서 내 짐을 가져갈게.

미드·스크린에서 확인해보기 | Friends

Chandler: I've had a very long, hard day. 오늘 하루 정말 힘들었네.
Joey: I'm gonna go get some chicken. Want some? 가서 치킨 좀 사올건데. 좀 먹을테야?
Chandler: Ahh, no thanks. 고맙지만 됐어.

You know what I mean

내가 무슨 말하는지 알지

 Key Point

~know what I mean	노우왓아이민	내가 말하는 의미를 알다.
~know what you mean	노우왓츄민	네가 무슨 말하는지 알다.

Listen carefully and Check it Out!

- **You** know what I mean.

  내가 무슨 말하는지 알지.

- **I think you** know what I mean.

  내가 무슨 말하는지 네가 알 거라 생각해.

- **I'm sure you** know what I mean.

  내 말이 무슨 말인지 알겠지.

- **I** know what you mean.

  네가 무슨 말을 하는지 알겠어.

- **I don't** know what you mean **exactly**.

  정확히 네가 무슨 말하는지 모르겠어.

- **I guess I** know what you mean.

  네가 무슨 말 하는지 알 것 같아.

- **I'm not sure** what you mean.

  무슨 얘긴지 잘 모르겠는데.

 미드·스크린에서 확인해보기

 Friends

Chandler: **Come on, he won't even** know what they mean.
이봐, 걔는 그게 무슨 말인지 알지도 못할거야.

Monica: **Chandler! He's seven; he's not stupid.** 챈들러! 걔 일곱살이야. 바보가 아니라고.

That's what I'm saying

내 말이 바로 그거야

Key Point

~what you're saying	왓츄어세인	네가 말하는 것
~what I'm saying	왓암세인	내가 말하는 것

Listen carefully and Check it Out!

- I don't understand what you're saying!

  네가 무슨 말을 하는지 모르겠어.

- Is that what you're saying?

  네가 말하는게 그거란 말야?

- What you're saying is we get back together, not divorced.

  다시 합치다, 다시 만나다

  네 말은 우리가 이혼은 하지 않고 다시 합친다는거지.

- You know what I'm saying.

  내 말이 무슨 말인지 알겠지. 그렇게 받아들이지마.

- Well, don't take that. That's not what I'm saying.

  내 말뜻은 그렇게 아냐.

- Don't worry, I know what I'm saying.

  걱정마. 네가 무슨 말하는지 알아.

- That's what I'm saying. She's a little old for me.

  내 말이 바로 그거야. 걘 내게 너무 나이가 많아.

 미드 · 스크린에서 확인해보기

Desperate Housewives

Julie: I'm not sure I understand what you're saying. 네가 무슨 말을 하는지 잘 모르겠어.

Zach: I killed my baby sister. 내가 내 여동생을 죽였다고.

094
More

알아두면 더 잘 들리는
미드·스크린 단골표현

I know exactly what you need

네가 원하는게 뭔지 알아

Key Point	~what I need	왓아이니드	내가 필요하는 것
	~what you need	왓츄니드	네가 필요하는 것

Listen carefully and Check it Out!

- This is the only way that I can get what I need.

  이게 내가 필요하는 것을 얻을 수 있는 유일한 방법이야.

- I know that sounds selfish, but it's just what I need.

  이기적으로 들리겠지만 그게 바로 내가 원하는 거야.

- I've only done what I needed to do to survive.
  /니디드/

  난 오직 생존하기 위해서 내가 필요로 했던 일만 했어.

- I was afraid I couldn't give you what you needed.

  네가 필요한 것을 줄 수가 없었어.

- Is that what you need us to do?

  그게 바로 네가 우리가 하기를 바라는거야?

- You never know what you need until you find it.

  넌 그걸 찾기 전까지는 네가 뭘 필요로 하는지 모를거야.

- I know exactly what you need.

  네가 원하는게 뭔지 알아.

미드·스크린에서 확인해보기

Desperate Housewives

Lynette: I got my boarding pass. 제 탑승권예요.

Mrs. McCluskey: Do what you need to do and don't worry about them kids.

해야 할 일을 하고 애들은 걱정하지마.

Think about what I said

내가 한 말 잘 생각해봐

Key Point

~what I said	왓아이세드	내가 한 말
~what you said	왓츄세드	네가 한 말

Listen carefully and Check it Out!

- Think about what I said. Please.

  내가 한 말 생각해봐. 제발.

- We talked. And I can't even remember what I said.

  우리는 얘기를 나눴는데 내가 무슨 말을 했는지조차 기억이 안나.

- No, that's what I said, you're a pimp.

  아니, 내말은 그게 아냐. 넌 포주라고.

- I'm sorry for what I said.

  내가 한 말에 대해 미안해.

- I liked what you said at the beach today.

  네가 오늘 해변가에서 한 말 정말 좋았어.

- Oh, I don't even remember what you said.

  난 네가 무슨 말을 했는지도 몰라.

- Well, I thought about what you said.

  네가 한 말을 생각해봤어.

미드·스크린에서 확인해보기

Desperate Housewives

Mike: I heard what you said at the restaurant about not wanting kids.

식당에서 아이 갖기를 원치 않는다고 한 말을 들었어.

Susan: We don't have to talk about that now. 지금 그 얘기를 할 필요는 없어.

096
More

알아두면 더 잘 들리는
미드·스크린 단골표현

You don't know what it's like to have a baby

아이를 갖는게 어떤 건지 넌 몰라

Key Point

~know what it's like to~	노우왓잇스라익투	…하는 것이 어떤 건지 알다
~understand what it's like to~	언더스탠왓잇스라익투	
~have no idea what it's like to~	해브노아이디어왓잇스라익투	

Listen carefully and Check it Out!

- I don't know what it's like to **have a brother.**

  형이 있다는 것이 뭔지 난 몰라.

- You have no idea what it's like to **provide for a family!**
  생계를 짊어지다

  가족의 생계를 짊어진다는게 어떤건지 넌 몰라.

- I understand what it's like to **be young and feel urges.**

  젊고 충동을 느낀다는게 어떤건지 알아.

- I want you to know what it's like to **love someone.**

  누군가를 사랑하는게 어떤건지 알기를 바래.

- You don't know what it's like to **be out of work.**
  비슷한 말로 between jobs

  넌 실직하는게 어떤 건지 몰라.

- You have no idea what it's like to **watch your child die.**

  자기 아들의 죽음을 지켜보는게 어떤건지 넌 몰라.

 미드·스크린에서 확인해보기

Shameless

Loy: You have no idea what it was like being married to him. You have no idea how bad it is! 넌 네 아버지와 결혼해 산다는게 어떤 건지 아무 것도 몰라. 그게 얼마나 힘든 건지 넌 모를거야!

Lip: Yeah? Try me. 그래요? 내게 말해봐요.

That's not gonna happen

그렇게 되지 않을거야

 Key Point

~not going to happen	낯고인투해픈	일어나지 않을거야, 그런 일 없을거야
~not gonna happen	낮거너해픈	going to~가 gonna로 발음되는 경우

Listen carefully and Check it Out!

- So this isn't going to happen, **again?**

  그럼 이런 일은 없을거지, 다시는?

- It's not going to happen **again.**

  그런 일은 일어나지 않을거야.

- There's no way this is going to happen.

  전혀 그럴 일은 없어.

- Don't count on it. It's not going to happen.

  그거 믿지마. 그렇게 되지 않을거야

- Is it going to happen **again?**

  또 그런 일이 일어날까?

- That's not gonna happen **tonight.**

  오늘밤 그러지 않을거야.

미드·스크린에서 확인해보기

 Friends

Richard: Shall we? 자 할까?

Monica: It's not gonna happen. **They're doing it tonight, we can do it tomorrow.**
안돼요, 걔네들이 오늘하고 우리는 내일 할 수 있어요.

098

More

알아두면 더 잘 들리는
미드 · 스크린 단골표현

What's it gonna take to **get rid of you?**

어떻게 하면 당신을 안보이게 할 수 있죠?

Key Point

What's it going to take to+V?	왓칫고인투테잌투	어떻게 해야 …하겠어?
What's it going to take for sb to+V?	왓칫고인투테잌투	
What's it gonna take to+V?	왓칫거너테잌투	

Listen carefully and Check it Out!

• What's it going to take to **get it done?**

컴퓨터 수리를 어떻게 하면 돼?

• What's it gonna take for **you** to **forgive me?**

어떻게 해야 네가 나를 용서하겠어?

• What's it gonna take to **get you to break up with Jack?**

어떻게 해야 네가 잭하고 헤어지겠어?

• What's it gonna take to **bring it back?**

어떻게 해야 그걸 다시 가져오겠어?

• What's it gonna take to **convince you?**

어떻게 해야 널 설득할 수 있겠어?

• What's it gonna take to **fix this?**

이거 수리하려면 어떻게 해야 돼?

 미드•스크린에서 확인해보기

Desperate Housewives

Gabrielle: You know what? I am tired of you judging me. What is it gonna take to get rid of you, hmm? What's your last name?

저 말예요. 난 당신이 날 비난하는거에 지쳤어요. 어떻게 하면 당신을 안보이게 할 수 있죠? 성이 뭐예요?

099

More

앎아두면 더 잘 들리는
미드 · 스크린 단골표현

It could happen to anyone

누구나 그럴 수 있어

 Key Point

~could happen	쿠드해픈	일어날 수도 있다
~could happen to sb	쿠드해픈투	

Listen carefully and Check it Out!

- We knew this could happen.

  우리는 이럴 수도 있다는 것을 알고 있었어.

- If this could happen to him, this could happen to **anyone**.

  걔한테 이런 일이 생겼다면 누구에게도 그럴 수 있는거야.

- Bad things could happen to **you if you don't talk to me**.

  내게 말하지 않으면 안좋은 일이 일어날거야.

- It could happen **any moment now**.

  이제 언제라도 그럴 수가 있어.

- What's the worst that could happen?

  무슨 나쁜 일이야 생기겠어?

- It was a simple mistake. It could happen to **anyone**.

  간단한 실수야. 누구나 그럴 수 있어.

- Who knows what could happen?

  무슨 일이 일어날지 누가 알겠어?

Friends

Ross: I'm sorry, please don't be upset, it could happen to **anyone**.

미안하지만 당황하지마. 누구나 다 저지르는 실수야.

Rachel: Except it didn't. It happened to me. 안돼, 나한테 그런 일이 생겼어.

100
More
알아두면 더 잘 들리는
미드 · 스크린 단골표현

I know how you feel about that
네가 그거에 대해 어떻게 생각하는지 알아

Key Point

| ~how I feel~ | 하우아이필 | 내 기분이 어떤지 |
| ~how you feel~ | 하우유필 | 네 기분이 어떤지 |

Listen carefully and Check it Out!

- You know how I feel about Lynette and Tom.

  리넷하고 탐에 대한 내 기분이 어떤지 알지.

- Do you know how I feel about this place?

  내가 이곳을 어떻게 생각하는지 알아?

- You can't possibly understand how I feel.

  내 기분이 어떤지 넌 전혀 이해못해.

- If only I could put into words how I feel.
  글자 그대로 말로 표현하다

  내 느낌을 말로 표현할 수 있다면 얼마나 좋을까.

- You're not gonna tell him how you feel?

  개한테 네 기분이 어떤지 말하지마.

- Have you told her how you feel?

  네 기분이 어떤지 개한테 말했어?

- I know how you feel about that.

  난 네가 그거에 대해 어떻게 생각하는지 알아.

 미드·스크린에서 확인해보기

Desperate Housewives

Bree: I know how you feel about me, and I... 당신이 날 어떻게 생각하는지 알아요, 그리고 난…
George: Bree, I want to help. 브리, 난 돕고 싶어요.

Show me what you got

네 능력을 보여줘

Key Point

~what I got~	왓아이갓	내가 갖고 있는거
~what you got~	왓츄갓	네가 갖고 있는거. *what you~는 연음된다.

Listen carefully and Check it Out!

- Let me see what I got.

  내가 할 수 있는지 알아볼게 .

- What you got on your pants there?

  거기 바지 위에 있는게 뭐야?

- What you got waiting for you at home? Girlfriend?

  집에서 기다리는 사람이 누구야? 여친?

- Let's see what you got here.

  네게 무슨 일인지 보자.

- You just show me what you got.

  그냥 네 능력을 보여줘.

- Why don't you show me what you got.

  네 실력을 보여줘 봐.

- She's really interested in what you got going on.

  걘 네가 벌이는 일에 정말 관심있어.

굵고 묵사는 전치사는 in

Friends

미드·스크린에서 확인해보기

Rachel: Well, what-what 'cha got there? 그거 뭐야?

Phoebe: Oh this, well I'm glad you asked. 어 이거, 물어봐줘서 기뻐.

I'm done with **the** work

난 일 끝냈어

Key Point

I'm done with~	암던위드	be done with~는 …을 끝내다, 마 치다라는 의미
Are you done with~ ?	아류던위드	
You done with~ ?	유던위드	위의 의문문에서 'Are'를 생략한 경 우이다.

Listen carefully and Check it Out!

- I'm done with **my choices.**

  선택했어.

- I'm done with **men. I'm into women now.**

  be into sb[sth]는 …에 빠지다, 몰두하다

  난 남자들과는 끝났어. 이제 여자들에게 관심을 가질거야.

- I'm done **here. I'm done with all of you.**

  난 이제 끝이야. 넌 너희들 모 두와 이제 끝이야.

- I'm done with **the work.**

  일 끝냈어.

- Are you done with **my husband?**

  내 남편과 끝났어?

- Are you done with **that pizza?**

  그 피자 다 먹었어?

- Are you done with **this?**

  이거 끝냈어?

미드·스크린에서 확인해보기

La La land

Mia:　　　　It's over.　다 끝났어.

Sebastian:　What?　뭐가?

Mia:　　　　All of this. I'm done embarrassing myself. I'm done, I'm done.

　　　　　　이 모든게. 이제 이런 짓 그만할래. 나 그만할래. 그만할래.

Please get it done by tomorrow
내일까지 마무리해

Key Point

~get it done~	게릿던	…을 끝내다. get it은 연음되어 /게릿/이 된다.
~get this done~	겟디스던	

Listen carefully and Check it Out!

- I can get it done before we go to bed.
  연음돼서 /고루/

- Let's get this done first.

- Nobody is leaving until we get this done!

- You have to get this done by Friday.

- I told you to get it done at once.

- We ain't got all day to get this done. Keep it moving.

- Please get it done by tomorrow.

우리가 자기 전에 그걸 끝낼 수 있을거야.

먼저 이것을 끝내자.

우리가 이걸 끝마치기 전에는 아무도 못가.

금요일까지 이거 끝내야 돼.

내가 바로 그걸 끝내라고 했잖아.

우린 마냥 이 일만 할 수가 없어. 빨리 움직여.

내일까지 마무리해.

미드·스크린에서 확인해보기

Friends

Phoebe: Hey, why don't you guys go, get portraits done by a professional photographer. 전문 사진사에게 가서 초상화를 찍지 그래?

Monica: That's a good idea! 그거 좋은 생각이다!

What makes you think you're right?

어째서 네가 옳다고 생각하는거야?

Key Point	What makes you think~ ?	왓메스유씽크	왜 …라고 생각하는거야?
	What made you think~ ?	왓메이즈씽크	위 패턴의 과거형

Listen carefully and Check it Out!

- What makes you think I even want you back?
  want sb back을 ~을 다시 원하다

  왜 내가 너를 다시 필요로 한 다고 생각하는거야?

- What makes you think he might be gay, officer?

  경관님, 걔를 왜 게이라고 생 각하는거예요?

- What makes you think I have an interest in helping you?

  네가 널 도와주는데 관심이 있을거라고 왜 생각하는거야?

- What makes you think you belong here?

  왜 여기에 오면 안 된다는 생 각이 드는 거야?

- What makes you think she's seeing someone?

  왜 걔가 누굴 만난다고 생각 해?

- What makes you think there's a difference?

  차이가 있다고 왜 생각하는 거야?

- What makes you think Jeff is sick?

  왜 제프가 아프다고 생각하는 거야?

미드·스크린에서 확인해보기   **Friends**

Mr. Geller: Well, I just wanted to make sure you were okay. 단지 네가 괜찮은지 확실히하고 싶었어.

Monica: What makes you think that I might not be okay?
내가 괜찮지 않을 수도 있다고 왜 생각하는거예요?

Did I do something wrong?
내가 뭐 잘못한게 있는거야?

Key Point

~do something~	두섬씽	뭔가 하다
~do nothing~	두낫씽	아무 것도 하지 않다
~did nothing~	디드낫씽	

Listen carefully and Check it Out!

- You want to do something for your people?

  네 사람들을 위해 뭔가 하고 싶어?

- I'd better get home. I gotta do something.

  집에 가야겠어. 뭔가 좀 해야 돼.

- When are you gonna do something about it?

  그거에 대해 언제 대책을 세울거야?

- How could you do something like that?

  어떻게 그럴 수가 있죠?

- I thought you said you were going to do nothing.

  난 네가 아무 것도 하지 않을 거라고 말한 걸로 생각했어.

- What the hell, man? I didn't do nothing.

  도대체 뭐야? 난 아무런 짓도 하지 않았어.

- I swear to god! I did nothing to that woman.
  (신께)맹세하다

  맹세코, 난 저 여자한테 아무런 짓도 하지 않았어.

미드·스크린에서 확인해보기

Big Bang Theory

Howard: Next week is the anniversary of my first date with Bernadette.
다음 주가 버나뎃과의 첫데이트 기념일이야.

Sheldon: Really don't care. 내 알바 아냐.

Howard: I want to do something special, and I was hoping you guys could be a part of it. 뭔가 아름다운 것을 하고 싶은데. 너희들이 함께 해줬으면 해.

Something to do with
your wife?

아내와 관련이 있어?

 Key Point

~have something to do with~	해브섬씽투두위드	…와 관련이 있다
~not have anything to do with~	낫해브애니씽투두위드	…와 전혀 관련이 없다
~have nothing to do with~	해브낫씽투두위드	…와 아무런 관련이 없다

Listen carefully and Check it Out!

- I have a feeling you had a little something to do with that.

  난 네가 그거와 관련이 좀 있었다는 느낌이야.

- Something to do with your father?

  네 아버지와 관련이 있어?

- One doesn't have anything to do with the other.

  두 사람은 서로 전혀 관련이 없어.

- Did you have anything to do with this?

  너 그거와 무슨 관련이 있었어?

- Did this emergency have anything to do with Mike?

  이 위급상황이 마이크와 관련이 있었어?

- This has nothing to do with anything you did.

  이건 네가 한 일과 전혀 관계가 없어.

- I'm just saying size has nothing to do with it.

  난 단지 크기는 그거와 전혀 상관없다는 말을 하는거야.

Desperate Housewives

Mike: The police think I killed your sister, and I'm sure you do too, but I swear to you I had nothing to do with it.

경찰은 내가 당신 언니를 살해했다고 생각하고 당신도 그럴거예요. 하지만 맹세하건대, 난 아무런 관련이 없어요.

Felicia: And you think Paul Young did? 당신 생각에 폴 영이 그랬다는거죠?

107

More

알아두면 더 잘 들리는
미드·스크린 단골표현

That's the way it is

원래 그런거야

Key Point

~the way it is	더웨이잇이즈	있는 그대로, 지금 그대로
~the way it was	더웨이잇워즈	예전 그대로

Listen carefully and Check it Out!

● I have always loved my body just the way it is.

> 난 내 몸을 있는 그대로 사랑
> 해왔어.

● It's just the way it is.

> 그건 있는 그대로 모습이야,
> 원래 그런거야.

● Can we please just go back to everything the way it was?

> 우리 예전처럼 돌아가면 안될
> 까?

● I'm gonna get things back to the way they were. Watch me.

> 난 상황을 예전처럼 돌려놓을
> 거야. 날 지켜봐.

● I like things the way they are now.

> 난 지금 있는 그대로가 좋아.

● I don't know. I like it. I like it the way it is.

> 모르겠지만. 난 맘에 들어. 난
> 그 상태 그대로가 좋아.

연음해서 /라이킷/

미드·스크린에서 확인해보기

Big Bang Theory

Amy: Sheldon, it was just a thought. 쉘든, 생각해본거야.

Sheldon: No. Here's a thought. You're not moving in, Leonard's not moving out,
everything stays exactly the way it is.
아니. 이렇게 하자. 너는 이사들어오지 않고, 레너드는 이사가지 않고, 모든게 지금 그대로 있는거야.

108
More

알아두면 더 잘 들리는
미드·스크린 단골표현

Do you know anything about women?

여자에 대해 뭐 좀 아는거 있어?

Key Point	~anything about~	애니씽어바웃	
	~something about~	섬씽어바웃	
	~nothing about~	낫씽어바웃	

Listen carefully and Check it Out!

- Do you know anything about that?

  너 그거에 대해 뭐 아는거 있어?

- Do you know anything about women?

  여자에 대해 뭐 좀 아는거 있어?

- Did you find out anything about the house?

  연음돼서 /파인다웃/

  그 집에 대해서 뭐 좀 알아냈어?

- Well you haven't mentioned anything about the cookie.

  넌 쿠키에 대해서 아무런 말도 하지 않았어.

- He never shares anything about his work.

  걘 자기 일에 대해서는 어떤 것도 다른 사람과 공유하지 않아.

- You have to do something about him.

  걔 좀 어떻게 해봐.

- If you want to say something about me, say it to my face!

  나한테 할 말 있으면 대놓고 해!

 미드·스크린에서 확인해보기

 Sex and the City

Miranda: When did you get so obsessed with being perfect?

언제 네가 그렇게 완벽해지려는데 집착했어?

Carrie: I don't know. It's something about him.   모르겠어. 그 남자 때문인 것 같아.

109
More

알아두면 더 잘 들리는
미드 · 스크린 단골표현

It's one of the reasons I love her

그게 내가 걔를 사랑하는 이유중의 하나야

 Key Point

~some of the~	써머더	말할 때 뿐만 아니라 책을 읽을 때도 이렇게 읽는다.
~one of the~	워너더	

Listen carefully and Check it Out!

- We need to take some of the **responsibility** here.

  우린 여기 일정 부분 책임을 져야 돼.

- Some of the **pain is gone, but not all of it.**

  어느 정도 고통은 없어졌지만 아직은 남아 있어.

- He has to return some of the **money.**

  걘 돈의 일부를 돌려줘야 돼.

- One of the <u>neighbors</u> saw Jimmy driving away.

  /gh/는 묵음이다.

  이웃들 중의 한 명은 지미가 차를 몰고 나가는 것을 봤어.

- He wasn't one of the **shooters?**

  걔는 총쏜 사람들 중 하나가 아니었지?

- You don't have a choice. I'm one of the **bad guys,** remember?

  넌 선택권이 없어. 난 나쁜 놈 인거 알지?

- It's one of the **reasons I love her.**

  그게 내가 걔를 사랑하는 이유중의 하나야.

미드·스크린에서 확인해보기

Desperate Housewives

Bree: Andrew! You are not leaving the house dressed like that.

앤드류! 그렇게 입고는 나가지 못해.

Andrew: I'm just gonna meet some of the guys at the swim club.

수영장에 가서 남자애들 좀 만날거예요.

110
More

알아두면 더 잘 들리는
미드 · 스크린 단골표현

Don't make me feel bad
나 기분나쁘게 하지마

Key Point

~make me feel~	메잌미필	내 기분을 …하게 만들다
~make me feel like~	메잌미필라잌	

Listen carefully and Check it Out!

- She said it will make me feel good.

  걔말은 이게 내 기분을 좋게 해줄거래.

- You're supposed to make me feel safe.

  넌 내가 안전하다고 느끼게 해줘야 돼.

- Are you gonna make me feel bad about it now?

  이게 그것으로 내 기분을 나쁘게 만들거야?

- Don't make me feel bad.

  나 기분 나쁘게 하지마.

- You make me feel much better.

  네 덕분에 기분이 한결 나아.

- You're just saying that to make me feel better.

  나 기분 좋아지라고 그냥 하는 말이지?

- He made me feel like a princess.

  걔 때문에 나는 공주가 된 기분이었어.

미드 · 스크린에서 확인능H보기

Friends

Monica: Any woman would be lucky to have you.

너를 갖게 된다면 어떤 여자든지 운이 좋은거지.

Rachel: Well maybe it would make me feel better if I slept with Joey.

조이랑 잠자리를 한다면 내 기분이 좋아질지도 모르지.

How did you get here?
여기 어떻게 왔어?

Key Point

~get there	겟데어	도착하다, 가다
~get here	겟히어	도착하다, 오다

Listen carefully and Check it Out!

- How'd you get here? / 여기 어떻게 왔어?

- They came the first night that we got here. / 우리가 여기 도착한 첫날 걔네들이 왔어.

- I don't remember how I got here. / 내가 어떻게 여기에 왔는지 기억이 나지 않아.

- Can I get there by bus? / 거기 버스로 갈 수 있어요?

- What's the best way to get there? / 거기 가는 최선의 방법은 뭐야?

- It takes around 1 hour for me to get there. / 거기 가는데 1시간 정도 걸려.
  '약'이라는 뜻으로 =about

- I'll try and get there as soon as possible. / 가능한 한 빨리 도착하도록 할게.

미드·스크린에서 확인해보기

Modern Family

Claire: Okay. Okay, how long till they get here? / 좋아, 걔네들이 여기 오는데 얼마나 걸려?

Phil: I was faking it. No one's coming for us. / 내가 속였어. 아무도 오지 않아.

112
More

알아두면 더 잘 들리는
미드 · 스크린 단골표현

I wish I had a lot of money
돈이 많으면 좋겠어

Key Point	~a lot of~	어라러브	빨리 발음했을 경우
	~lots of~	로츠오브	

Listen carefully and Check it Out!

- What's wrong with having a lot of sex if it makes me feel better?

  섹스를 해서 기분이 좋아진다면 많이 하는게 뭐 잘못됐어?

- Life is short and it sucks a lot of the time.
  자동사로 그지같다,연같다

  인생은 짧고 대부분 엿같아.

- I spent a lot of time looking for Chris.

  난 많은 시간을 크리스를 찾으며 보냈어.

- I wish I had a lot of money.

  돈이 많으면 좋겠어.

- Karen is creating a lot of trouble.

  캐런이 많은 문제를 일으키고 있어.

- That decision cost you a lot of money.

  그 결정으로 너 돈 많이 들거야.

- We had lots of food left after the party.

  파티후에 많은 음식이 남았어.

미드·스크린에서 확인해보기

Desperate Housewives

Mike: I know you've got a lot of questions. And I also know I don't want to lose you. So ask me anything you want.
물어볼게 많다는 거 알고 있어요. 나 또한 당신을 잃고 싶지 않으니 뭐든지 물어봐요

Susan: You just told me everything I need to know. 방금 내가 알아야 될 것 모두를 말해줬어요.

113

More

알아두면 더 잘 들리는
미드 · 스크린 단골표현

This will just take a second

이건 잠깐이면 돼

Key Point

~will take a second	윌테이커세컨ㄷ	잠깐이면 될거야
~will take a sec	윌테이커섹	second는 sec으로 줄여쓰기도 한다.

Listen carefully and Check it Out!

- **This** will just take a second.   이건 잠깐이면 돼.

- **Come on in, this** will only take a second.   들어와. 금방 돼.

- **No, it'**ll just take a second.   아니, 금방될거야.

- **This** will take a second **to do.**   금방이면 돼.

- **It's only going to** take a second.   금방이면 될거야.

- **This should** just take a second.   금방이면 됩니다.

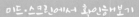

미드·스크린에서 확인해보기   **Desperate Housewives**

Rex: Uh, Bree, we're gonna be late.   브리, 우리 늦겠어.

Bree: Oh. It'll just take a second.   금방이면 돼.

114
More

알아두면 더 잘 들리는
미드·스크린 단골표현

That has never happened before

이런 일은 처음이야

Key Point

~has never happened	해즈네버해픈ㄷ	이런 적이 없었다라는 말
~never happened	네버해픈ㄷ	

Listen carefully and Check it Out!

- I tell ya, **that** has never happened **before**.

  정말이지, 이런 일은 처음이야.

- If he was a gentleman, he'd pretend it never happened.

  걔가 신사라면, 전혀 없었던 일처럼 행동할거야.

- It's like it never happened.

  아주 깜쪽 같아.

- **That** never happened **to me**.

  이런 경험 처음이야.

- I wish it had never happened.

  그러지 않았더라면 좋았을텐데.

- We'll just **pretend like** it never happened.

  우린 시치미 딱 뗄거야.

  …인 것처럼 척하다

- It never happened.

  이런 적 한번도 없었어.

미드·스크린에서 확인해보기

Friends

Rachel: Well this is romantic! 이거 로맨틱하다!

Joey: I'm sorry! This never happened **to me before**! I'm an expert at taking off bras! I can do it with one hand! I can do it with my eyes closed!

뭐라고! 내가 이런 적이 없었어. 난 브라자를 벗기는데 선수라고! 한 손으로도 할 수 있다고! 눈감고도 할 수 있다고!

115

More

알아두면 더 잘 들리는
미드 · 스크린 단골표현

He could be in trouble

걘 곤경에 처할 수도 있어

Key Point

~is in trouble	이진트러블	곤경에 빠지다
~get in trouble	겟인트러블	

Listen carefully and Check it Out!

- There's some woman here who might be in trouble.
  /트러블/롤우 /추러블/

  곤경에 처할지도 모르는 여자들이 좀 있어.

- I don't want her to get in trouble.

  난 걔가 곤경에 빠지는걸 원치 않아.

- If he understands that, you're in trouble.

  걔가 그걸 이해한다면, 넌 곤경에 빠질거야.

- He could be in trouble.

  걘 곤경에 처할 수 있어.

- You will get in trouble if you do that.

  그렇게 하면 곤란해질거야.

- All I know is we are in trouble.

  내가 알고 있는건 우린 곤경에 빠져 있다는거야.

- Why would you get in trouble?

  넌 왜 곤란한 상황에 처하려는거야?

미드·스크린에서 확인해보기

Big Bang Theory

Howard: I'm telling you, something's wrong. I can always feel it when Raj is in trouble. 정말이야. 뭐가 이상해. 라지가 어려움에 처하면 항상 느낄 수 있다니까.

Bernadette: Geez, how close were you guys before we got married?
우리 결혼전에 둘이 얼마나 가까운 사이였어?

116

More

알아두면 더 잘 들리는
미드·스크린 단골표현

I've never heard of this before

전에 이 얘기를 들어본 적이 없어

Key Point

~heard of~	허더브	…을 들어봤다
~never heard of~	네버허더브	전혀 들어보지 못했다

Listen carefully and Check it Out!

- I never heard of her. What's this about?

  개에 대해 전혀 들어보지 못했어. 무슨 일인데?

- How have you never heard of Marilyn Manson?

  마릴린 맨슨에 대해 얘기 못 들어봤어?

- I've never heard of a case like that.

  난 그런 경우는 처음 들어봐.

- I've never heard of you until this morning.

  오늘 아침까지 네 소식 들은 게 없었어.

- I've never heard of anyone dying from lack of sex.

  die of[from] …으로 죽다

  섹스가 부족해서 죽었다는 사람은 못들어봤어.

- Have you heard of this?

  이거 들어본 적 있어?

- I've never heard of this before.

  전에 이 얘기를 들어본 적이 없어.

 미드·스크린에서 확인해보기

Sex and the City

Carrie: He introduced me to his mother as a friend. She never heard of me.
That isn't a good sign.

그는 나를 자기 엄마에게 친구처럼 소개했어. 내 얘기를 못들은 것 같아. 좋은 징조는 아냐.

Miranda: Maybe they're not that close. 엄마랑 친하지 않을 수도 있잖아.

117

More

알아두면 더 잘 들리는
미드 · 스크린 단골표현

I'm on my way to you

너한테 가는 길이야

Key Point

~on the way to~	온더웨이투	…로 가는 길에
~on my way	온마이웨이	내가 가는 길에

Listen carefully and Check it Out!

- On the way over here, I saw this drunk guy throw up.
  =vomit

  이리로 오는 길에, 이 술취한 사람이 토하는걸 봤어.

- On the way home I was furious. Not with Chris, with myself.

  집에 오는 도중에 화가 났어. 크리스 때문이 아니고 나 자신 때문에.

- I took a wrong turn on the way to the buffet.

  뷔페식당으로 가는 길에 길을 잘못 들어섰어.

- I was just on my way back from Brian's house.

  난 브라이언의 집에서 돌아오는 길이었어.

- I was just on my way to apologize to you.

  네게 사과하고 가는 길이었어.

- I'm on my way to you. So can you meet me outside in ten minutes?

  너한테 가는 길인데, 밖에서 한 10분간 볼래?

미드·스크린에서 확인해보기

Desperate Housewives

Carlos: Is this new? 그거 새거야?

Gabrielle: Do you like it? I picked it up on the way here. 맘에 들어? 여기 오는 길에 샀어.

118
More

알아두면 더 잘 들리는
미드·스크린 단골표현

How can you do this to me?

어떻게 나한테 이럴 수가 있어?

Key Point

~do this to~	두 디스 투	…에게 이 짓을 하다
~do that to~	두 댓 투	…에게 그런 짓을 하다

Listen carefully and Check it Out!

- You can't do this to me.

  네가 나한테 이럴 수는 없지.

- What's everybody gonna say if I do this to him?

  내가 걔한테 이렇게 하면 다들 뭐라고 할까?

- I didn't do this to hurt you.

  난 널 상처주기 위해서 이렇게 한게 아니었어.

- How can you do this to me?

  어떻게 나한테 이럴 수 있어?

- You can't do this to people! Have you lost your minds?

  사람들한테 이러면 안돼! 정신 나갔어?

  lose one's mind는 정신줄을 놓다

- Why did you do that to those kids?

  그 애들한테 왜 그런 일을 했니?

- Don't do that to yourself.

  너한테 그렇게 하지마.

Big Bang Theory

Leonard: Sheldon's assistant asked me on a date last night.

지난밤에 쉘든의 조교가 내게 데이트신청했어.

Raj: **How could you** do that **to me?** 어떻게 네가 나에게 그럴 수 있어?

You just don't have what it takes

넌 단지 소질이 없는거야

Key Point

~have what it takes to~	해브왓잇테잌스투	what it takes는 자질, 재능. what it takes to~는 …하기 위한 자질
~is what it takes to~	이즈왓잇테잌스투	

Listen carefully and Check it Out!

- You just don't have what it takes.

  넌 단지 소질이 없는거야.

- I'll plead guilty if that's what it takes.

  그게 내가 치뤄야 할 대가라면 유죄를 인정하겠어.

- I still got what it takes to find stuff.

  물건들을 찾는 재능이 아직 있어.

- I don't have what it takes to be a surgeon.

  수술을 하는 외과의사능 지식

  외과의사가 되기 위한 소질이 없어.

- I don't know what it takes to make a good relationship.

  좋은 관계를 만드는 소질이 없나 봐.

- Do you think I have what it takes to really make it as an actress?

  내가 여배우로 성공할 자질을 갖고 있다고 생각해?

미드·스크린에서 확인해보기

Big Bang Theory

Penny: I want you, right now, to give me your 100% honest opinion.
지금 내게 100% 솔직한 의견을 주기를 바래.

Leonard: Right. 그래.

Penny: Do you think I have what it takes to really make it as an actress?
내가 여배우로 성공할 자질을 갖고 있다고 생각해?

120

More

알아두면 더 잘 들리는
미드 · 스크린 단골표현

I left her alone out there

난 걜 그곳에 혼자 남겨뒀어

Key Point

~out there	아웃데어	밖에서, 바깥 세상에는
~out there ~ing	아웃데어	~ing는 밖에는 …하는 사람들이 있다라는 의미

Listen carefully and Check it Out!

- Are you going to go back out there or what? — 다시 될 거야, 그렇지 않아?
- Do you think it's safe for me to go out there? — 내가 밖에 나가도 안전할까?
- You're saying I go out there by myself tonight? — 오늘 밤 나 혼자 거기에 가라는 말이야?
- I left her alone out there. — 난 걜 그곳에 혼자 남겨뒀어.
- The nurse told me you were waiting out there. — 간호사는 나보고 밖에서 기다리라고 했어.
- Your brother is out there on the streets struggling to survive! — 네 형은 밖에서 지금 생존투쟁을 하고 있어.
- There's a bunch of dumb schmucks out there trying to open a restaurant. — 세상에는 식당을 오픈하려고 하는 바보같은 놈들이 많아.

미드·스크린에서 확인해보기

Desperate Housewives

Edie: She is out there throwing herself at Mike Delfino. Again.
개는 다시 나가서 마이크에게 들이대고 있어요.

Mrs. Huber: Susan likes Mike? 수잔이 마이크를 좋아해?

121

More

알아두면 더 잘 들리는
미드·스크린 단골표현

But then you called your girlfriend

하지만 넌 네 여친에게 전화를 했어

Key Point

~but then~	벗덴	하기는, 하지만
All right then,	올롸잇덴	좋아 그럼

Listen carefully and Check it Out!

- Yeah. But then you called your girlfriend.

  그래. 하지만 넌 네 여친에게 전화를 했어.

- I have to admit, I was a bit upset at first. But then it hit me.

  때리다 혹은 뭔가 갑자기 생각나다

  내 인정하지만, 난 좀 처음에는 화가 났어. 하지만 갑자기 생각이 떠올랐어.

- But then I turned around and I started hitting him.

  하지만,난 돌아서서 걔를 때리기 시작했어.

- I wanna quit, but then I think I should stick it out.

  그만두고 싶지만 계속 견뎌야 할 것 같아.

- All right then. Relax. Everything will be fine.

  좋아 그럼. 진정해. 다 괜찮아질거야.

- All right then. If you're sure, where do we start?

  좋아 그럼. 네가 확실하다면, 우리는 어디서 시작하지?

미드·스크린에서 확인해보기   **Desperate Housewives**

Tom: Are you sure? I mean, didn't, didn't we do it last Thursday?
         확실해? 내 말은, 지난주 목요일에 하지 않았어?

Lynette: We started to but then, you fell asleep.   우리는 시작했지만 당신이 잠들었어.

It's kinda personal

좀 개인적인거야

Key Point

~kind of~	카인더브	조금, 약간이라는 부사로 kinda로 표기하기도 한다.
~sort of~	소러브	sorta로 표기하도 한다.
sort of like~	소러브라익	일종의
that sort of~	댓소러브	그런 종류의

Listen carefully and Check it Out!

- Is this some kind of trick?

  이거 뭐 트릭인거야?

- I was kind of hoping you'd stay over.

  난 네가 하룻밤 머물기를 좀 바랐었어.

- Can I ask you a question? It's kinda personal.

  질문하나 해도 돼? 좀 개인적인데.

- Look, I'm not some sort of racist.

  이봐, 난 뭔가 강간범 같은 종류의 인간은 아냐.

- I was sort of hoping we could make love tonight.

  오늘밤 사랑을 나눌 수 있을 거라 좀 희망했어.

- She pointed out that she kinda, sorta had to put up with you.

  = tolerate

  걔는 조금은 너를 참아야 했다고 말했어.

- He was kind of out of breath.

  걔는 조금 숨이 찼어.

미드·스크린에서 확인해보기

Desperate Housewives

Andrew: So, George. Can I ask you a question? It's kinda personal.
조지, 질문하나 해도 돼요? 좀 사적인 건데요.

George: Sure. 물론.

Andrew: Have you ever actually been with a woman? 실제로 여자와 자본 적이 있어요?

123

More

알아두면 더 잘 들리는
미드 · 스크린 단골표현

Of course, **we had sex**

당연히 우리는 섹스를 했지

Key Point

of course~	어브코r스	
~because~	비코r즈	자막 등에서는 'cause로 표기하기도 한다.
~better than~	베러댄	

Listen carefully and Check it Out!

- Of course we had sex.

  당연히 우리는 섹스를 했지.

- Of course you were disappointed.

  물론 넌 실망을 했지.

- Of course you misunderstood!

  당연히 네가 오해를 한거야!

- That's because you're dating Smith.

  네가 스미스와 데이트를 하는 것은 바로 그 때문이야.

- I feel great. 'Cause we're moving in together.

  기분이 아주 좋아. 우리 함께 살게 됐기 때문이야.

- You three know her better than anyone.

  너희 셋은 그 어느 누구보다도 걔를 잘 알아.

- No one knows this better than the young.

  어느 누구도 젊은 사람들보다 이걸 잘 알지 못해.

미드·스크린에서 확인해보기

La La land

Mia: Can I borrow what you're wearing? 입은 옷 빌려줄래요?

Sebastain: Why? 왜요?

Mia: 'Cause I have an audition next week. I'm playing a "serious" firefighter.

다음 주에 오디션이 있기 때문예요. 진지한 소방수 역할을 하거든요.

124
More

알아두면 더 잘 들리는
미드·스크린 단골표현

I got it from the gift shop

선물가게에서 그걸 샀어

Key Point

~out of the~	아웃오브더	빨리 발음하면 /아러브/로 들린다.
~from the~	프롬더	

Listen carefully and Check it Out!

- Can I at least get out of the truck first?

  우선 먼저 트럭에서 내려도 될까?

- He made me get out of the car.

  걔는 차에서 나를 내리게 했어.

- Are you gonna get me kicked out of the <u>dorm</u> again?

  dormitory의 줄말

  또 나를 기숙사에서 쫓아낼거야?

- You were terrified to come out of the closet.

  넌 커밍아웃하는 걸 두려워했었지.

- And there's no other way out of the building?

  그 빌딩에서 나가는 다른 출구는 없는거야?

- I got it from the gift shop.

  선물가게에서 샀어.

- Several paintings were stolen from the museum.

  몇몇 그림이 박물관에서 도난 당했어.

미드·스크린에서 확인해보기

Big Bang Theory

Raj: Listen, uh, there's something I want to talk to you about. I, I wasn't ready until now, but I think it's time.

뭐 좀 말씀드릴게 있어요. 전 지금까지 준비가 안돼 있었지만 지금은 된 것 같아요.

Dr. Koothrappali: It's finally happening. You're coming out of the closet, aren't you? 마침내 일이 벌어지는군. 너 커밍아웃하는거지, 그렇지 않아?

SECTION 3 413

He always does stuff like that

걔 늘상 그런 짓이야

Key Point

~stuff like that	스터프라익댓	그런 것들
~something like that	섬씽라익댓	그와 같은 것

Listen carefully and Check it Out!

- You've been doing stuff like that your whole life.

  넌 네 평생 그런 일들을 해왔어.

- That's why I broke up with him, he always does stuff like that.

  바로 그래서 난 걔와 헤어졌어. 걔 늘상 그런 짓이야.

- Come on. No one keeps track of stuff like that.

  이러지마. 아무도 그런 것들을 기억하고 있지 않아.

- You're not supposed to worry about stuff like that.

  그런 일을 걱정하면 안돼.

- He is always saying stuff like that!

  걘 항상 그런 것들만 얘기해!

- Who are you to say something like that?

  네가 뭔데 감히 그런 말을 하는거야?

- Why would you say something like that?

  넌 왜 그런 말을 한거야?

미드·스크린에서 확인해보기

Desperate Housewives

Susan: I really wanted to see you, so I sort of faked all my symptoms. The dizziness, the chills, you know, all of it.
정말 당신을 보고 싶었어요. 그래서 내 증상들을 좀 가장했죠. 어지럼증, 한기, 등 다요.

Dr. Ron: Why, why would you do something like that? What the hell is wrong with you? 왜 그런 짓을 했어요? 도대체 무슨 문제가 있는거예요?

Are you coming or what?

너 오는거야 뭐야?

Key Point

~or something	오ㄹ섬씽	뭐 그런 것
~or what?	오ㄹ왓	그렇지 않아?, 그런거 아냐?

Listen carefully and Check it Out!

- Let me get you an <u>autograph</u> or something.
  유명인의 사인. signature는 계약서 등의 서명
  너한테 사인이나 뭐 그런거 가져다줄게.

- Are you trying to trip me up or something?
  너 나를 넘어뜨리거나 뭐 그럴려는거야?

- Do you want to go get a drink or something?
  어디 가서 한잔할래요?

- Maybe then, we can watch a movie or something.
  그럼 영화보거나 다른 거 하지.

- All right, look, are you guys arresting me or what?
  좋아, 너희들 나를 체포하는거야, 그렇지 않아?

- Are you going to help me or what?
  너 나를 도와줄거야 뭐야?

- Are you coming or what?
  너 오는거야 뭐야?

미드·스크린에서 확인해보기

Friends

Jade: So, are we gonna get together or what? 우리 다시 만날 수 있을까, 그렇지 않아?
Chandler: Um, absolutely. 음, 물론이지.

You will make it happen

너 성공할거야

Key Point

~make it happen	메이킷해픈	그것이 일어나게 하다, 이루다, 성공하다
~make that happen	메익댓해픈	

Listen carefully and Check it Out!

● **Don't just stand there,** make it happen.

거기 그대로 서있지마, 그렇게 하도록 해.

● **I found a way to** make it happen.

그렇게 되도록 하게 하는 방법을 찾았어.

● **You** work for **me. You will** make it happen!
어디서 일하니?는 who do you work for?

내 밑에서 일하잖아. 그렇게 하도록 해!

● **I can** make this happen **in 30 minutes.**

30분 이내로 이렇게 되도록 할 수 있어.

● **I don't know that I can** make that happen.

내가 그렇게 하도록 할 수 있을지 모르겠어.

● **We want him here boys,** make it happen.

우린 걔가 여기 있길 바래, 얘들아. 그렇게 하도록 해라.

● **I'll try to** make that happen.

그렇게 되도록 할게.

미드·스크린에서 확인해보기

NCIS

Gibbs: **There someone you can call?** 그곳에 누구 전화넣을 사람 있어?

Ziva: **Might have a friend in Tel Aviv.** 텔아비브에 친구가 있을거예요.

Gibbs: Make it happen, **Ziva.** 그렇게 해, 지바.

128

More

알아두면 더 잘 들리는
미드·스크린 단골표현

We'll be here for some time

우리는 얼마간 여기 있을거야

 Key Point

~in the middle of~	인더미들오브	…하는 도중에
~for some time	포썸타임	

Listen carefully and Check it Out!

- Hey, hon, I'm in the middle of something here.
  honey의 줄말

  자기야, 난 뭐 좀 하는 중인데.

- I'm not used to guys bailing on me in the middle of foreplay.

  난 전희를 하다 날 바람맞히는 인간들에 익숙하지 않은데.

- Why did Sam leave you in the middle of the road anyway?

  어쨌건 왜 샘이 너를 도로에 내버려둔거야?

- I've been wanting to tell you this for some time.

  한동안 이걸 네게 말해주고 싶었어.

- I'll be in Paris for some time with my exhibition.

  한동안 전시회로 파리에 머물 거야.

- Someone's been violently abusing this kid for some time.

  누가 이 아이를 한동안 심하게 학대했어.

- We'll be here for some time.

  우리는 얼마간 여기 있을거야.

 미드·스크린에서 확인해보기

Desperate Housewives

Gabrielle: Susan. Hi. 안녕. 수잔.

Susan: Is this a bad time? 내가 시간 잘못맞췄나?

Gabrielle: I'm kind of in the middle of something. 나 뭐 좀 하는 중야.

129
More

알아두면 더 잘 들리는
미드 · 스크린 단골표현

Why do you put me through this?

왜 날 이렇게 힘들게 하는거야?

Key Point

~put you through~	푸추쓰루	네가 …을 겪게 하다
~put me through~	풋미쓰루	

Listen carefully and Check it Out!

- I am sorry to put you through this.

  이런 일을 겪게 해서 미안해.

- wanna apologize for putting you through all this.

  apologize to sb for sth

  이 모든 일을 겪게 해서 사과하고 싶어.

- You don't know what he put me through!

  걔 때문에 내가 무슨 일을 겪었는지 넌 몰라.

- You don't have to put yourself through this, you know.

  넌 말이야, 고생스럽게 이런 일을 할 필요가 없어.

- Why do you put me through this?

  왜 날 이렇게 힘들게 하는거야?

- You put me through a lot, too, Sam, but I forgave you.

  샘, 넌 날 참 많이 힘들게 했지만 널 용서했어.

미드 · 스크린에서 확인해보기
 **Desperate Housewives**

Orson: Do you have any idea what you put me through? You almost ruined my life. 내가 어떤 일을 겪게 했는지 알기나 해. 내 삶을 거의 망가뜨렸어.

Alma: You've rebounded nicely. Bree's lovely. 멋지게 회복했잖아요. 브리도 아름답고.

Orson: Don't change the subject. 화제 바꾸지마.

Alma: You put me through a lot, too, Orson, but I forgave you. Can't we just put this behind us? 당신도 역시 내가 많은 일을 겪게 했어요. 하지만 난 용서했어요. 이거 잊을 수는 없어요?

130

More

알아두면 더 잘 들리는
미드·스크린 단골표현

Stay out of trouble!

사고치지 말고!

Key Point

~stay out of~	스테이아러브	..을 멀리하다, 연루되지 않다
~get away with~	겟터웨이위드	…하고도 벌을 받지 않다

Listen carefully and Check it Out!

- Well, good luck to everyone. Stay out of trouble.

  자 다들 행운이 깃들기를. 사고치지 말고.

- I stayed out of his life, hoping he'd stay out of mine.

  난 걔가 내 인생에 끼지 않도록 나도 개인생에 끼어들지 않았어.

- Then enlighten me or stay out of my way.

  그림 날 깨우쳐주거나 아니면 꺼지라고.

- I can't believe Luke is letting you get away with this.

  네가 이런 짓을 했는데 루크가 봐주다니 믿을 수가 없어.

- Did you really think we could get away with it forever?

  넌 정말 우리가 그러고도 평생 대가를 치르지 않을거라 생각했어?

- You're not smart enough to get away with murder.

  넌 아무런 제재없이 제멋대로 하기에는 영리하지가 않아.

- I'm not gonna let her get away with this.

  개한테 이렇게 당하고만 있지는 않을거야.

미드·스크린에서 확인해보기

Desperate Housewives

Tim: Hey! You shouldn't talk to your mother like that. She's a fine lady.

헤이! 네 엄마에게 그런 식으로 말하면 안돼. 네 엄마는 숙녀인데.

Susan: Tim, could you just stay out of it? 팀. 그냥 좀 가만 있을래?

130
More

알아두면 더 잘 들리는
미드 · 스크린 단골표현

It'll all work for the best

결국에는 다 잘 될거야

Key Point

~work things out~	워ㄹㅋ씽스아웃	해결하다, 잘 풀어가다
~work out for~	워ㄹㅋ아웃포	…에게 잘되다

Listen carefully and Check it Out!

- We have two children. I tried to work things out.

  우리 애가 둘이고 일을 잘 풀어가려고 노력했어.

- I wanted to work things out with my husband.

  남편과 잘 풀어나가고 싶었어.

- I'm trying to work things out with Mindy.

  난 민디와의 일을 잘 해결하려고 노력하고 있어.

- There are a lot of things that I've got to work out for myself.

  내 스스로 해결해야 될 일들이 엄청 많아.

- I'm really sorry that didn't work out for you, pal.

  친구야, 너한테 일이 잘 안되어서 안됐어.

- I don't know, maybe it'll all work out for the best.

  모르겠지만 일들이 결국에는 다 잘 될거야.

미드·스크린에서 확인해보기 **Desperate Housewives**

Susan: You know, get started working things out. 저기 말야, 일을 잘 풀어보도록 해.

Sophie: Why would I want to work things out with a man who abuses me?

왜 나를 학대하는 남자하고 일을 잘 풀어가기를 내가 원하겠어?

131

More

알아두면 더 잘 들리는
미드·스크린 단골표현

I will check it out

내가 확인해볼게

Key Point

~check it out~	체킷아웃	check it은 연음된다.
~found this~	파운디스	found this~는 동음회피현상으로 /d/발음 나지 않는다.

Listen carefully and Check it Out!

- We got plenty of ways to check it out.

  그걸 확인하는 방법은 여러가지가 있어.

- Check it out. Found this under the sink.

  이거봐. 싱크대 밑에서 이거 발견했어.

- Check it out. Some asshole's van is getting towed.

  저거봐. 어떤 바보같은 놈의 밴이 견인되고 있어.

- I'm going to run down to the emergency room and check it out.

  응급실로 달려가서 확인해봐야지.

- We found this on his computer.

  우리는 이걸 걔 컴퓨터에서 발견했어.

- We found this in your luggage in the hotel.

  우리는 이걸 호텔의 네 짐 속에서 발견했어.

- I found this in the trash when I got home last night.

  지난밤에 집에 와서 화장실에서 이걸 발견했어.

미드·스크린에서 확인해보기

Big Bang Theory

Sheldon: Howard, I found this letter from your dad in a box. Now, based on the content, it could either be filed…

하워드, 우편함에서 네 아빠편지 발견했어. 내용에 따라 파일철할 수도 있고…

Howard: Whoa, you opened this? 뭐야, 네가 뜯어봤어?

We're gonna figure it out

우리가 알아낼거야

Key Point

~figure it out~	피규어잇아웃	알아내다
~figured it out~	피규어드잇아웃	알아냈다

Listen carefully and Check it Out!

- And for the life of me, I can't figure it out.   그리고 정말이지, 난 그걸 도 저히 못알아내겠어.

- You go ahead and talk while I figure it out.   내가 알아내는 동안 넌 어서 말이나 해봐.

- We're gonna figure it out.   우리가 알아낼거야.

- Susie figured it out, and then he killed her.   수지가 알아냈고 그리고나서 걔는 수지를 죽였어.

- You'll be pleased to hear we figured it out.   우리가 알아냈다는 얘기를 듣고 기뻐할거야.

- You really haven't figured it out yet, have you?   너 아직 정말 못알아낸거지, 그지?

미드·스크린에서 확인해보기   **Big Bang Theory**

Raj: How did that even happen? Did they know that's what they were doing when they were doing it?   어떻게 그런 일이 일어나? 섹스를 할 때 하는 짓들이 그것인지 알고 있대?

Penny: I guess they just figured it out at some point.   어느 순간 알아낸 것 같아.

Don't let me down
날 실망시키지마

Key Point			
~let me down~	렛미다운	나를 실망시키다
~let you down~	렛츄다운	너를 실망시키다

Listen carefully and Check it Out!

- You've let me down terribly!

  너 때문에 나 엄청 실망했어!

- You didn't let me down. You did the right thing.

  너 때문에 난 실망하지 않았어. 넌 옳은 일을 한거야.

- You let me down son. I thought you were better than that.

  과거에 그렇게 생각했지만 실제로는 아닌 경우.

  아들아. 나 실망했다. 그보다는 나은 줄 알았어.

- You have to study hard. Don't let me down.

  공부 열심히 해야 돼. 날 실망시키지마.

- You let me down this year, Jimmy.

  지미야 넌 올해 날 실망시켰어.

- Donna, Eric has just let you down in a big way.

  도나야. 에릭이 방금 널 엄청 실망시켰어.

- I'll try not to let you down.

  실망시키지 않도록 할게요.

미드·스크린에서 확인해보기

Friends

Joey: No, it's not. I mean you made me your best man and I totally let you down! 그렇지 않아. 내 말은 나를 너의 신랑들러리로 해줬는데 내가 실망시켰어!

Chandler: Hey, come on, it's not your fault. 이봐, 그건 네 잘못이 아냐.

We won't give up on you

우린 널 포기하지 않을거야

Key Point

~give it up~	기빗엎	포기하다
~give up on~	기법온	

Listen carefully and Check it Out!

- I'm such an idiot. I gave it up way too fast.
  부사로 부사를 꾸미는 강조단어.

  난 정말 바보야. 난 너무 빨리 포기했어.

- She gave it up for adoption.

  걔는 입양을 포기했어.

- I can see why you'd never want to give it up.

  네가 왜 절대 포기하지 않으려하는지 알겠어.

- Give it up. That was incredible, really.

  그만해. 그건 말도 안되는 소리야, 정말.

- Give it up. You're not getting any.

  포기해. 아무 것도 얻는 게 없을거야.

- Please don't give up on her.

  제발 걔에 대한 희망을 버리지마.

- I promise you, we won't give up on you.

  정말, 우린 널 포기하지 않을거야.

Friends

Chandler: I'm telling you, she gives the worst massages ever!! Okay, it was like she was torturing me for information. And I wanted to give it up I just I didn't know what it was!

정말이지, 걔는 최악의 마사지사야. 정보를 빼내기 위해 나를 고문하는 것 같았어. 난 포기하고 털어놓고 싶었는데 그게 뭔지 몰랐던거지.

Are you asking me out on a date?

나한테 데이트 신청하는거야?

Key Point	~ask me out	애쓰미아웃	내게 데이트신청을 하다
	~asked me out	애쓰ㅌ미아웃	내게 데이트신청을 했다

Listen carefully and Check it Out!

- So the weird thing is the cop asked me out on a date.

  이상한 것은 경찰이 내게 데이트를 신청했다는거야.

- Our client just asked me out to dinner.

  우리 고객이 내게 저녁식사 데이트를 신청했어.

- How do you know he asked me out?

  걔가 데이트 신청한 줄 어떻게 알았어?

- I want to ask Wanda out on a date.

  완다에게 데이트 신청하고 싶어.

- I asked Sara out for dinner tonight.

  새러한테 오늘밤에 저녁식사 하자고 했어.

- Are you asking me out on a date?

  나한테 데이트 신청하는거야?

- Why do you think he asked you out again?

  걔가 왜 네게 다시 데이트신청을 했다고 생각해?

 **Desperate Housewives**

Julie: If you want to date him, you're gonna have to ask him out.

그와 데이트하고 싶으면 데이트 신청을 해야지.

Susan: I keep hoping he'll ask me out. 그가 내게 데이트 신청하리라 계속 희망해.

137

More

알아두면 더 잘 들리는
미드 · 스크린 단골표현

Keep me posted
내게 알려줘

Key Point

~keep me posted	킵미포스티드	내게 알려주다 = keep me in the loop
~filled me in	필드미인	내게 알려줬다

Listen carefully and Check it Out!

- That's right. Keep me posted.

  맞아. 내게 알려줘.

- I'll keep you posted every step of the way.

  모든 단계에서 네게 알려줄게.

- We will keep you posted with future developments.

  향후 전개과정을 네게 알려줄게.

- Keep me in the loop. Keep the media out of it.

  내게는 알려주고, 언론은 모르게 해.

- Nate just filled me in. You got anything new?

  네이트가 방금 내게 일러줬어. 넌 뭐 새로운 거 없어?

- I ran into the D.A. He filled me in on your case.

  =bump into, run across

  검사를 우연히 만났는데. 걔가 네 사건에 대해 말해줬어.

- Kate filled me in on your situation.

  케이트가 네 상황에 대해 알려줬어.

미드·스크린에서 확인해보기

CSI

Det.: I'm going to talk to a neighbor who heard shouting, called 9-1-1. Keep me posted? 총소리를 듣고 911에 전화한 이웃과 얘기해볼게. 연락줄거죠?

Catherine: Always did. 항상 그랬잖아요.

138

More

알아두면 더 잘 들리는
미드 · 스크린 단광표현

I'll make some calls
내가 전화를 좀 돌려볼게

Key Point

~make some calls	메익섬콜스	전화를 좀 해보다
~take this call	테익디스콜	걸려오는 전화를 받다
got a call	가러콜	(…로부터) 전화를 받았다

Listen carefully and Check it Out!

- Yeah. I'll make some calls.

  그래. 내가 전화를 좀 해볼게.

- We've got some calls to make.

  우리는 좀 해야 할 전화가 있어.

- I could make some calls if you're looking for work.

  네가 직장을 찾는다면 내가 전화를 좀 해볼게.

- I am going to take this call.

  난 이 전화 받아야 돼.

- I have no idea why I'm making this call.

  내가 왜 이 전화를 하는지 모르겠어.

- We got this call 45 minutes ago. Why is she still here?

  45분 전에 이 전화를 받았어. 왜 걔는 아직도 거기에 있는데?

- I got a call from the church.

  교회에서 전화가 왔어.

 미드·스크린에서 확인해보기

Desperate Housewives

Carlos: What the hell were you thinking? 당신 제 정신이야?

Gabrielle: Uh, depends. What have you heard? 상황에 따라서. 무슨 얘기를 들었는데?

Carlos: I got a call from the church. They said you attacked Sister Mary!

교회에서 전화가 왔어. 메리 수녀님을 공격했다며!

I'll never get through this

난 결코 이 일을 해낼 수 없을거야

Key Point	~get through	겟쓰루	해내다, 통과하다, 이해시키다
	~go through	고쓰루	겪다

Listen carefully and Check it Out!

- I know someone who might get through to her.

  걔를 이해시킬 수도 있는 사람을 알고 있어.

- Took us 15 minutes to get through security.

  ···가 ···하는데 시간이 걸리다

  보안대를 통과하는데 15분 걸렸어.

- We will get through this, whatever it takes.

  우리는 무슨 짓을 해서라도 이걸 해낼거야.

- As soon as I get through this report, I'll give you my answer.

  이 보고서 끝마치고 나면 바로 네게 답을 줄게.

- I'll never get through this.

  난 결코 이 일을 해낼 수 없을 거야.

- Do we have to go through all that again?

  그걸 다시 반복해야 된다구?

Why are you making me go through this again?

왜 내가 이걸 다시 겪게하는 거야?

미드·스크린에서 확인해보기

Desperate Housewives

Gabrielle:　She's a strong lady.　걔는 강한 여자야.

Lynette:　Absolutely. She'll get through this. She'll find a way to survive.　물론이지. 이걸 이겨내고 살 방법을 찾아낼거야.

140

More

알아두면 더 잘 들리는
미드 · 스크린 단골표현

Just hang out with me

그냥 나랑 놀자

Key Point	~hang out with~	행아웃위드	어울리다, 시간을 보내다
	~hang around~	행어라운드	빈둥거리다

Listen carefully and Check it Out!

- You couldn't go find a real person to hang out with.

  넌 함께 시간을 보낼 진정한 사람을 찾을 수가 없구나.

- Why don't you stay home from work today and just hang out with me.

  오늘 하루 결근하고 나하고 시간을 보내자.

- I think it's cool if you wanna hang out with my ex.

  네가 내 전처와 어울리고 싶다면 난 괜찮을 것 같아.

- Stay a little longer to hang out with me.

  더 남아서 나랑 놀자.

- I don't mind if you hang out with her.

  네가 걔랑 어울려 다녀도 상관안해.

- Just hang out with me.

  나랑 그냥 놀자.

- You shouldn't hang around people like that.

  그런 식으로 사람들과 어울리면 안돼.

미드·스크린에서 확인해보기

Friends

Joey: She didn't want to hang out with you guys two nights in a row. I'm so sorry. 걘 이틀 연속으로 너희들과 놀고 싶지 않았대. 미안해.

Chandler: Well, why does she not want to hang out with us?! 걔는 왜 우리와 어울리기 싫어하는거야?

Would you like to go out with me sometime?

언제 한번 나랑 데이트 할래?

 Key Point

~go out	고아웃	외출하다, 데이트하다
~go out on a date	고아웃어너데잇	데이트하다
~went out	웬트아웃	외출했다, 데이트했다

Listen carefully and Check it Out!

- Dan went out on a few dates with Vicky.

  개는 비키와 데이트를 몇 번 했었어.

- I'm not the same girl you went out with, Brad.

  브래드, 난 네가 데이트하던 그런 여자가 아냐.

- When was the last time you went out on a date?

  네가 데이트를 한 마지막이 언제였어?

- It's hard to get women to go out with me.

  난 여자한테 작업하는 게 어려워.

- You should go out with us on Friday night.

  금요일 밤엔 우리랑 같이 나가자.

- Would you like to go out with me sometime?

  언제 한번 나랑 데이트 할래?

- I'd rather not go out with Chuck.

  척하고 데이트하지 않는게 낫겠어.

미드 · 스크린에서 확인해보기

Friends

Rachel: So Ross, we went out for two years and you never told me you were in an "I Hate Rachel Club"?

2년간 나랑 사귀면서 네가 "I Hate Rachel Club" 회원이었다는 것을 말하지 않았단 말야?

Will: You went out with her? We had a pact! 너 쟤랑 데이트를 했다고? 우리 약속 맺었잖아!

Pick me up at 11:00

11시에 날 픽업해

Key Point

~pick you up	픽유업	너를 차로 태워주다
~pick me up	픽미업	나를 차로 태워주다
~give me a ride	깁미어롸이드	나를 차태워주다

Listen carefully and Check it Out!

- You want me to pick anything up while I'm there?
  _{고르다, 선택하다, 사다라는 뜻도 있다.}

  내가 거기 있는 동안 뭐라도 고르라고?

- When is he gonna pick you up?

  걔는 언제 너를 픽업할거야?

- Go pick Sean up before he finds his next victim.

  숀이 다음 희생자를 찾기 전에 숀을 가서 데려와.

- Will you take a ride with me?

  나와 함께 드라이브할래?

- Are you seriously giving me a ride?

  너 정말 나 차로 데려다줄거야?

- You gave me a ride in your black sedan once.

  넌 한번 네 검은색 세단으로 날 데려다줬어.

- What time do you want to pick me up?

  몇 시에 날 픽업할거야?

Big Bang Theory

Amy: Can I give you a ride to the airport? 공항까지 차로 데려다줄까?
Sheldon: Oh, no, thank you, I don't want to be an inconvenience.
아니, 고마워. 불편끼치고 싶지 않아.

143

You freaked me out

너 때문에 놀랬어

Key Point

~freak out	프릭아웃	놀라다, 기겁하다
~freaked out	프릭드아웃	
~freak me out	프릭미아웃	나를 놀래키다
~freaked me out	프릭드미아웃	

Listen carefully and Check it Out!

- We don't wanna freak out the new neighbors.

  우리는 새로운 이웃들을 놀라게 하지 않아.

- I just had dinner with Red, and he totally freaked me out.

  레드와 저녁을 했는데 걔 때문에 나 엄청 놀랬어.

- He totally freaked out and I can't find him anywhere!

  걔는 완전히 기겁을 했는데 어디에 있는지 찾을 수가 없어.

- You can't do that, because mom will freak out.

  그러면 안돼, 엄마가 기겁할거야.

- I don't know what to do. I'm completely freaked out.

  어떻게 해야 할 지 모르겠어. 완전히 정신이 나갔어.

- I feel really bad about how I freaked you out.

  널 놀래켜서 정말 미안해.

- I'm not freaking out, but it is very stressful.

  음, 난 괜찮지만 스트레스를 많이 받아.

미드 · 스크린에서 확인해보기   Sex and the City

Charlotte: I don't know how really quite how to say this, but he's always, um, touching his…   정말 이걸 어떻게 말해야 할지 모르겠는데… 그는 계속해서 만지고 있어…

Samantha: Balls. I know, Carrie told me.   고환. 알고 있어. 캐리가 말해줬어.

Carrie: I had to, it freaked me out.   말해야 했어. 나도 정말 놀랬거든.

144

More

안아두면 더 잘 들리는
미드 · 스크린 단골표현

Let me make it up to you

내가 보상해줄게

Key Point	~make it up (to)	메이킷업투	보상하다
	~make up to~	메이컵투	보상하다

Listen carefully and Check it Out!

- Let us make it up to you, we have two really great guys for you.

  우리가 보상해줄게, 너한테 소개해줄 멋진 두 명의 남자가 있어.

- Don't even try to make it up to me by talking dirty.

  야한 얘기로 내가 보상할 생각은 하지도마.

  더러운이 아니라 '야한'이라는 의미.

- Is there anything I can do to make it up to you?

  네게 보상하기 위해서 내가 뭐 할 수 있는 일이 있어?

- We'll make it up to you.

  이 일은 보상해줄게.

- Let me make it up to you

  내가 갚아줄게.

- What could I do to make it up to you?

  보상해주려면 어떻게 해야 돼?

Friends

Rachel: OK, listen, I'm sorry about last night and I really want to make it up to you. 좋아, 지난밤은 미안해, 정말이지 너에게 보상해주고 싶어.

Ross: No, you, ya know there's no need to make it up... how? 아뇨, 그럴 필요가 없는… 어떻게?

145

More

알아두면 더 잘 들리는
미드 · 스크린 단골표현

She put me up to it

걔가 부추켜서 그런거야

Key Point

| ~talk you out of it | 토큐아라빗 | 설득해서 그것을 못하게 하다 |
| ~put me up to it | 풋미업투잇 | 내가 그걸 하도록 부추기다 |

Listen carefully and Check it Out!

- She put me up to this.

  걔가 이걸 하도록 부추겼어.

- Did Katie put you up to this?

  케이티가 이거 하라고 부추겼어?

- Oh, god, please, tell me someone put you up to this!

  맙소사. 누가 널 부추겼다고 말해줘!

- I'm just going to talk you out of it.

  널 설득해서 그걸 안하게 할 거야.

- Your dad put me up to it.

  네 아버지가 널 그렇게 하게 한 거야.

- You want me to talk you out of it?

  내가 널 설득해서 그걸 못하게 해달라고?

미드·스크린에서 확인해보기   Friends

Rachel: What do you want? Do you want my blessing?
             원하는게 뭐예요? 제 축하를 받고 싶어요?

Mrs. Green: No. 아니.

Rachel: You want me to talk you out of it? 내가 설득해서 그러지 못하게 하길 바래요?

146
More

알아두면 더 잘 들리는
미드·스크린 단골표현

I'm going to hold you to that

네가 꼭 그 약속지키게 만들거야

Key Point

~hold it against~	홀딧어겐스트	원망하다
~hold you to~	홀쥬투	약속이나 기분에 따라 행동하기를 바라다

Listen carefully and Check it Out!

- I'm sure he won't hold it against me.

  걔는 내게 원망을 품지 않을 거라 확신해.

- I'm trying not to hold it against Peter.

  난 피터에게 원망을 품지 않으려고 하고 있어.

- I hope that you don't hold it against me.

  네가 나한테 원망을 품지 않기를 바래.

- I hold you to a higher standard. And you let me down this year.

  약음해서 /디저어/

  난 너한테 더 높은 기준을 기대했는데 금년에 넌 날 실망시켰어.

- I'm gonna hold you to that promise.

  난 그 약속을 믿겠어.

- I'm going to hold you to your promise about that tennis racquet.

  테니스 라켓에 대한 네 약속을 믿겠어.

 미드·스크린에서 확인해보기

Desperate Housewives

Lynette: I know, but I said that I would support him and help him follow his dream. 알아, 하지만 걔가 자기 꿈을 쫓는데 도와주겠다고 했어.

Susan: Well, he can't hold you to that, not if the dream is pizza.
그 꿈이 피자가 아니라면 그 말은 걔한테 별 도움이 되지 않을거야.

Don't take it out on me!

나한테 분풀이 하지마!

Key Point

~take you up on that	테큐엎온댓	제안을 받아들이다
~take it out on~	테킷아웃온	…에게 분풀이 하다

Listen carefully and Check it Out!

- When I get to Boston, I'll take you up on that, **okay?**

  내가 보스톤에 도착하면, 그 제안을 받아들일게, 응?

- Yeah, I'm gonna take you up on that offer.

  어, 난 너의 그 제안을 받아들일게.

- **Did he** take you up on your offer?

  걔가 네 제안을 받아들였어?

- **Well, don't** take it out on me!

  나한테 분풀이 하지마!

- **Don't** take it out on me **because you feel guilty.**

  /w/는 묵음.

  네가 죄책감을 느낀다고 내게 분풀이를 하지마.

- **You** take it out on **other people.**

  넌 다른 사람들에게 분풀이를 하고 있어.

미드 · 스크린에서 확인해보기   **Desperate Housewives**

Gabrielle: Did I mention why my husband's home a lot? He's under house arrest.
내 남편이 왜 집에 있는지 말했나? 가택연금중이야.

Justin: Oh? 그래요?

Gabrielle: He has a lot of anger toward the government right now and he's just dying to find someone to take it out on.
지금 정부에 엄청 분노하고 있어서 분풀이할 상대를 눈 비비고 찾고 있거든.

This won't take long

이건 시간이 오래 걸리지 않을거야

Key Point

~take it slow	테킷슬로우	천천히 하다
~take long	테익롱	간이 오래 걸리다
~take some time	테익썸타임	시간이 좀 필요하다, 시간이 걸리다

Listen carefully and Check it Out!

- We'll just take it slow and see how it goes.

  우린 단지 천천히 하면서 어떻게 되나 보자.

- I think it's good to take it slow.

  천천히 하는게 좋은 것 같아.

- This won't take long. Luke.

  루크야, 이건 시간이 오래 걸리지 않을거야.

- I have to call the office if this is going to take long.

  이게 시간이 오래 걸릴거라면 사무실에 전화해야 돼.

- All right, this shouldn't take long.

  좋아, 이건 시간이 오래 걸리면 안돼.

- I understand if you need to take some time.

  네가 시간이 좀 걸려야 한다면 이해하겠어.

- It's going to take some time to find it.

  그것을 찾는데 시간이 좀 걸릴거야.

Desperate Housewives

Tom: It means that I can use the break. 그 말은 내가 좀 쉬었으면 해서.

Lynette: Oh, well, yeah. I think it would be good for you to take some time off.

어, 그래. 좀 쉬면 당신에게 좋을 것 같아.

Tom: No, not some time. Full time. 좀이 아니고 완전히 쉬고 싶어.

He made love to her last night
걔 지난밤에 걔와 사랑을 나누었어

Key Point

~getting married	게린매리드	
~move in with	무빈위드	
~make love to	메익러브투	

Listen carefully and Check it Out!

- I'm not getting married! I'm not even engaged.

  나 결혼안해! 아직 약혼도 안 했는걸.

- I'm getting married in three weeks.

  3주 후에 나 결혼해.

- I can't believe you're getting married.

  네가 결혼을 하다니 놀라워.

- In fact, I'm gonna ask Andy to move in with me.
  같이 살다, 동거하다

  사실, 난 앤디에게 같이 살자 고 할거야.

- Is that also why you asked me to move in with you?

  그래서 나와 함께 살자고 한 거야?

- Can Chris make love to you all night long?

  크리스가 밤새 널 사랑해줄 수 있어?

- You still want to make love to him?

  넌 아직도 걔랑 사랑을 나누 고 싶어?

미드 · 스크린에서 확인해보기

Friends

Chandler: How are you feeling? 오늘 어때?

Monica: You are so handsome! I wanna make love to you right here, right now!
너 정말 잘 생겼다! 바로 지금 여기서 너랑 사랑을 나누고 싶어!

150
More

알아두면 더 잘 들리는
미드 · 스크린 단골표현

I need you to turn yourself in

너는 자수하도록 해

 Key Point

| ~charged with~ | 차쥐ㄷ위ㄷ | …로 기소된 |
| ~turn yourself in~ | 턴유어셀핀 | 자수하다 |

- I won't have you charged with **attempted murder.**

  네가 살인미수로 기소되지 않도록 할거야.

- You're going to be charged with **manslaughter, Mr. Moore.**

  무어 씨, 당신은 과실치사로 기소될 것입니다.

- He's still charged with **murder.**

  걔는 아직 살인죄로 기소됐어.

- I was charged with **stealing a cell phone.**

  핸드폰 훔친 죄로 기소됐어.

- I can see now just how sick you really are, so please just turn yourself in.

  네가 얼마나 역겨운지 알겠어. 그러니 제발 자수해.

- I need you to turn yourself in.

  너는 자수를 해.

 미드·스크린에서 확인해보기　　　　　　　　**Desperate Housewives**

Carlos: It wasn't your fault. Orson, falling off that roof was an accident, right?
　　　　당신 잘못이 아니었어요. 올슨이 지붕에서 떨어진 것은 사고였어요. 맞죠?

Mike: Well, sort of. 좀 그런 셈이죠.

Carlos: Sort of? 그런 셈이라고?

Mike: Depending on what Orson tells them, I could get charged with **attempted murder.** 올슨이 진술한 거에 따르면 저는 살인미수로 기소될 수도 있어요.

151

More

알아두면 더 잘 들리는
미드·스크린 단골표현

I'll keep that in mind
명심할게

Key Point

~keep that in mind~	킵댓인마인드	명심하다
~get back to~	겟백투	나중에 이야기하다, 나중에 연락하다

Listen carefully and Check it Out!

- I'll keep that in mind. Well, I should go.

  명심할게. 자, 이제 가야 돼.

- Thanks. I'll keep that in mind.

  고마워. 내 명심할게.

- I'll have to keep that in mind.

  난 그걸 명심해야 할거야.

- I think we should get back to Chicago.

  우리는 시카고로 돌아가야 한다고 생각해.

- We'd better get back to our seats.

  우리 자리로 돌아가야 될 것 같아.

- I think we'd better get back to the party.

  우리 파티장에 돌아가야 할 것 같아.

- I'm ready to get back to work.

  난 다시 일을 할 준비가 됐어.

미드·스크린에서 확인해보기

Desperate Housewives

Paul: Thanks. I'll keep that in mind. Is that why you stopped by, to share a few gardening tips? 고마워요. 명심하죠. 정원손질 팁을 알려주려고 들린거예요?

Mike: Nobody wants you here, Paul, especially me.
폴, 아무도 당신이 여기 있는 걸 원치 않아요. 특히 나는요.

152

More

알아두면 더 잘 들리는
미드 · 스크린 단골표현

I'm gonna kick some ass

본때를 보여줄거야

Key Point

~take you down~	테큐다운	따끔하게 혼내다, 본 때를 보여주다
~kick some ass~	킥썸애스	혼내다, 때려잡다

Listen carefully and Check it Out!

- I'm strong enough to take you down and make you listen.

  너 혼내서 내 말 듣게 할 정도
  로 난 힘이 쎄.

- I'm gonna do everything in my power to take you down.

  내 모든 힘을 다해서 널 때려
  잡을거야.

- Officer Harris here will take you down to the squad now.

  단순하게 …로 데려가다라는 의미로도 쓰인다.

  해리스 경관이 너를 지금 소
  속계로 데려갈거야.

- OK, now I'm gonna kick some ass.

  좋아, 이제 너 좀 혼내줘야겠
  어.

- I'm ready to kick some ass.

  본때를 보여줄 준비됐어.

- She called your friends idiots. I think you better kick some ass!

  걔가 네 친구들을 바보라고
  했어. 내 생각에 네가 본때를
  보여주는게 나을 것 같아.

Desperate Housewives

Gabrielle: What the hell kind of nun are you? Look, if you try to come between me and my husband, I will take you down.

무슨 수녀가 이래요? 이봐요, 당신이 나와 내 남편사이에 끼어들면 가만두지 않을거예요.

Sister Mary: I grew up on the south side of Chicago. If you wanna threaten me, you're gonna have to do a lot better than that.

전 시카고 남부에서 자랐어요. 협박을 하려면 그 정도로는 택도 없지요.

I got held up at work

일 때문에 꼼짝달싹 못하고 있어

Key Point

~get held up~	겟헬덥	꼼짝못하게 잡혀 있다
~get down to~	겟다운투	…로 가다, …하기 시작하다

Listen carefully and Check it Out!

- He got held up. <u>Not to worry.</u>
  =Don't worry.

  잡혀 있지만 걱정하지 않아도 돼.

- Oh I got held up at work.

  일 때문에 꼼짝 못하게 잡혀 있어.

- I got held up behind a traffic accident.

  교통사고 때문에 꼼짝달싹 못하고 있어.

- Okay, let's get down to work here.

  좋아, 이제 일을 시작하자.

- I better get down to the hotel and see my parents.

  호텔에 가서 부모님을 만나는 게 낫겠어.

- Let's get down to business. What do you have so far?

  본론으로 들어가서 지금까지 경과는 어때?

 미드·스크린에서 확인해보기

Desperate Housewives

Dale: I got kinda held up in Florida longer than I thought. 생각보다 오래 플로리다에 있게 됐어.
Carlos: Spring break, right? 봄휴가지. 맞지?

154
More

알아두면 더 잘 들리는
미드·스크린 단골표현

I didn't even think about it

난 그거 생각도 못해봤어

Key Point	~my ass off ~ing	마이애스오프	…하는데 최선을 다하다, 필사적으로 …하다
	~think about	씽커바웃	…에 관해 생각하다

Listen carefully and Check it Out!

- I worked my ass off doing CPR.
  난 필사적으로 심폐소생술을 했어.

- I have been working my ass off making sure nobody knows.
  아무도 모르게 하려고 최선을 다했어.

- I will work my ass off for you, I promise.
  널 위해 최선을 다할게. 정말이야.

- I didn't even think about it.
  난 그거 생각도 못해봤어.

- I never want to think about it again.
  난 다시 그거 생각하기도 싫어.

- I want you to think about what that might be like.
  그게 어떨지 한번 생각을 해봐.

 미드·스크린에서 확인해보기 Notebook

Allie:	Did you know that this was going to happen when you brought me here?
	날 여기로 데려왔을 때 이럴 줄 알고 있었어?
Noah:	No. 아니.
Allie:	No? you didn't think about it? 아니라고? 그 생각을 안했단말야?
Noah:	Of course I thought about it. 물론. 그 생각을 했지.